南京师范大学教育社会学研究中心
新 教 育 公 平 研 究 丛 书

江苏高校哲学社会科学优秀创新团队

"新教育公平的理论建构与实践探索"项目（2015ZSTD007）研究成果

受江苏高校优势学科建设工程（PAPD）资助

南京师范大学教育社会学研究中心
新教育公平研究丛书

丛书主编 程天君

新教育公平视野下的教师教育改革

杨跃 著

南京师范大学出版社
NANJING NORMAL UNIVERSITY PRESS

图书在版编目(CIP)数据

新教育公平视野下的教师教育改革 / 杨跃著. ——南京：南京师范大学出版社,2018.9
(新教育公平研究丛书 / 程天君主编)
ISBN 978-7-5651-3703-7

Ⅰ.①新… Ⅱ.①杨… Ⅲ.①师资培养—教育改革—研究—中国 Ⅳ.①G451.2

中国版本图书馆 CIP 数据核字(2018)第 070015 号

丛 书 名	新教育公平研究丛书
丛书主编	程天君
书　　名	新教育公平视野下的教师教育改革
著　　者	杨　跃
责任编辑	王　艳
出版发行	南京师范大学出版社
地　　址	江苏省南京市玄武区后宰门西村9号(邮编:210016)
电　　话	(025)83598919(总编办)　83598412(营销部)　83598297(邮购部)
网　　址	http://www.njnup.com
电子信箱	nspzbb@163.com
照　　排	南京理工大学资产经营有限公司
印　　刷	南通印刷总厂有限公司
开　　本	787毫米×960毫米　1/16
印　　张	18.75
字　　数	302千
版　　次	2018年9月第1版　2018年9月第1次印刷
书　　号	ISBN 978-7-5651-3703-7
定　　价	52.00元

出版人　彭志斌

南京师大版图书若有印装问题请与销售商调换
版权所有　侵犯必究

总 序

追求公平和平等是一种"抗议性理想",不平等可归因于天意,而平等只能是人类行为的结果。因此,如果说存在着一个使人踏上无尽历程的理想,那就是平等。① 教育公平是人类社会孜孜以求的价值理念,教育公平问题既是古老话题,也是世界性难题,更是中国教育改革和发展进程中的关键问题。② 新世纪以来,教育公平作为我国教育改革和发展中一个不容忽视的难题逐渐成为社会各界关注的重心,也日益成为国家大政方针明确保障的目标。

保障人民群众接受良好教育的机会,是党的十六大确立的全面建设小康社会的重要目标,也是建设社会主义和谐社会的重要内容。由此,学界开始广泛探讨教育公平与社会公平的关系以及教育公平对社会和谐发展的重大价值。党的十七大报告提出了"教育是民族振兴的基石,教育公平是社会公平的重要基础"的重要论断,这为教育公平研究提供了更为明确的政策指引,也明确了教育公平的应然定位和意义。党的十八大报告则提出"大力促进教育公平,合理配置教育资源",在促进教育公平方面做出了方向性的制度安排,这对教育公平研究提出了更高要求,需要我们向纵深挖掘。党的十九大基于新的历史方位明确提出,中国特色社会主义进入了新时代,我国社会主要矛盾已经转化为人民日益增长的美好生活需要和不平衡不充分的发展之间的矛盾,强调要"推进教育公平""办好人民满意的教育"。新时代中国社会主要矛盾的变化深刻揭示出我国经济社会发展的阶段性特征,也为政府由"提出教育公平"到"促进教育公平"再到"推进教育公平"这一系列重大决策提供了时代依据。

教育公平既是一个由实践引发的理论问题,也是一个由理论建构的实践

---

① [美]乔万尼·萨托利.民主新论:古典问题[M].上海:上海人民出版社,2015:510-511.

② 贺晓星,等.家长、社区与新教育公平[M].南京:南京师范大学出版社,2018:前言.

问题。教育公平与"和谐社会""社会公平""政府责任""教育政策"以及"社会主义新时代"等关键词的紧密关联,反映出建构本土性教育公平理论以及探索我国教育公平实践的现实需要与可能。

正是基于这一境脉,江苏高校哲学社会科学优秀创新团队——"新教育公平的理论建构与实践探索"团队①,立足于"中国教育问题"和"中国教育经验",在借鉴与对话既有教育公平理论的基础上,尝试提出了"新教育公平"理念,以呈现我们对新时期中国教育公平问题的诊断与应答。

教育公平不是新课题,新教育公平也不是为了"标"新。② 但是,在这篇序言里,笔者不得不面对"新教育公平到底'新'在哪里"这一问题。

简单来说,一种思想、一种理论可称之为"新",要么是其自身具有独特性、创新性和不可替代性等基本特征;要么是其深化、拓展了先前的理论,或者转换了研究的视角,提出另一种(alternative)观点。这里所说的"新"大抵是指后一种。这就必然需要以某种已有的参照系为前提来进行讨论。也就是说,对"新教育公平"之"新"在哪里的认识,需要放在既有国内外教育公平研究的框架中去思考。

纵观既有特别是近年来的教育公平研究不难发现,教育公平理论众说纷纭却难有突破,教育公平实践如火如荼却成效不彰。何以如此?我们觉得,其中主要存在三方面的问题:一是多为宏观研究,二是多为教育外部研究,三是多为理论研究。基于此,"新教育公平"研究尝试另辟蹊径,旨在实现以下三方面的转换:一是从注重教育公平宏观政策的研究下沉到同时注重微观教育过程与质量公平研究;二是从注重教育公平的外部社会支持研究深入到同时注重学校教育内涵式公平研究;三是从注重教育公平的理论研究延伸到同时注重推进教育公平的学校变革实践研究。通过这些转换,建构以"人"为核心评估域的新教育公平理念,并探讨其社会支持策略及相应的学校变革实践。

以"人"为核心评估域的新教育公平理念,可以从三个层面进行理解。

首先,教育公平的核心评估域要发生质的转向,即由侧重考量经济、政治等"社会"的片面指标,转为关注"人"的全面发展,关注"具体的人"在教育过

① 该团队由南京师范大学教育社会学研究中心的骨干力量组建而成。2015年6月,该团队被确立为江苏高校哲学社会科学优秀创新团队。

② 王建华.新教育公平的旨趣[J].教育发展研究,2017(2).

程中是得到如何"具体的对待"的。这是教育经历以政治为本的阶级内公平和以经济为本的功利主义公平之后,对人的直接关照的复归和超越,亦是对此前教育政治化、经济化的反思与拨乱反正。

其次,受益者将出现横向扩展,即教育公平的受惠者是每一个人,而不是部分人。以经济发展为本建构的教育公平实质上是部分人(所谓"学而优者"或"家庭资本优者")受益的公平。惯常的择优录取是以学生分数的高低为依据的,在这种标准下,由各种非智力因素导致的"成绩差"的学生往往不能得到和成绩好的学生同等的对待而成为边缘人甚至是局外人。

最后,教育公平将指向过程和内涵。以"人"为核心评估域的教育公平理念不仅关涉显性、物质等公共资源配置方面的起点平等、均衡,更涵盖诸如尊严、幸福、精神等隐性的"教育系统内部"和"教育教学过程之中"的教育公平,目的在于解决教育系统内部相当程度上存在的不平等、不公平或者贬抑、歧视、排斥等问题。

我们这套"新教育公平研究丛书",正是基于以上设想而辑集问世的。这套丛书,或可看作破解乃至推进解决当前教育公平研究难题的一种努力和尝试,并有望在一定程度上回应和回答新时代"推进教育公平"战略和"以人民为中心"思想的时代课题。

"新教育公平研究丛书"是江苏高校哲学社会科学优秀创新团队"新教育公平的理论建构与实践探索"项目研究的最终成果。这套丛书涉及"教育公平理论的反思与重构""新教育公平的社会支持策略"和"新教育公平视野下的学校变革"等三个项目子课题。应当说,与以往的研究相比,这些论著在理论和实践上都有一定的深化和推进。在理论方面,针对已有教育公平理论重心多在教育公平的外部资源配置和物质支持上这一问题,通过梳理和反思既有教育公平理论,并依据我国社会改革的深入、教育公平的不断推进、新时代社会主要矛盾的变化等现实情况,《新教育公平引论》一书提出了契合新时期社会发展需要的"新教育公平"理念。在实践方面,针对既有研究中关于教育公平的社会支持研究以及关于学校教育过程中教育公平研究不足这两个突出问题,本丛书的其余几部专著着重探讨了新教育公平的社会支持策略和新教育公平视野下学校变革的路径,分别聚焦了"家长、社区与新教育公平""新教育公平视野下的教师教育改革""新教育公平视野下教与学的变革""新教育公平视野下的学校再生产"等主题,并尝试建构了旨在关注教育教学过程公平的"课堂教学公平指标体系"。

"新教育公平研究丛书"的编撰初衷和期望是既葆有国际视野,又凝聚本土经验;既关注理论建构,又着眼实践变革;既注重教育本身和过程,又不忘教育之外和社会支持。借此,在理论上推进和深化教育公平研究,在实践上落实"推进教育公平"战略和促进学校变革。

理想往往很丰满,现实常常很骨感。

"新教育公平的理论建构与实践探索"团队成员虽已努力和尽力,但限于人力和财力,忝为团队带头人的我,在丛书付梓之际,心里除了友谊和感念,更多的则是忐忑和不安。这也是为什么我迟迟提交不了《总序》给出版社的原因。如今,只能硬着头皮请读者批评指正。

"新教育公平的理论建构与实践探索"团队能够成立并被确立为江苏高校哲学社会科学优秀创新团队,离不开南京师范大学和江苏省教育厅的扶持,离不开团队成员,特别是吴康宁、贺晓星、高水红、张义兵、杨跃、王建华、周勇、邵泽斌、柏宏权等诸位师友同事的贡献和襄助;"新教育公平研究丛书"能够面世,离不开南京师范大学出版社,特别是王艳、张文等编者的设计和编辑;"新教育公平的理论建构与实践探索"项目阶段性成果的发表,离不开《教育研究与实验》《教育发展研究》《全球教育展望》等刊物的厚爱和支持,并得到《新华文摘》、人大复印报刊资料《教育学》等刊物的转载和中国社会科学网的关注。在此一并致谢!

草成上文,权作总序,以履行我忝为丛书主编不可回避的职责。

程天君

2018年5月4日于金陵随园

目 录

总　序　　001

引　论　　001

一　教师教育改革：阻抗·风险·公平挑战
第一章　公平视野的缺失：教师教育改革研究 40 年　　017
第二章　公平认知的挑战：教师教育改革阻抗分析　　033
第三章　公平原则的守护：教师教育改革风险防范　　056

二　教师教育制度变革：话语·意义·正义诉求
第四章　教师专业：话语建构与意义流变　　081
第五章　专业认证：制度创新与困境治理　　093
第六章　教师交流：正义挑战与制度完善　　110

三 教师教育人才培养：目标·模式·公平使命

第七章　为多元文化社会培养教师：教师教育新公平目标　　133

第八章　"师范专业"项目制改造：教师教育新公平模式　　154

四 教师教育课程改革：知识·美德·制度正义

第九章　教师教育课程改革的知识困境：基于教育编码理论的分析　　179

第十章　教师教育课程改革的美德诉求：基于委托-代理理论的分析　　192

五 教师教育治理：认同·支持·公平重塑

第十一章　新教育公平视野：教师教育治理研究创新　　215

第十二章　谁是教师教育者：自我认同与系统支持　　225

第十三章　重塑组织合法性：教师教育新公平转型　　256

结　语　　271

参考文献　　287

引论

公平、正义的教师教育：何以可能？

如果说，教育是一个充满斗争和妥协的场所；那么，教师教育也不例外，甚至可以说，教师教育改革面临着更加复杂的社会、文化、伦理等多元价值观的冲突与矛盾。全球化时代，教师教育研究需要秉持关系性、全球性思维，以底层视角直面国内外政治、经济、文化变革。新教育公平视野下的教师教育改革应弘扬科学理性、凝聚价值共识并恪守道德领导，致力于促进每一位教师的发展，让每一位教师都能够真正地学会批判性思考。

中国教师教育的发展史既是一部教师教育改革史，也是一部教师教育改革的研究史。21世纪以来，教师教育成为我国教育研究的热点和教育改革的焦点，教师教育理论、政策研究和宏观、中观、微观等各个层面的教师教育改革实践都呈现出繁荣发展的可喜态势。然而，迄今为止的研究中，尚鲜见直面教师教育改革行动进行道德审思的深度研究。

同样，围绕"教育公平"，理论阐析"众说纷纭却难有突破"、改革行动"如火如荼却成效有限"[1]，在笔者看来，其中存在的问题不仅在于"一是起点宏观政策研究多，微观研究少；二是保障条件研究多，内涵公平研究少；三是理论研究多，学校变革研究少"[2]，而且在于有关教育公平、教育制度正义的研究最主要集中在义务教育、基础教育或高等教育，鲜有对享有"基础教育'工作母机'"之誉的教师教育之制度正义性与改革道德性的审思。

---

[1] "公平""公正"和"正义"三个概念既有差异又相互关联。 正义是前提性的，侧重社会基本结构安排的正当；公正是基础性的，侧重利益分配上的对等；公平是条件性的，侧重社会成员在基本权利上的平等。 社会主义和谐社会建设必须坚持制度安排的正义、利益分配的公正、基本权利的公平。 ［参见陆树程，等.关于公平、公正、正义三个概念的哲学反思［J］.浙江学刊，2010（2）.］王建华教授也撰文解析了"平等"和"公平"，以及"教育平等"和"教育公平"的语义区别，指出"平等是公平的基础，教育平等是教育公平的前提"。 ［参见王建华.新教育公平的旨趣［J］.教育发展研究，2017（2）.］本书将三者作为语义基本相同的语词使用，不做细致区分。 本书主要聚焦于教师教育制度正义以及教师教育改革在追求高质量的教师教育和实质性的教师教育公平等方面的道德担当。

[2] 本期导读［J］.教育发展研究，2017（2）.

因此,笔者认为,"新教育公平的理论建构与实践探索"的研究目标也不仅是"反思与重构教育公平理论"、"探索新教育公平的社会支持策略"和"拓展新教育公平视野下的学校变革路径"①,而且应致力于检视某些具有特殊重要价值的教育形态在公平与正义维度上的当下现实场景。毫无疑问,教师教育就是一种特殊而又极具重要价值的教育形态,教师教育改革的道德性与正义性就需要在新教育公平的理论视野下接受考量和剖析,这不啻也是为实现"从注重宏观政策研究下沉到微观过程与质量公平研究、从注重外部社会支持研究深入到学校教育内涵式公平研究、从注重理论研究延伸到学校变革实践研究的转变"②而做的一点尝试和努力。本书的主要目标便在于此。

一、新教育公平视野下教育改革的道德正当性

自1980年代以来,随着改革开放的深入,改革的合法性问题逐渐引起学界关注,因为"在民主国家,凡属对人民权利义务进行调整需经人民同意是一项基本原则",在改革触及的利益重组中,受利益波动影响的社会成员在面临利益得失时都会首先质问利益调整的合法根据何在,因此"只有经过立法程序,我们才能减少失误,最大限度地争取人民群众的支持和理解",也只有依法改革,"才能使改革走上规范化的道路,从而最大限度地减少社会管理失控的状况"③。然而,在现实的改革行动中,难免会因法律滞后于现实而出现冲突,若一味强调合法性,改革将寸步难行。由此,改革的道德正当性被认为更具优先性并成为研究焦点。

我国教育学者早在1990年代中期即开始涉入教育制度伦理研究,④21

---

① 本期导读[J].教育发展研究,2017(2).
② 本期导读[J].教育发展研究,2017(2).
③ 甘藏春.怎样保证改革的合法性[J].法学研究,1991(6).
④ 张雪.国内教育制度伦理研究述评[J].伦理学研究,2008(4).

世纪初开始关注教育改革中的伦理问题,[①]近年来日益关注教育政策伦理的研究[②],还召开过以"教育改革中的价值伦理问题"为主题的学术研讨会。[③]研究者们基于公共立场和知识分子情怀,对我国教育制度(改革、政策)伦理进行了深刻的理性思考。改革是对事物进行革旧迎新,使事物变劣为优的一种人为行动;教育改革是根据特定社会和人的发展需要,在特定价值观念指导下进行的,旨在改变现实存在的阻碍教育发展的落后或不合理成分,并使之成为能够适应客观现实发展需要的先进或合理的社会行动,是包括思想观念、价值导向、人才培养目标、内容、措施、评价及其他保障机制在内的全面改革。教育改革行动的发生首先需要在头脑中进行除恶扬善、扬长去短的价值判断和选择,因为任何初衷良善的改革都是希望事物向好的方向发展,而在除旧布新、促进教育良性发展的过程中,在理性选择的背后"必定会反映某种不同以往的政治意图和利益追求,并以某种伦理思想为依据"[④]。因此,改革的道德正当性具有优先性,是衡量改革行动的首要价值标准,教育改革在多元利益冲突加剧的背景下,只有具备道德正当性才可能赢得符合民意的社会合法性、取得真正的有效性;而"理性、科学、公共意志"作为考量改革的重要尺度,"构成了人们评价某种改革选择的价值依据"[⑤]。

(一) 教育改革的科学理性

在我国古人眼里,"道"的最初含义为万物产生、变化的总规律,即事物运行本身的客观规律,"道者,万物之所然也,万理之所稽也"(韩非《解老》),后引申为社会道德规范、规则,"道之大原出于天,天不变,道亦不变"(董仲舒

---

① 戴双翔.试析教育改革伦理规范的意义[J].辽宁师范大学学报(社会科学版),2003(5).劳凯声.公共教育体制改革中的伦理问题[J].教育研究,2005(2).刘世清.市场背景下教育改革的伦理困境与政策选择[J].华东师范大学学报(教育科学版),2005(4).
② 石火学.和谐社会建设中教育政策伦理的选择[J].高等工程教育研究,2007(1).刘世清.教育政策伦理问题研究[J].教育学术月刊,2009(6).彭安华.教育政策伦理及其价值诉求[J].教育理论与实践,2010(12).池丽辉,等.高校扩招政策所面临的伦理问题与矫正[J].教育学术月刊,2011(6).谢春风.我国流动儿童教育政策演进的伦理分析[J].教育科学研究,2012(5).
③ 教育改革中的伦理问题学术研讨会在北京师范大学召开[J].教育学报,2011(6).
④ 劳凯声.教育体制改革与改革伦理问题[J].首都师范大学学报(社会科学版),2011(4).
⑤ 劳凯声.教育体制改革与改革伦理问题[J].首都师范大学学报(社会科学版),2011(4).

《举贤良对策三》）；"德"的最初含义为"得"，"德者，得也""外得于人，内得于己"（《说文解字》），指人们悟"道"之后又遵循"道"所表现出的主观行为①。可见，"道"是"德"的前提，没有基于万物发生、变化的根本规律而产生的社会伦理规范、规则，就不可能有对规范、规则的内心自省和感悟；"德"又是"道"的归宿，规范、规则只有通过"内得于己"，才能被接受并发挥行为规范和制约的作用；"道德"即"得道"，指通过他人或自己的内心自省而得到基于万事万物运行规律的"道"来指导和规范自己的行为，强调人的主观行动必须符合自然和社会的客观规律。改革的合道德性首先即表现为改革行动秉持科学理性、符合事物发展的客观规律。人是具有自我选择能力的自主性存在，人类行动是包含目标追求、需要认识规律、富含价值意蕴的创造性实践，理性是人之为"人"的最本质特征。自古希腊哲学家赫拉克利特提出以"逻各斯"（logos）指称事物客观规律以降，指向人的认识活动、力求把握客观事物内在规律的认识论意义上的科学理性（即旨在求真的认知理性）便成为理性的重要维度之一。虽然近代以来，随着人类认识和征服自然的热情日益高涨，纯粹求真的科学理性日渐为技术所奴役而衍化为"物化的理性"，导致理性与价值的背离和对信仰理性（价值理性）的严重遮蔽，但科学理性终究是理性不可缺少的重要维度。

（二）教育改革的公共理性

道德是作为调节人们利益关系和实现人们利益诉求的根本方式而存在的。人类社会之所以需要道德，是因为道德指向的是人与人之间的利益关系，利益是道德的基础，社会中的道德及其原则和规范总是从一定的利益关系中引申出来并反映和维护着一定的利益要求。道德的实质是对主体正当利益的尊重与维护、对主体间利益的平衡与协调。② 因此，在秉持科学理性的基础上，改革的道德正当性进一步表现为改革行动必须基于公共

① 辞海 [M]．上海：上海辞书出版社，1989：911，1194．
② 高力．公共伦理学 [M]．北京：高等教育出版社，2002：76．

理性①而超越特定群体和个人的地位、身份、利益,具有放眼全局、换位思考的改革胸怀,"对积极支持并参与教育改革者予以合理的利益回报"②,不能成为所谓"内部人改革",即"在缺乏有效的社会参与和利益博弈机制的情况下,由掌控资源的权力部门主导的改革",结果"形成基于部门利益的特殊利益集团,从而损害了教育的公益性、公共性、公正性等基本价值"③。当然,现实的改革行动中,任何变革都会对不同群体或个体的切身利益发生影响,特别是改革发起者、决策者、执行者要完全超脱,是极不易的。但也正因此,才必须强调公共理性在改革的道德正当性中不可或缺的价值。唯有公共理性才能保证改革实现"帕累托改进"(即没有人受损但至少有一人受益)。

21世纪以来,深度考量和反思教育改革道德性的研究愈益丰富,但始终鲜见对教师教育制度(改革、政策)伦理的深切关注,对教师教育改革行动之公平、正义性的追问与反思甚少④。事实上,"走向深水区"的教师教育改革

---

① "公共理性(public reason)"一词最早由霍布斯开始使用,后不断为卢梭、康德、罗尔斯等哲学家所关注和使用。 其中,康德和罗尔斯的理论思想最具有原创性和代表性,且有着密切的传承关系。 康德将公共理性与包括道德启蒙在内的人类启蒙相勾连,以实践理性为根据,揭示了公共理性与人格、道德律令、正义等的可能性联系;罗尔斯则力图在人之深度自我道德启蒙的意义上进一步阐明公共理性与自我、正义、道德感之间的关系。 在康德看来,公共理性(即理性的公开运用)是维持社会正义的前提,其本质乃纯粹理性在主体间的运用,这种蕴含着纯粹理性之实践运用的主体间运用本然地带有道德实践的意蕴;在罗尔斯看来,公共理性"是那些共享平等公民身份的人的理性",即包括公民、社团、政府等在内的各种社会主体以公正理念和自由平等身份在"有关宪法根本和基本正义问题的公共论坛上所使用的推理理性","他们的理性目标是公共善",而"德性"即"那些按照基本的正当原则去行为的强烈的通常有效的欲望","是一些引导我们按照一定的正当原则行为的情感和习惯态度",所以,公共理性既是公民的一种理性能力,也是公民的一种道德能力。 参见[美]约翰·罗尔斯.政治自由主义[M].万俊人,译.南京:译林出版社,2000:225,10.[美]约翰·罗尔斯.正义论[M].何怀宏,译.北京:中国社会科学出版社,2001:438-439.
② 吴康宁.教育改革成功的基础[J].教育研究,2012(1).
③ 杨东平.人的缺席:教育不平等的价值基础[M]//金生鈜.教育:思想与对话(第2辑).北京:教育科学出版社,2007:86.
④ 在"中国学术期刊网全文数据库(CNKI)"的"哲学与人文科学""社会科学Ⅰ""社会科学Ⅱ"及"经济与管理科学"四个领域中,"时间"选择"不限至2018年","匹配"选择"精确","来源类别"选择"全部期刊",分别以"教育制度伦理"和"教育改革伦理"为检索词、"主题"为检索项,检索到的文献中(检索日期为2018年8月18日)均未见相关论文;仅在以"教育政策伦理"为检索词、"主题"为检索项,检索到的文献中见到3篇论文[罗红艳.和谐社会视野下教师教育政策的伦理诉求[J].现代教育管理,2011(1).陈栋.县域教师轮岗制度的利益分析及伦理重建[J].素质教育大参考(A版),2013(12).陈栋.我国教育政策伦理的演变与走向——以县域教师轮岗交流政策为例[J].湖南师范大学教育科学学报,2015(6).].

实践不断遭遇的困境警示我们,教师教育改革伦理在我国既是一个有待开拓和深化的研究领域,更是一项重要而且紧迫的时代课题。如果说"教育改革其实和人类社会的任何实践活动一样,既有成败得失,也有良善丑恶",那么,教师教育改革应该无法例外。如果说"教育改革作为一种利益调整的过程,本身充满了道德矛盾。教育改革者的动机和行为,教育改革的过程和结果,是否符合教育伦理本性?是否体现了时代伦理精神?是否经得起道德法庭的审察?这是关乎教育改革价值的大问题"①,那么,毫无疑问,教师教育改革同样不能例外。②

二、新教育公平视野下教师教育改革的道德困境

正如美国批判教育研究者迈克尔·W. 阿普尔(Michael W. Apple)教授所强调的,教育是一个充满斗争和妥协的场所,不同群体围绕"我们的学校应该如何做,服务于谁以及应该由谁来决策等"以及"何种资源、权力、意识形态、资金、课程、教学以及教育评估被认可"而争论不休。"教育既是因也是果,既是决定性的也是被决定性的";同样,教师教育也是一个充满斗争和妥协的场所,我们甚至可以说"教师教育更是如此"。教育从根本上说是政治的,是充满政治斗争的场域;教师教育,亦不例外。教师教育改革同样是斗争与妥协的结果。甚至可以说,教师教育改革更是充满伦理、种族、社会、文化、语言的多样性,也正是在这些多样性中,充满竞争的不同教师教育价值观念、项目实践等之间保持一种张力。③ 秉持科学理性和遵循公共理性是教师教育改革最核心的道德意涵,实践遭遇的道德拷问正来自于此。

---

① 戴双翔.以善致善:基础教育改革道德研究[M].汕头:汕头大学出版社,2009:序一.
② 本文旨在肯定我国各项教师教育改革已有成就的基本立场上,对具体改革行动背后可能存在的道德隐忧进行积极扬弃的批判性思考。
③ 杨跃.教师教育:一个充满斗争的政治场域——迈克·阿普尔教授访谈录[J].全球教育展望,2014(9).

（一）信念伦理取向的改革境遇中何以秉持科学理性？

内蕴科学理性的教师教育改革理应符合教师专业成长的客观规律。如果说"促进所有学生的发展"是教育改革道德正当性的来源，①那么，"促进所有教师的发展"则是教师教育改革道德正当性的重要基石。正如程天君所指出的，"当前，'效率优先，兼顾公平'的政策话语虽已让位于'更加注重社会公平，大力促进教育公平'，但'效率优先'的路径依赖与实践惯性依然强劲。'新教育公平'观旨在实现以'人'为核心评估域的视角转换，主张从注重效率优先到强调公平正义，从注重教育公平的外延到关注教育公平的内涵"②。而从以"社会"为核心评估域转向以"人"为核心评估域的新教育公平观强调"教育公平的受惠者是每一个人，而不是部分人"；"不仅关涉显性、物质等公共资源配置方面的平等、均衡或差距缩小，也涵盖诸如尊严、幸福、精神等隐性的'教育系统内部'的教育公平，要求致力解决教育系统内部普遍存在的不平等、不民主以及等级化、边缘化、排斥、欺侮等现象"。③

只有符合教师专业成长内在规律的改革，才能真正促进教师发展（包括未来教师和在职教师）。然而，教师专业成长的内在规律是什么？怎样的教师教育实践才是真正遵循了教师养成的内在规律呢？1990年代以来，"教师专业化"可谓我国教师教育改革所追求的理想价值和核心主旨，其重大现实意义及高素质教师教育者在教师专业化教育中的重要作用均不言而喻。但事实上，"何谓教师专业性""如何实现教师专业性""谁是合格的教师教育者"等关涉教师教育实践路径和改革举措的根本问题，始终见仁见智、难达共识。比如，在深刻的历史背景及多种因素的复杂作用下，我国1990年代开始的新一轮教师教育改革对改革对象的认知便伴有显示其不名誉特征（所谓"弊端""不足"）的"污名化"倾向，并且随着对现实状况的片面感知、标签固着以及对理想与现实差异的分类命名、话语建构，不平等的分类图式和结构逐渐内化

---

① 吴康宁.教育改革成功的基础[J].教育研究，2012(1).
② 程天君.新教育公平引论——基于我国教育公平模式变迁的思考[J].教育发展研究，2017(2).
③ 程天君.新教育公平引论——基于我国教育公平模式变迁的思考[J].教育发展研究，2017(2).

为行动者的心智图式和性情倾向,致使相关的制度文化、组织机构和群体被连带上种种负性特征而成为改革动议聚焦的对象。教师教育改革中出现的不同程度的"污名化"倾向,与其说是人的主观使然,毋宁说是源于对教师教育内在规律的深刻探寻与清晰揭示严重不足而引致的科学理性缺失。

正是由于科学理性彰显不力,"专业化"引领下的我国教师教育改革在某种程度上变成了一种"只重视内容指向而没有兼顾过程指向"①的改革,或曰"信念伦理下的教育改革"②,改革在倡导者事先设定的教育理想或信念的推动下以自上而下的方式进行,忽视了教师教育自身的复杂性和多样性,作为复杂社会实践的教师教育改革被简化为一种"纯粹的观念实践"。

(二) 精英模式导向的决策场域中如何达臻公共理性?

任何利益关系的形成与博弈都离不开利益相关者(stakeholder)及其利益维护行为,不同利益群体基于不同利益诉求,对待改革的态度很可能截然不同。教育改革的动力归根到底来自于不同利益相关者对改革预期收益和成本的权衡,改革的成败则取决于各方利益平衡和协调的程度与水平。教师教育改革同样是各方利益相关者根据自身对改革即期、预期收益以及自己与他人之间损益关系的判断而进行的一场博弈。教师教育改革的利益相关者是与教师教育当前运行和未来战略发展存在重要利益关系,其行为能对教师教育的发展产生影响的个人、群体或组织;既包括各级各类教师教育机构的受教育者(即包括职前师范生和在职教师在内的所有教师)和教育者(即教师教育者),又包括各级各类教师教育机构及其内部组织和作为教师教育"消费者"的基础教育机构及其面对的中小学生、家长、社区,甚至还包括各级政府与教育行政部门以及全社会。因此,无论是国家层面还是院校层面的教师教育改革,都离不开各种利益相关者的投入或参与,都应兼顾各方利益相关者的利益并给予相应的合理利益回报或补偿,追求全体利益相关者的整体增

---

① [挪威]波尔·达林.教育改革的限度[M].刘承辉,译.重庆:重庆出版社,1991:10-12.

② 唐小俊.教育改革路径的反思与超越——基于社会行动伦理的思考[J].教育发展研究,2013(9).

益。特别是鉴于"大学作为一个非营利性组织,是一个典型的利益相关者组织"①,院校层面的教师教育改革更需要清醒认识不同利益相关者的利益诉求与偏好,充分尊重改革场域中多方利益相关者之间的利益互动与博弈,并综合把握各方利益相关者在改革中可能经历的利益冲突与损益,努力实现利益相关者整体利益的最大化。对于致力于为基础教育(特别是义务教育)培养师资的教师教育来说,甚至有必要旗帜鲜明地将公共利益视为改革的基本准则和首要坐标。

事实上,任何改革在本质上都是利益的分化、调整和重新整合、分配。教师教育改革对原有组织结构和运行机制的调整必然导致既有利益格局的重塑。即使改革理念能够得到广泛赞同,但若缺乏真正在机制调整中加以体现的利益支撑,理念仍然难以产生实践效应。作为集体行动者的院校和作为个体行动者的教师,面对任何一项改革举措都会首先考虑自身的改革成本与收益,也同样期待自身收益最大化、成本最小化的人性需求能够得到满足。因此,只有以各种利益相关者的广泛参与为条件,保障不同利益相关者的利益要求有充分表达的机会和渠道,最大限度地反映各种利益相关者的意志与利益的改革,才是一项能够顺利实现改革目标的"善"的改革。在阿普尔看来,"教师教育改革更多的是一个实践问题,要取得实质性的进步,离不开'厚民主(thick democracy)'的教师教育实践,将大学教师教育者、中小学教师、社区成员、中小学生家长等众多的教育利益相关者都动员起来,积极、民主、持续、有效地参与到教师教育改革中"。② 正如新教育公平观所强调的,"教育公平应是人发展的公平,是可以激发个人能力,并使其能表达自己的感受,积极参与和决策的教育公平"。③ 这启示我们:在设计教师教育改革政策时,究竟是追求不顾差异、只讲均等的形式公平,还是构造尊重实际、合理且有补偿的实质公平,是事关全局的重要考量;如何采取更为科学合理的措施来提升短板质量、优化资源配置,真正推进教师教育公平与制度正义,则是更为重要而紧迫的现实问题。

---

① 张维迎.大学的逻辑[M].北京:北京大学出版社,2004:19.
② 杨跃.教师教育:一个充满斗争的政治场域——迈克·阿普尔教授访谈录[J].全球教育展望,2014(9).
③ 程天君.新教育公平引论——基于我国教育公平模式变迁的思考[J].教育发展研究,2017(2).

然而,在当前我国的政策环境及教育体制下,大多数教师教育改革决策基本上都属于自上而下的"精英模式",改革决策系统相对封闭,除政府教育行政管理部门或院校领导层外的各种利益相关者大多缺乏必要的参与渠道和机会,从而使得教师教育改革所需要的公共理性的达成变得异常艰难,甚至有可能出现改革决策偏离公共利益、向某个特殊利益群体倾斜的风险。比如,近年来在我国高等师范院校内部的教师教育改革实践中,针对师范院校综合化发展进程中教师教育被边缘化的现实,出现多种教师教育创新模式,都意在将教师教育职能与资源集中,通过学科专业与教育专业在机构、人员、资源等方面的分离,将教师教育从被学科专业教育所漠视的边缘状态中解放出来,打破不同学科方向师范生及教师教育者之间的疏离与隔阂,从而突出和强化教师教育的专业性与重要性。只是这些改革实践在运行中困难重重,甚至会遭遇不同程度的质疑、反对,其根本原因恐怕在于师范专业特有的双学科专业性与我国大学专业实体化体制壁垒之间根深蒂固的矛盾在改革推进过程中并没有得到根本化解。众所周知,在我国现行高等教育学科专业制度框架下,"专业"不仅是人才培养的根本载体,更是资源使用、管理与分配的基本单位,①高校内部的教学经费、教师编制核定等都主要根据专业学生数量计算和分配;由此形成的"我的(老师、实验室……)""你的(学生、教师编制……)"心理认知对教师教育改革的影响尤甚。因为教师是明显具有多学科性和跨学科性的复合型专业人才,不仅需要懂得"教什么",而且必须懂得"怎么教",这虽近乎常识,但如何保证这种同时关涉文理学科和教育教学专业的"双学科专业型教育"既优质又高效,正是教师教育改革需要突围的"瓶颈"。虽然近年来各种新模式、新机制的改革初衷良善,但很大程度上由于未能在院校内部治理机制上真正突破实体性专业建制及其资源配置模式在院系间造成的利益壁垒,与师范生培养紧密关联的师资、设备、经费等各种资源始终囿于某个独立的实体性机构,从而屡屡发生"意料之外的后果"。

阿普尔早在1986年出版的《教师与文本:教育中阶级与性别关系的政治经济学》一书中,就深刻、细致地分析了教师的职业生存状态。30多年后,在此起彼伏的教育改革、教师教育改革背景下,广大教师却越来越被"标准化(standardized)""理性化(rationalized)""政策化(policed)";在"审计文化

① 卢晓东,等.高等学校"专业"内涵研究[J].教育研究,2002(7).

(audit culture)"情境中,教师作为专业人员理应享有的自主性、自治权被逐渐侵蚀。可以说,教师一直在经历"去技能化(deskilling)""工作强度加剧(intensification)""教师权力和尊严丧失(disempowerment)"等"普罗化"过程,甚至在日益明显的教育标准、内容及控制权集中等趋势下变得更加激化。诸多教师教育改革举措实际上是将教师看作可轻易替换的技工,教师的专业尊严不是得到加强,而是不断受到削弱。虽然教师教育改革一直在宣称提高教师专业化水平、培养专业人员,然而在全球范围内,教师教育"去专业化(deprofessionalization)"的阴霾令人担忧。①

正如阿普尔所强调的,当今时代,思考教师教育、探索教师教育改革实践,不仅需要"关系性思考(think relationally)",而且需要"全球性思考(think globally)"。"教师教育不仅与教育身处其中的整个社会、政治、经济、文化等紧密关联,而且与教育自身、教育内部的政治、文化场景密不可分,离开了对教师教育所处社会及教育场景的分析,是难以从根本上深刻地理解教师教育及其改革的。教师教育的政治性也正体现于此。"因此,"'什么才是好的教师教育项目?'这个问题必须在充满种族、民族、文化、语言多样性的情境下重新加以检视","不仅需要从底层视角出发看世界,而且需要以全球视角直面国际政治、经济、文化变革"。在日趋显明的全球化背景下,我们需要更加清晰地看到"主导教育改革的意识形态更像社会达尔文主义,学校仍然被用来作为再分层化的工具";看到"'选择''竞争''绩效评价''个体责任''风险管理'等市场话语已跨越地理政治的边界,使得被压制人群更加受压制、更加被边缘化,也更加'失语'"。任何时候,发展教育和教师教育,都既不能以"改革"的名义"推倒重来"、全盘否定过去,也不能以"继承"的名义裹足不前、拒绝变化,必须在全球视野中对教师教育的制度正义和改革伦理做出全面、深刻、细致的分析。②

全球化背景下,分配政治(distribution politics)和承认政治(recognition politics)是两个重要的动力机制。前者涉及经济运作方式、经济如何受控制、谁从中获益等;后者则关涉围绕身份所发生的文化斗争、人之基本权利何以

---

① 杨跃.教师教育:一个充满斗争的政治场域——迈克·阿普尔教授访谈录[J].全球教育展望,2014(9).

② 杨跃.教师教育:一个充满斗争的政治场域——迈克·阿普尔教授访谈录[J].全球教育展望,2014(9).

得到或得不到根本承认等。"教育正义必须超越分配正义的边界,而进入教育活动内部,走向承认的正义,以使分配和承认各自承担起自身的正义使命。"①这正是新教育公平的核心意涵,即"实现资源'分配'和人的'承认'的结合,强调教育公平从关注'社会—外延'到关注'个体—内涵'的转变"②;这也是阿普尔所主张的"非改革主义的改革"(即非那种并没有深入到复杂社会结构和文化生态之中、对教育问题进行有效综合治理的"头痛医头、脚痛医脚"的改革),"一切教育改革在本质上都是一场文化变革,而文化变革的核心在于价值秩序的变革";"教师教育研究者不能也不可能恪守所谓的价值中立原则、沉醉于象牙塔内进行所谓的纯学术研究,否则只会越来越脱离现实。我们每一个人都需要扪心自问:'你站在谁一边。'学者肩负的社会责任就是从道德和社会正义出发,站到那些遭受政治、经济、文化霸权和压迫的人一边,站在妇女、劳工、有色人种的一边"。③

总之,迈向公平、正义的教师教育改革,在路上……

---

① 吕寿伟.分配,还是承认——一种复合的教育正义观[J].教育学报,2014(2).
② 程天君.新教育公平引论——基于我国教育公平模式变迁的思考[J].教育发展研究,2017(2).
③ 杨跃.教师教育:一个充满斗争的政治场域——迈克·阿普尔教授访谈录[J].全球教育展望,2014(9).

一

教师教育改革：阻抗·风险·公平挑战

第一章
公平视野的缺失：教师教育改革研究 40 年

改革开放 40 年来,我国教师教育改革研究经历了酝酿起步、拓展深化、反省审思三个阶段,在研究视野、内容、方法等方面取得了丰硕成果,学术研究的政策影响力也日益增强。但是,从教育公平的视野出发,对教师教育改革实践的道德伦理性、公平正义性的研究相对空缺。教师教育改革研究需要进一步拓宽研究视角、丰富研究方法、加强改革理论(尤其是本土性改革理论)及改革政策实施过程的研究。在新教育公平理论视野下开展教师教育改革研究具有重要意义。

改革开放伊始,"文革"期间成为"教育重灾区中的重灾户"的师范教育百废待兴,师范教育改革的理论呼声和实际行动此起彼伏。进入 20 世纪 90 年代后,新一轮教师教育改革又在中华大地蓬勃开展,理论诉求与实践举措交相呼应,呈现出一派教师教育改革欣欣向荣的时代图景。如今,教师教育改革已经成为当代中国教育改革的焦点,也是教育研究的热点。盘点改革开放 40 年来我国教师教育改革研究的发展与不足,不仅有益于我国教师教育改革实践的顺利推进,也有助于教师教育改革理论的完善。

一、教师教育改革研究的发展阶段与特点

改革开放 40 年来,我国教师教育在体系建设、制度保障、培养质量、培养模式的改革探索等方面取得了历史性成就,为支撑世界上最大规模的基础教育提供了师资保障,也积累了自己的经验。[1] 与此相伴,我国教师教育改革

---

[1] 管培俊.我国教师教育改革开放三十年的历程、成就与基本经验[J].中国高教研究,2009(2).

研究也由弱到强、由浅入深,在研究视野、内容、方法等方面取得了丰硕成果,学术研究的政策影响力也渐趋明显、日益增强;其发展历程可分为三个阶段,各个阶段的时间跨度及研究旨趣、内容、视角乃至研究者身份等都不尽相同、各有特点。

(一) 酝酿起步阶段(1978—1995 年)

1978 年之后,中国社会改革开放的步伐逐渐加快,师范教育研究也日渐活跃。1980 年召开了全国第四次师范教育会议,是我国师范教育跨入改革发展新阶段的重要标志。"1981—1996 年间,堪称我国师范教育中兴时期。短短 15 年间,我国师范教育不断在困难与挑战中奔突、进取,与此同时,师范教育的思路不断拓宽。"[1]进入 20 世纪 80 年代后,我国学者(主要是比较教育领域的研究者)先后介绍了日本、英国、美国、德国、法国等发达国家在教师培养、培训工作中的经验、教训及改革举措,着重介绍了西方国家先后经历的"师范教育机构转型"的背景、动因、内容、特点等,进行了众多国家师范教育的比较研究,并展望师范教育的未来发展趋势。早在 1985 年就有学者介绍了国外师范教育发展"提高学术性,发展师范性""重视教育能力和职业兴趣培养""采用开放型体系,多渠道培养教师"和"面向学校,重视师范科学研究"等几点"新趋势"[2]。1990 年代初期出版的《十国师范教育和教师》及《比较师范教育》两本比较教育著作在我国师范教育界影响很大。[3] 这些研究为封闭中的中国师范教育界了解发达国家教师培养、培训实践的状况与走势,提供了可资借鉴的宝贵经验。但这一时期的研究在研究广度、深度以及研究层次、水平等方面都显单薄,尚处于我国新时期师范教育改革研究的酝酿起步阶段。

当然,研究者并不仅仅局限于介绍、借鉴国外教师教育改革的理论与实践经验,在进行意在介绍"他山之石"的比较教育研究的同时,也初步探讨了

---

[1] 华东师范大学师范教育研究所.中国师范教育:1981—1996 [J].华东师范大学学报(教育科学版),1996(3).

[2] 张楠.国外师范教育发展的新趋势 [J].天津师大学报,1985(5).

[3] 成有信.十国师范教育和教师 [M].北京:人民教育出版社,1990.苏真.比较师范教育 [M].北京:北京师范大学出版社,1991.

第一章
公平视野的缺失:教师教育改革研究40年

我国师范教育的改革问题,思考、提出了师范教育改革的新思想、新观点。1985年,曾昭耀从探寻师范教育发展规律入手,对我国师范教育体制改革进行了深刻辩证的思考,较早提出了"必须开放师范教育体制"的改革思想,还特别指出:"近四十年来,世界师范教育的发展存在着两种相反的趋势:一种是以美国为代表的独立师范学院日渐衰落的趋势;再一种就是以日本为代表的独立师范教育机构日渐'复活'和发展的趋势。在我国当前正在进行的'师范教育体制'之争中,表明这两种相反趋势的事例似乎已经成了争论双方所一再援引的有力证据。但是,美、日两国师范教育的发展既然是相反的趋势,而且两国又都是发达国家,那就无论哪种趋势都不能说是师范教育发展的必然趋势。"① 1989年顾明远教授在《瞭望》杂志撰文呼吁:"必须实行教师合格证书制"才能使教师职业具有不可替代性。② 这是较早的实行教师资格证书制度的倡议。1980年代中后期开始,有研究者提出要打破分割封闭的传统师范教育系统,在不可能增加巨额投入的条件下,改革当时的师范教育管理和运行系统,重新规划和运筹,用经济的办法提高办学效能,"建立开放型的大师范教育体系"。③

1990年代,更多教育研究者致力于研究"师范教育特性"及"我国高师教育的改革与发展",学术界越来越认识到"高师教育的改革已经到了需要科学抉择的关键时刻!……高师教育的改革是一个要求每一个关心教育事业、关心民族未来发展的人都来参与探讨的问题"。④ "改单一定向型为多样开放型高师教育体制"的改革主张也日益成为主导性声音。

总之,改革开放初期至20世纪90年代中期,我国师范教育改革研究主要围绕传统师范教育的不足与弊端,强调师范教育改革的必要性和迫切性,以及如何借鉴西方国家教师教育的经验,实事求是地正确处理师范教育改革中的各种关系等诸多议题。师范教育改革研究受到关注,但此时学术层面的

---

① 曾昭耀.论师范教育的发展规律与我国师范教育体制的改革[J].中国社会科学,1985(4).

② 顾明远.必须使教师职业具有不可替代性[J].瞭望,1989(2).

③ 巩其庄.大师范——师范教育的未来[J].未来与发展,1987(6).方天培,等.浙江省高等师范教育发展战略探讨[J].杭州师范学院学报(社会科学版),1988(2).朱从矩,等.广东高等师范教育改革的设想[J].高教探索,1989(2).刘也愚.中国高师教育的改革趋势[J].辽宁高等教育研究,1990(2).

④ 叶澜.转变观念、开拓发展空间——论当代中国高等师范教育的发展[J].高等师范教育研究,1995(5).

研究成果主要是译介类文章和为数不多的分析我国师范教育改革必要性、紧迫性、改革趋势及改革行动构想的研究。学术研究成果的决策影响力初现端倪，典型例证即 1993 年《中华人民共和国教师法》明确提出"国家实行教师资格制度"，第一次以国家法律形式确立了教师资格条件的国家标准，标志着教师资格制度开始迈入法制规范阶段。

（二）拓展深化阶段（1996—2005 年）

随着我国经济、社会的发展，师范教育的宏观背景和内外环境也发生了巨大变化。师范教育作为国家教育事业的"工作母机"，一直受到政府的高度重视。1996 年召开的第五次全国师范教育工作会议标志着我国教师教育从"以规模数量发展为特征"进入"以提高质量、优化结构、提高效益为核心"的发展新时期，再次突出了师范教育的重要性和改革紧迫性。师范教育改革研究也随之进入拓展深化阶段，研究成果显著增多，研究范围不断扩大，研究内容日益深化，研究视角也逐渐多元。

这一时期的师范教育改革研究，研究范围涵盖教师培养、培训、专业成长及师范教育机构的改革等诸多领域；研究内容涉及师范教育改革目标、指导思想、依据、主要内容、基本思路及改革突破口等理论问题以及教师培养、培训工作各个环节的实践问题，从宏观层面的师范教育体系、制度、机制、管理、政策等，到中观层面的师范院校转型、教师人才培养模式改革，再到微观层面的课程、教学改革等；研究视角也不局限于"别人怎么做"的"比较教育学"，而是拓展到"我们应该怎么办"的"教育政策学"思考，研究者尝试从系统论、哲学、经济学等视角开展师范教育改革研究。

此间研究的一个重要特点是学术研究成果和学术话语的决策影响力日趋明显。例如，1999 年 6 月，《中共中央国务院关于深化教育改革，全面推进素质教育的决定》提出："鼓励综合性高等学校和非师范类高等学校参与培养、培训中小学教师的工作，探索在有条件的综合性高等学校中试办师范学院。"这是学术界倡议多年的"开放师范教育体系"首次出现在官方文本中。同年，教育部发布《关于师范院校布局结构调整的几点意见》，具体部署了如何建设"开放的体系"，这标志着师范教育从独立走向开放、从培养与培训分离走向一体化的"改革号角"正式吹响。而这一决策行动显然与之前许多年

来学术界对"开放师范教育体系"的呼求密切相关。

"教师教育话语转换"是又一个突出例证。早在20世纪80年代末、20世纪90年代初,就有学者提出,由于人们对"师范教育"一词的理解偏重于封闭定向的师范院校所进行的"教师职前培养",与"开放师范教育体系"不符,应使用更符合国际惯例、包容性更强的"教师教育"一词,将教师职前培养与职后培训都涵括在内。2001年5月颁布的《国务院关于基础教育改革与发展的决定》中就明确提出并使用了"教师教育"这一概念,指出要"完善教师教育体系,深化人事制度改革,大力加强中小学教师队伍建设",这是在国家教育政策文本中首次使用"教师教育"概念。2002年2月发布的教育部《关于"十五"期间教师教育改革与发展的意见》首次对"教师教育"做了相对完整的解释:"教师教育是在终身教育思想指导下,按照教师专业发展的不同阶段,对教师的职前培养、入职教育和职后培训的统称。"

再如,2001年7月在上海华东师范大学举行了"第三届教育政策分析高级研讨会",会议围绕"教师教育改革与发展政策研究"的主题展开了广泛深入研讨,①"教师专业化"被确定为"制定教师教育政策的理论基础"。教育部师范教育司组织全国专家学者编写出版了国内第一本系统论述"教师专业化"的论著——《教师专业化的理论与实践》。

在我国高等教育大众化进程加快、我国高校管理体制改革和布局结构调整的背景下,在借鉴国际教师教育经验,开放教师来源渠道,提高教师培养质量的诉求下,我国师范教育改革踏上新的里程,进入战略性调整的教师教育新阶段,"开放化""专业化""一体化""高层次化(大学化)"等成为新一轮教师教育改革的重要诉求和显著特征。教师教育改革研究也更加深入细致,多角度、全方位地总结、分析、探讨我国教师教育的过去、现在和未来。

与新一轮教师教育改革实践的内在需要紧密相连,教师教育改革的理论研究也进一步发展。此时,我国教育界关于教育改革的理论研究大有进展,"教育决策"成为教育改革研究的关注重心,"教师教育政策研究"也自然成为教师教育改革研究的前沿内容。相关研究不仅获得了一定的理论建树,而且对教师教育政策制定和教师教育改革实践的影响力、推动力也日益增强,行

---

① 唐玉光.新世纪的教师教育:理论、制度、政策——第三届教师教育政策分析高级研讨会综述[J].高等师范教育研究,2001(5).

政管理部门越来越重视发挥专家学者的决策"智囊"作用。不仅多次召开学术研讨会,而且专门成立了"教师教育改革创新研究小组""全国教师教育专家委员会"等组织,以充分发挥专家在决策中的作用,制定符合时代要求和教育发展规律的教师教育政策,推动教师教育改革发展。①

总之,这一阶段的教师教育改革研究取得长足进展,理论探讨也向纵深发展。这既是教师教育改革实践的客观需要,也是研究者自觉意识的反映。但是,传统师范教育存在的弊端仍需进一步研究,新一轮教师教育改革本身引发的新问题更需反思、总结,现实需要解决的问题永远是学术研究不断前进的动力。

(三) 反省审思阶段(2006 年至今)

新一轮教师教育改革取得巨大成就的同时,一些深层次、本源性的问题并未因"改革"而获得彻底解决,反而愈加突显,甚至改革本身又产生新的问题。于是,在新一轮教师教育改革推进多年后,研究者们在充分肯定"我国教师教育改革已取得很大成绩"的同时,开始对新一轮改革之后教师教育仍然存在的突出问题以及改革本身导致的问题,进行冷静思考和深刻剖析,并积极寻求解决对策。这些研究在方法论和思维范式上也发生重大转变,在侧重"他山之石"的知识性译介和注重实践性的策略探讨外,更加强了对改革教训和失误的反省与审思。2006 年之后,反思教师教育改革的文章逐渐增多,研究进入反省审思阶段。

顾明远教授 2006 年发表的《我国教师教育改革的反思》一文,发人深省、令人动容。他以知识分子的良知和社会责任感,坦陈了教师教育改革的"意外后果":

本世纪(21 世纪)初,许多专家提出教师教育转型的问题,我也曾经写过此类的文章。转型表现在三个方面:一是由三级师范向二级师范转型……这是指取消中等师范层次,增加研究生层次;二是师范教育由封闭型向开放型转型,所

---

① 2003 年 11 月 17—18 日在北京师范大学召开了"全国教师教育专家委员会成立大会暨第一次全体会议"。袁贵仁副部长出席大会,亲自向专家委员会委员颁发证书并做重要讲话。参见教师教育专家委员会秘书处.关于我国教师教育发展战略及改革举措的建议——全国教师教育专家委员会成立大会暨第一次全体会议纪要[J].教师教育研究,2004(3).

第一章
公平视野的缺失：教师教育改革研究40年

有高等学校只要具备培养师资的条件的都可以培养教师；三是实行职前培养和职后培训一体化……由于在理论上准备得不充分，在实际上又没有调查得很清楚，对改革缺乏科学的论证，我国的教师教育改革走了一段弯路。近几年来师范教育的机构改革进行得非常神速，而教师专业化水平并未有多大提高。

我国教师教育转型的目的不明确，科学论证不够，条件准备不足，与提高师资质量的要求背道而驰。

应该说，我也是教师教育转型的鼓吹者。现在看来，我对这个问题研究得不深入，考虑我国的国情不够。过去我曾经主张，根据我国的国情，师范院校在一个较长的历史时期还应该成为教师教育的主体，但是没有预料到中国师范院校转型的积极性那样高，转变得那样快。问题还不在转变的快慢，根本问题是没有在转型过程中真正转变教师教育的培养模式，没有在专业设置、课程安排、教学方式上相应地进行调整，没有真正地利用综合学科的资源来加强教师教育……因此，对教师教育的改革要慎之又慎。①

顾明远教授的学术正义引领着更多研究者关注教师教育改革进程中逐渐暴露的问题。近四年来，学术界对教师教育改革的反思主要集中在②："教师教育高层次化（大学化）"带来的"优质教师教育资源流失""教师教育地位被削弱""师范生培养管理失范"等问题，"教师教育开放化"带来的"市场规制"问题，"教师教育专业化"带来的"分阶段培养""学科专业教育与教师教育关系如何正确处理"等问题，以及教师教育课程设置中"教学有效性差"、"教师的教学专业技能被忽视"、如何处理"教育理念培养与教师技能训练关系"等问题。研究者们分析了教师教育改革中存在的"开放化进展缓慢""一体化徒有虚名""信息化建设步履维艰""教师资格认证门槛太低"等问题，提出应充分关注"教师教育体制定位""大学与中小学的伙伴关系""加大对教育和教师教育的支持力度""关注教育改革瓶颈——农村教师的供求与发展问题""重视和解决教师队伍结构性失调问题"，通过"完善教师教育体系""改革师

---

① 顾明远.我国教师教育改革的反思[J].教师教育研究，2006（6）.
② 代表性文章有：胡青，蒋喜锋.当前我国教师教育改革的几个问题[J].高等教育研究，2006（5）.蔡首生，李轶芳.关于我国教师教育改革的几点思考[J].经济与社会发展，2007（3）.卫建国.教师教育改革三对基本关系辨析[J].中国教师，2008（6）.檀传宝，张宁娟.透视我国教师教育改革中的焦点问题[J].教育科学研究，2008（8）.宋秋前，叶云飞.教师教育改革存在的问题与思考[J].教育发展研究，2008（22）.

范院校招生就业制度""规范教师教育课程体系和教学要求""建立和健全国家教师专业化制度""提高教师教育法制化水平"等途径来解决上述问题,保证教师教育改革的健康发展。

顾明远教授2008年又撰文对始于20世纪90年代的"教师教育转型"进行了深刻反思:"近十年来,我国师范教育正在转型……但是试行的结果并不理想……今天我们不能不进行深入的反思,思考下一步如何结合我国的国情,构建我国的教师教育体系。"并且深入分析了教师教育改革未能取得预期效果的原因,明确指出:"政策上有值得商榷之处,特别表现在中等师范学校的消亡上……现在看来,我们当初就不应该简单地取消中师。"①钟启泉教授也认为经过多年的改革实践,"教师教育"的舆论准备越来越充分,政策思路也越来越清晰,但是"教师教育"却没有作为国家教育发展的"重中之重"得到关注,并没有任何重大的改革步骤和教育财政的倾斜。"伴随我国高等院校的升格、转型、扩招而带来的开放式格局和数量膨胀,教师教育的发展面临'失范'(办学规范缺失)、'失格'(教养规格缺失)、'失真'(教师教育课程缺失)、'失重'(财力保障缺失)的危险,遑论质量的提升问题。"②

教师教育改革反思性研究的出现表明我国教师教育界开始走向成熟,研究者们真正意识到改革不能拒绝反思,不能拒绝调整和修正;要清醒、严肃、认真而没有顾虑地分析研究教师教育转型中的失误和问题,寻求走出误区、补救损失、解决问题的办法。改革过程中出现的种种误识、误区和偏差,尽管令人遗憾,但如果能够成为我们探索未来改革之路的宝贵财富,至少也还具有"亡羊补牢"的价值。教育各个领域先后涌现的"改革反思热"提醒我们,教育改革应慎之又慎。寻找正确认识改革的思维方式和实施改革的行动原则,确保改革审慎、稳健地进行,应是教育改革研究(自然也是教师教育改革研究)深入探讨的重要课题。

---

① 顾明远.谈谈我国教师教育的改革和走向[J].求是,2008(7).
② 钟启泉.我国教师教育制度创新的课题[J].北京大学教育评论,2008(3).

第一章
公平视野的缺失：教师教育改革研究 40 年

二、教师教育改革研究的反思与展望

我国改革开放 40 年来的教师教育改革研究取得了丰硕成果，但仍需进一步拓展、深化。

（一）在公平视野下关注教师教育改革实践

前述 2006 年以来进入反省审思阶段的教师教育改革研究成果虽令人可喜，但仍有缺憾，其中，弥补公平视野的缺失将成为教师教育改革研究的新生长点。

目前，在以"教师教育公平"为"主题"检索词查寻到的研究文献①中，绝大多数论及的主题实际上都是"教师的教育公平"。分析思路多为"因为'教育过程的公平，关键取决于教师，取决于教师自身对教育公平理念的认识和在教育实践中的科学把握'；然而，'在思想多元化背景下，教师的教育公平理念却不尽如人意'。因此，需要加强对教师的教育公平意识、理念和能力的培养与提升"。② 教师教育研究领域近年来对"教育公平"的关注也基本上是指向"基础教育的公平"，致力于培养和提升中小学教师的"教育公平意识、理念及能力"。在从比较教育视角出发，旨在介绍、分析西方国家教师教育改革与发展走向的研究中，"教育公平"即成为一个重要的关键词。比如，《教育公平：当代美国教师教育课程思想的社会取向分析》一文即详细介绍了美国逐渐成熟起来的社会取向教师教育课程思想，"它假设了教师是知识与社会的转换者，试图在教师教育课程中培养教师实现教育公平的社会道德和责任感、知识和技能，使得教师能够在美国多元化群体学生日益增长的环境中进

---

① 笔者在 2017 年 12 月 8 日检索时，在"所有期刊"和"学位论文"中，"时间不限"，以"教师教育公平"为"主题"检索词，一共只检索到 20 篇文献。
② 邓银城，卜晓艳.中部地区中小学教师教育公平意识的调查与研究[J].孝感学院学报，2010（3）.王凤秋，倪玉娟，李晓.中小学教师教育公平意识现状调查研究[J].教育理论与实践，2015（9）.张渝.对当前教师教育公平理念的探析[J].内蒙古师范大学学报（教育科学版），2013（4）.

行有效教学"①。2017年10月13—16日在北京师范大学召开的"第三届全球教师教育峰会"即以"教育卓越与公平：创新教师的教与学"为主题,旨在为来自世界各地的教育工作者和研究者提供跨国、跨文化对话的平台,探讨提升教师教学质量和专业发展的途径,促进教育公平和卓越。

关注教师教育自身的公平问题的研究文献相对稀缺,主要集中于介绍西方国家教师教育改革与发展进程中对"教师教育的公平"议题的新趋势。比如,有研究者在介绍当代美国职前教师教育改革动向的文章中,将当代美国职前教师教育发展的基本动向概括为五个方面,其中第二个方面即"关注'弱势教师'培养,促进职前教师教育公平化"②。又如,有研究者撰文介绍了1994年南非民主政府成立后,出于废除种族隔离的教师教育制度、解决教师教育办学效率低下及供需失衡等问题、顺应国际教师教育大学化潮流等需要,南非通过优化重组和大学化改革对其教师教育机构进行了大规模的改革;"通过这场政府强制、路径单一、进程短暂的激进式改革,南非逐步构建了教师教育的公平体系,提升了教师教育的办学层次,提高了教师教育的办学效益但同时也带来了教师供求失衡、'专业性'传统逐渐式微、机构内部融合困难等负面效应"③。还有研究者在回顾我国教师教育政策发展历程时,分析指出:"三十年来,我国教师教育政策经历了'发展—调整—再发展—再调整—再发展'等历史轨迹;一系列教师教育政策的出台和完善,促进了教师教育观念的转变、教师教育体制的改革和教师教育体系的完善。进入新的历史时期,教师教育政策的发展趋势是：促进教师教育标准体系建立、创新教师教育体制、改革和完善教师教育管理制度、促进教师教育国际化、促进教师教育公平,最终目的是建立与社会经济和教育发展相适应的现代教师教育体系、满足人民群众对优质教师和教育的需求。"文中所谓"促进教师教育公平"仍

---

① 戴伟芬.教育公平：当代美国教师教育课程思想的社会取向分析[J].比较教育研究,2011(8).

② 其他四个方面分别是：推行国家教师教育标准,促进职前教师教育统一化；提高生源质量,促进职前教师培养优质化；倡导绩效评价,促进职前教师教育"能本化"；鼓励质量竞争,促使职前教师教育竞争化。 参见龙宝新.论当代美国职前教师教育改革的动向[J].扬州大学学报(高教研究版),2016(2).

③ 徐今雅,甘杰.南非教师教育机构改革：动因、路径及成效[J].比较教育研究,2013(11).

第一章
公平视野的缺失:教师教育改革研究 40 年

然意指"促进提升教师的教育公平意识与能力"①。确实,职前教师教育公平化既是西方国家特殊教育国情的反映,也是职前教师教育改革实践的客观要求,同样理应成为我国教师教育改革与发展的未来走向。因此,有研究者撰文提出,"在国际社会共同追求教育 2030 目标背景下,中国将探索自身特色的教育现代化 2030 改革创新之路","教育变革的核心力量是教师,而高质量的教师离不开专业的教师教育","公平、高质量、可持续的教师教育发展取向,'互联网+教师教育'的新常态,教师核心素养的高度重视与培育构成国际教师教育发展图景"。②

对教师教育实践的公平性问题开展实证研究的成果更是凤毛麟角。有研究者针对美国黑人教师教育的公平性问题进行了专门研究,指出"在美国教育公平与多元文化的大背景下,看似公平与平等的黑人教育背后其实潜藏着无形的种族主义和不平等的黑人教育。美国黑人教师数量与比例都不能与白人教师同日而语,而且缺乏有针对性的黑人教师教育,'平等即相同(equality means sameness)'的理念其实忽略了黑人文化的独特性";鉴于"美国黑人教师教育之所以重要,在于它能够给黑人世界传授足够水平的文化和人生的崇高理想,到那些不仅不懂文字,也不懂生活的人当中去散播文明的种子",作者提出了美国黑人教师教育质量提升的具体策略(包括阅读与撰写传记作品、增强实地实习经验、重新感受课堂以及反种族主义的黑人教师教育方向),并强调"发展黑人教育的关键在于让黑人掌握教育的管理权和话语权,要'黑人教师管理黑人教育'"。③

总之,关注我国教师教育改革实践自身的"公平"这一议题的研究,在笔

---

① "教育公平作为社会公平的基础之一,是社会公平在教育领域的延伸。教师教育公平则是实现教育公平的重要保障。通过相关政策的制定,对教师应具备的伦理道德进行规范,要求教师在教育活动中处理各种关系时遵循公认的公平正义准则、公平合理地对待和评价每一个学生和合作者。教育肩负着重要的使命,不但启迪人的心智、锻炼人的品格、完善人的心性,而且还在消除社会上的不平等、创造宽松和谐的社会中发挥重要作用。实现这一切的关键是教师。通过政策规范教师的行为,来引导广大教师加强自身修养、树立正确的人生观、合理地对待和评价学生;同时也规范教师教育和培训机构的教育教学活动,使其能够重视学习弱势者或经济弱势者的学习机会、公平对待每一位学生。这也是对教师教育和培训机构的重要要求。"参见王立科.我国教师教育政策发展三十年回顾与展望[J].国家教育行政学院学报,2009(1).

② 戴伟芬,等.面向教育现代化 2030 的教师教育发展趋势与政策选择[J].河北师范大学学报(教育科学版),2017(5).

③ 贾国锋,杜海燕.试析教育公平及多元文化背景下的美国黑人教师教育[J].黑龙江高教研究,2013(10).

者目力范围内,迄今为止尚付之阙如,非常有深入开展相关研究的必要性和紧迫性。王建华教授区分了两种"教育公平":"为了教育的教育公平"和"为了公平的教育公平"。"为了教育的教育公平意味着将教育公平作为教育本身的问题;而为了公平的教育公平则意味着将教育公平视为社会问题。作为社会问题的教育公平是社会公平的组成部分;作为教育问题的教育公平则是实现教育理想的必要条件";强调"公平本身不是目的而是实现教育理想的手段","教育公平应从教育本身出发,通过教育变革实现一种实质性的教育公平,即为了教育的教育公平"。① 从这个意义上说,公平、高质量、可持续发展理应成为我国教师教育改革与发展的未来走向,这也已成为国际社会的共同追求。2012年经合组织发布的《为21世纪培育教师及学校领导:来自世界的经验》、2015年联合国教科文组织发布的《教育2030行动框架》《反思教育:向"全球共同利益"的理念转变》等重要报告中均建议,吸引意愿服务于偏远落后地区的优秀学子接受教师教育,强调为所有教师提供高质量的职前教育和可持续的专业发展,保障教师教育质量,并注重教师批判思考能力的培养和提升。

为顺应我国基础教育的改革与发展的要求以及大众对教育公平的强烈诉求,我国教师教育也必须通过均衡的师资配置、充足数量的高质量教师、内在动力驱动的内涵式专业发展等,保障公平而有质量的基础教育和全民终身学习。未来的职前教师教育如何以公平理念为导向,实现高质量、专业化教师培养目标?如何保障多元主体共同参与教师教育,以协作式教师教育促进教育公平?如何加强为贫困地区培养优秀教师从而促进教育公平?未来职前与在职教师教育如何从分阶段走向整体融合、有效衔接和整合职前与在职教师教育?未来的教师教育如何通过制定完善的教师教育标准、强化对教师教育全方位系统评估?如何既关注个体的又关注特殊群体的教师专业发展?如何在"互联网+"的时代,充分开发教师教育信息资源、突破时空界限、深化教师终身可持续发展理念? ……这些都是我国教师教育面对教育现代化2030创新突破所必须承担的时代责任和发展使命,加强新教育公平视野下的教师教育改革实践研究也是教育学术界的责任。

---

① 王建华.教育公平的两种概念[J].教育研究与实验,2016(6).

（二）加强教师教育改革的本土化理论研究

回顾教师教育改革历程，不得不承认，仍然有许多问题并未从理论上得到解决，"运动式"改革的痕迹依然清晰可见。究其根本，源于改革理论研究薄弱。比如，对教师教育改革动因的研究，大多限于笼统、一般的分析，缺乏对宏观背景的考察和微观领域的探究，缺乏对改革动因的深层阐释；对改革举措和对策建议的研究，也往往泛泛而谈，缺乏改革方案和实施措施的可行性论证；对各种改革实践也大多处于经验介绍的层面，缺乏改革成果的科学评价；对改革过程中出现的新情况、新问题，难以正确预见、科学解释和有效回应。

理论探索与建构是教育改革研究的重要工作。虽然改革实践能够为理论建构积累经验、提供基础，但理论作为借助概念、判断、推理等表达出来的抽象、系统的理性认识，却是甄别、解释和解决复杂实践问题的利器；理论认识的深刻性直接影响实践活动的有效性。学术提倡"百家争鸣""百花齐放"；各级教师教育行政主管部门制定改革政策则需要同时具备合法性、合理性和现实可行性。严肃认真、严谨规范、深刻细致的科学理论研究尤为关键。有研究者批评我国缺乏研究积累、理论武装、实践验证和必要评估的"游击式""经验型"课程改革模式不可能引起真正的课程变革。教师教育改革应引以为戒。教师教育改革研究尚未形成系统的理论体系和全面完整的改革蓝图，正因为我们尚未准确把握、深刻洞察教师教育规律、优秀教师成长规律等理论问题，实践中就难免出现偏差，初衷良好的改革行动也就可能事与愿违。因此，改革研究者、决策者、实施者和参与者等都需要保持"头脑的清明"，也应具备研究、决策的科学素养。

教师教育改革研究不仅亟待加强理论提升和整合，而且迫切需要加强本土性理论研究。我国教师教育研究的一个显著特点即为数众多的译介性研究始终占据主流地位。如果说，20世纪70年代末至80年代初，我国师范教育界迫切需要通过大量引介发达国家教师培养、培训工作的经验来总结自身存在的问题，世界各国教师教育的理论与实践确实为我们思考和探索师范教育改革提供了宝贵经验；那么，时至今日，如果研究仍然限于介绍"他山之石"，则愈显局促、脆弱。译介性研究大有裨益也不可或缺，但不能是唯一的研究范式和视角。

　　一种理论和实践行动的正确性与有效性往往受其所处社会、国度、时代的限制,在另一个社会、国度、时代是否同样适用则必须重新研究。西方发达国家的教师教育理论能否指导我国教师教育改革实践,其实践做法能否直接移植到中国,都需要三思而定。其实,西方教师教育及其改革的学理与中国实际的矛盾始终困扰着我国学者。我国师范教育体制从中华人民共和国成立初期全盘移植苏联模式到改革开放以来逐渐引进西方模式,虽然积累了不少经验,但也走过弯路。我们既需要热切关注国外教师教育改革理论和实践,更需要冷静思考、积极探求我国教师教育的现实问题和西方学理的本土适恰性;既需要系统深入地研究舶来理论,更需要吸收、修正后进行本土化探索和创造性应用,使之真正转化成具有本土意蕴的实践智慧。

(三)聚焦教师教育改革政策执行过程研究

　　波尔·达林发现教育改革计划大都是"内容改革指向"而很少"过程改革指向",改革的基本观念是"如果我们在课程、评价、教学等等新目标上意见一致……只要我们能够发展出'优越的'内容,那么教育就会有良好的效果"。由此导致"改革常常集中在目标上,其实施计划很少表明对改革过程的清醒认识"。达林建议将改革看作"涉及政治、经济和社会利益在内的过程"和"一个组织联结、组织冲突与组织生存的问题",把学校看作"中央、地方、社区利益网络的有机组织"和"涉及价值冲突的机构",致力于加强改革过程研究。①

　　任何改革都是一个继承与革新并存的艰难之旅,教师教育也难以通过一次性改革即获得发展与进步,甚至实践逻辑根本无法在理论逻辑所规限的框架中运作。改革过程研究需要微观视角的切入。微观视角研究致力于探寻真实细致的改革场景,追问行动意义,挖掘个体、组织在改革过程中如何表达自己的意见、设计自己的行动策略,又如何根据自身情况对外部改革方案进行现实"转换"从而导致改革政策"走样"。这种研究路向有助于获得真实具体的教育改革细节,也有益于认识改革实践可能遭遇的现实困境和改革行动的实践逻辑。

---

　　① [美]波尔·达林.教育改革的限度[M].刘承辉,译.重庆:重庆出版社,1991:12.

然而,迄今为止,我国教师教育政策研究中,相对于大量的政策文本解读和阐释,对教师教育政策问题的确认、政策规划、决定、执行、评价等诸环节的实证研究明显欠缺。政策研究特别强调要关注"可供选择的公共政策的性质、原因及作用",力求帮助人们采取更有效的集体行动来解决或减少重大政策难题;为实现这一目标,政策分析需清醒地认识政策实施中可能遭遇的现实问题,重视"理由与证据的使用,以便在一些可供选择的政策方案中挑选最佳的一个"①。此外,政策能否得到有效执行直接关系政策成败,评价作为促进事物改进、完善与发展、创新的重要手段亦十分关键,深入研究政策执行和评价是完善政策必不可少的任务;特别是身处风险社会,任何一项教育政策都会面临巨大风险,教师教育政策亦然。我国教育学术界少有对教师教育政策实效进行系统、科学的分析,人们无从知晓哪些政策是正确、合理、有效的,哪些政策则是失误、重复或低效的。而在"推倒重来"的改革思维影响下,新政策层出不穷却很可能会重蹈覆辙。教师教育改革成功与否对我国基础教育整体质量的影响可谓"生死攸关",教育政策自身又具有发展性、延续性等特点,这些都使得全面、客观地分析、评价现行政策并做出合理扬弃,显得尤为重要和迫切。

为此,教师教育改革政策研究有待超越静态的政策文本分析,扭转偏重事实描述而忽视深层机理探究及实践应用总结的研究倾向,加强对教师教育改革政策执行与实施过程的研究(例如分析影响政策执行的因素,考察政策执行中出现的各种不良现象,分析原因并提出改进措施等),有勇气对实施中的政策开展科学、严密的评价研究。只有通过严谨、规范、科学、完整的教师教育政策过程研究,才能对政策目标的实现程度、执行效果等做出全面评价,从而判断政策的基本走向,决定该项政策能否继续实施抑或需要调整、更新,并从中吸取有益的经验、教训,为未来决策提供有价值的参考和借鉴,推进教师教育学术研究成果的丰富与积累。

(四)拓宽研究视角、丰富研究方法

在"教育改革"几乎成为一种"发展主义"意识形态的语境下,"应该如何

---

① [加]J. P. 法雷利. 教育大百科全书·教育政策与规划[M]. 刘复兴,等译. 重庆:西南师范大学出版社,2011:40-41.

进行教师教育改革"之"实践论方案"的"建设性"研究盛极一时,却很少对"改革的意外后果"进行理论探究,也较少设问和思考"改革为什么会变成现在这个样子"。描述性、解释性研究的"冷清"与策略性、应用性研究的"热闹",形成强烈反差。人们多从"实践论"角度思考和期待教师教育改革的成就与成功,较少从多元视角去审思教师教育改革热闹场景背后的逻辑理路,将教师教育研究中的种种陈述当作"解释"信奉,而不是作为"需要被解释之物"来审思。于是,本是社会建构产物的改革举措却具有了不言自明的合法性和合理性。

20世纪90年代以来,我国教育理论界日益认识到教育改革研究需要借鉴多学科理论成果、进行多学科研究分析。有研究者认为,在多重理论基础上开展多学科视角的研究是我国1999年至今的高等教育改革研究趋于成熟和系统化的主要表现。① 教育改革、高等教育改革、基础教育课程改革等众多研究领域都呈现出多学科并进的趋势,哲学、社会学、文化学、经济学、生态学等学科视角的"加盟"为教育改革研究注入活力。教师教育改革研究也需要拓宽研究视野,增加多学科视角的审思,多角度、多层面地呈现教师教育及其改革的复杂性。比如,社会学视角就是一种独特的"看问题的'眼'"。"改革"是对原有事物的变革,会出现一部分人支持而另一部分人抵制、一部分人受益而另一部分人利益受损的情况,改革因此而遭遇阻抗。秉持社会学"事实研究"的方法论原则和"化熟为生""转向背后"的独特视角,能够客观真实地展示和分析教师教育改革阻抗的表现形式,并理性冷峻地追问和剖析改革阻抗的形成原因,进而探寻到规避阻抗、消除障碍、有效推进改革的实质性举措和政策。任何并非建立在科学严谨的"实然研究"基础之上的"应然研究"终究是苍白乏力的。

研究视角单一也导致研究方法缺乏综合性和多样性。迄今为止的教师教育改革研究多采用思辨研究方法,多思考教师教育改革"应该如何",却较少采用第一手资料、数据,运用现场观察、调查、访谈等实证研究方法。研究视角的拓展要求研究方法逐渐多元。大规模抽样调查、结构性观察、内容文本分析等量化研究,行动研究、生活史研究、叙事研究、现象学研究等质性研究,以及思辨性文献研究等,都大有用武之地,也应有一席之地。

---

① 侯怀银,刘亚敏.三十年来的中国高等教育改革研究:进展和问题[J].大学(研究与评价),2008(6).

第二章
公平认知的挑战：教师教育改革阻抗分析

教师教育改革并非如理念畅想的那般顺利，改革的实际运行过程中遭遇着种种阻抗（如制度的刚性与实践的弹性、理想的清晰性与惯习的缄默性、知识的霸权性与控制的辩证性以及理念的虚泛性与利益的切身性之间的矛盾与冲突），教师教育课程改革中也出现诸多院校层面的权力冲突（如行政与学术、学科专业与教育专业以及高师院校与中小学校之间的权力较量、冲突与失衡）和教师层面的行动阻滞（如改革认同缺失、自我认同危机、课程权力泛化、课程素养弱化）。这些阻抗产生的直接缘由虽不尽相同，但更深层的原因正是不同行动主体拘囿于"分配正义"而产生的公平认知与诉求。缓解教师教育改革阻抗亟待树立"关系正义"的新教育公平理念，尊重、关怀共同体中每一个成员，积极构建和谐正义、尊重差异、合作共赢的教师教育共同体。

21世纪以来，在世界教师教育改革潮流的驱动下，中国教师教育改革也逐渐从话语转换进入到课程更新、制度创新等实质性阶段。然而，一方面人们越来越清晰地认识到传统封闭定向式师范教育体系的种种缺陷，越来越强烈地呼吁建立开放、综合、一体化的教师教育体系；另一方面，实践中的种种改革创新之举频频遭遇阻力。教师教育改革遭遇哪些阻力，又为何遭遇这些阻力，是一个值得深思的问题。当我们依循社会学"转向背后"的研究旨趣，将作为一种"社会事实"和"事件"的"教师教育改革"置于宏观、微观场域相互交织的现实脉络情境中，审视行动主体彼此间发生的各种互动关系，试图从中揭示出教师教育改革实践的困境所在时，发现诸多改革阻抗发生的直接缘由虽不尽相同，但更深层的原因正是不同行动主体对"公平"的认知和诉求不同。有研究者分析指出，"梳理教育公平的发展脉络，可以发现其变迁历程具有明显的阶段性。毋庸置疑，每个阶段的教育公平理论都解决了某些问题，亦取得了举世瞩目的成就，但是所选定的教育公平观往往使隐藏的教育不公平现象暴露出来而难以尽如人意。这种窘况产生的原因不是所选定的教育公平理论缺乏明晰性或对其操作失误，而是源于对其规则'整齐划一'的遵守造成了对人的差异性的忽视与遮蔽。易言之,教育公平的理论取向尽管发生了阶段性的变化,但各阶段不变的'一元化教育公平观'却难以观照多样化的人际诉求"。① 清醒地认识教师教育改革不同利益相关者的公平认知之偏狭及其引发的改革阻抗,或许会比单纯的应然畅想更有利于促进教师教育的改革与发展。

一、教师教育课程改革的权力冲突

课程改革是教师教育改革的核心所在。而知识是课程不可或缺的要素,课程即知识的选择与组织。斯宾塞(H. Spencer)"什么知识最有价值"的疑问开启了现代课程研究,教师教育课程改革也首先需要回答"什么知识最有教师教育的价值"。然而,"一个社会如何选择、分类、分配、传递和评价它认为具有公共性的知识,反映了权力的分配和社会控制的原则"。② "应该教什么"是任何课程改革首要关注的焦点,然而这是一个价值负载的主观性乃至政治性问题,远非价值无涉的客观性问题,其实质体现了上至国家政治权力,下至阶层、群体乃至个人权力意志在内的社会权力对教育的宰制。同样,哪些"教师知识"应该进入教师教育课程而成为"法定知识","权力"是绕不过的关键词,这也是新教育社会学开创的"谁的知识最有价值"的设问方式。近年来,各级各类教师教育机构纷纷在院校层面进行课程改革,虽然国家颁布了《教师教育课程标准》、提出了教育专业课程设置及其学分的指导性意见,但是院校内部各方教师教育利益相关者在课程结构孰轻孰重、课程内容孰多孰少、课程类型孰优孰劣等诸多方面仍然存在尖锐的权力冲突,特别是在高师院校战略转型及教师教育资源重新整合的背景下,课程改革举步维艰的背后正是种种权力冲突。

---

① 李金刚.多元教育公平观:新教育公平的题中之义——基于涂尔干社会团结思想的分析[J].教育发展研究,2017(2).

② [英]麦克·F. D. 扬.知识与控制——教育社会学新探[M].谢维和,朱旭东,译.上海:华东师范大学出版社,2002:61.

（一）行政权力与学术权力的冲突

中国现代大学采取严密的科层制行政运作逻辑。在马克斯·韦伯看来，科层制注重组织稳定与明确分工，追求行政管理绩效，实行权力的级别配置与管理，强调约束与服从。学术权力则追求学术自由，以学术成就和修养为基础，崇尚沟通与对话。对于大学的功能和使命而言，二者缺一不可，但本质上是冲突的。

目前，中国高师院校和其他公立高校一样，都是实行"党委领导下的校长负责制"，按"校—系"二级结构或"校—学院—系"三级结构再加上各种职能部门进行权力的级别配置，由此形成日益复杂的权力矩阵结构及其日常化的较量与博弈。既有显性权力关系（即有意生成的、为人所知的领导关系，如行政级别上的权力上下级关系），也有隐性权力关系（即本来没有级别配置上的等级差异，却在实际工作中无意生成的权力关系，如大学里的教务处、科研处等职能部门与二级院系在行政上是同一级别设置，但实际工作中，这些职能部门往往对二级院系行使着领导、管理、评价等权力）。中国的大学内部权力模式是典型的行政权力主导型，学术权力处于相对有限和弱化的境地，这已经成为人所共知的社会事实。

在教师教育课程改革中，由于改革首先意味着"改变"，而即便细微改变，都会触及已形成惯习的原有运作节奏和模式，给管理部门带来不便。在传统封闭意义上的高师院校运行机制中，一切与人才培养及教学工作有关的事务都由教务处统一领导和指挥。如今，在师范院校综合化的进程中，很多师范院校新建或重建了"教师教育学院"或"教育学院"，但作为二级学院，由于隐性权力关系的制约，往往难以独立行使课程权力，履行"统筹、协调全校教师教育资源"的建院使命也举步维艰。

这其实涉及隐性权力的合法性。社会学视野中，"合法性"即强调人们能否接受的"正当性""正统性"，不同于法律意义上的"合法"。虽然大学内部行政管理职能部门拥有的隐性权力已显现出合法性危机，如人事部门的隐性权力限制了人力资源开发与流动、教务部门的隐性权力窒息了教师的思维创新与学术活力、科研部门制定的条条框框阻碍了学术主体自由充分的发展等，但由于大学一直被视为国家事业单位，沿袭国家行政单位的行政管理体制，在内部建立了一套完整的行政管理机构,形成上令下行、行政权力主宰的管理模式,从而逐渐在大学工作人员头脑中形成"行政权力尊贵""学术权力卑微"的思维惯习,无形中抬高了行政权力的价值,导致职能部门拥有的隐性权力巨大无比的社会事实。

(二) 学科专业与教育专业的权力较量

由于教师职业的"双学科性",教育学院(或教师教育学院)与其他文理学院之间围绕课程改革所引发的争议体现出文理学科权力与教育学科权力的冲突,这是学科知识地位分等的必然结果。

高校作为一种独特的社会组织,处于"有组织的无序状态"中。建立在科层基础上的管理等级性决定了高校的"有组织"状态,但因高校又是以学科为基础组成的不同专业集合体,每个学科专业都有自己特殊的知识体系、思维模式和研究方法,这种复杂的专业独特性又决定着高校的"无序"状态。特别是随着学科和专业领域的日趋专业化,学术组织及其权力也变得松散而自主。正如伯顿·克拉克所说,大学内的基本活动是学术性活动,而学术性活动是根据学科来进行组合的,由此形成分裂的专业,相对松散的组织结构,并不太严格的学院或学部、系或讲座层次。

就高师院校而言,在传统单一封闭的师范教育体系内,全校人员都可谓从事教师教育工作;但随着师范院校综合化步伐日益加速,学科群落日趋多元,学科专业与教育专业也日渐疏远。而"教育学",作为教育专业的"形象代言人",却潜伏着"只能靠别的学科的发展来给予理论和实践的双重养分"这一致命危机,无法摆脱"别的学科殖民地"的尴尬命运,作为独立学科的合法性地位越来越受到理论质疑和实践拷问,在现代性的学科规训制度中越来越沦为"一种次等学科(subdiscipline),把其他'真正'的学科共冶一炉,所以在其他严谨的学术同侪眼中,根本不屑一顾"。① 霍斯金对"教育学"学科困境的这段描述与钱钟书先生《围城》中的精彩论述,客观反映了"教育学"和"教育学院(或教师教育学院)"在众人心目中"次等学科(学院)"的命运境况。

教师教育课程结构调整的艰难就真实显现了文理学科与教育学科权力

---

① [美]华勒斯坦,等.学科·知识·权力[M].刘健芝,等编译.北京:生活·读书·新知三联书店,1999:43.

之间的冲突。教师教育课程结构包括通识类课程、学科专业课程、教育专业课程三大板块,对此少有歧异;争议往往集中在其间的比重。我国教师教育课程一直属于"学科本位模式",课程体系呈现单一学科纵深发展的特点,"教育专业性"特征没有凸显,局限于近年来屡遭诟病的"老三门"(教育学、心理学和学科教学论)。20世纪90年代以来的教师教育改革话语的最强音可谓"教师专业化",在"专业化"的话语喧嚣中,更多教育专业者针对传统弊端,借用"他山之石",构建理想的教师教育课程结构,核心思想是增加教育专业课程门类和学时、加强实践;而面对知识(包括学科知识)的急剧增长,学科专业者坚持主张强化学科课程、深化学科知识、提高学科探究能力,削减"大而无当""空洞无用"的教育类课程。学理上逻辑严密的课程分类并不能为实践提供清晰的课程设置标准。"学术性"与"师范性"之争这个"真实的假问题"在教师教育课程改革实践中,依然顽固对峙甚至愈发凸显。

例如,在我国20世纪90年代以来的中国特色现代教师教育新体系建设中,旨在凸显"教学是一项专业实践"的专业化教育改革尤其令人瞩目,而其中,实践性课程(含教育见习、实习)改革可谓"重中之重",在课程目标、形式、内容、资源开发、实施、评价等方面积极探索,取得可喜成效;但毋庸讳言,长期困扰本科师范生教育实践的一些根本问题尚未完全解决,经费和时间不足、形式和内容单一、指导和评价不力、组织和管理松懈等现象仍不同程度地存在①,实践课程质量依然难如人意。在众多复杂因素中,学科专业与教育专业的权力较量不啻是影响教师教育课程改革的最突出的全局性约束。

教师教育实践课程改革就始终遭遇"延长教育实践时间"与"有限学制"之间的矛盾与冲突。以相对充分的教育实践来强化未来教师的工作能力是西方发达国家教师人才培养的共同特点。比如,美国全国教师教育认证委员会(NCATE)2009年6月在提高教师教育机构认证标准时进一步突出教育实践的地位,要求教师教育机构应为师范生提供为期1年、以教学实践为核心并辅以课程学习的教育实习,从而弥合理论与实践的鸿沟,确保师范生能够帮助多元文化背景下的中小学生成为成功的学习者。然而,不同于欧美国家教师教育采取的分离式体制(即学科专业与教育专业剥离,学习者取得相关学科的三年或四年本科学历资格并经测试后进入教育学院,再接受一至两

---

① 刘建银,于兴国. 我国教师教育课程设置改革的新进展与分析[J]. 课程·教材·教法,2010(2).

年的教育教学理论学习与实践锻炼,以取得相应教师资格为目标,具体模式则因学校办学水平与层次、服务区域及学生培养规格等不同而不同),目前我国本科师范教育仍属混合式体制(即学科专业与教育专业在四年时间内交织进行),加大教育实践课程的学时和比重就意味着会冲击学科专业课程,而基础教育的发展对教师文理专业素养的要求同样愈益提高,"鱼和熊掌不可兼得"。因此,在本科师范教育有限的四年内,希望延长的教育实践时间从哪里来?这不能不成为教师教育课程改革的巨大瓶颈。而学科化倾向与专业化倾向的对峙对教育实践课程改革来说无疑是"雪上加霜"。

在社会学视野中,这一"真实的假问题"不仅仅源于教师知识的本性,而且与权力有着不可分割的关联。比如,学科专业者与教育专业者对各自课程课时量的"斤斤计较",并不完全出于个人利益("工作量")的算计,而是出于捍卫自身学科知识地位。殊不知,"'课时享有'并不是一个可有可无的指标,因为'课时分配'并不是一个盲目的行为,而是课程计划制订者根据自己对各门学科知识之重要性进行价值判断并进行相应的地位分等的一个自然结果"①。再如,为推进教师教育课程综合化,进行富有成效的课程整合,需要学科专业与教育专业携手,突破现有制度框架。然而,正是由于二者的长期疏离,造成了分科课程一直占据主导、教师教育课程综合化明显滞后于基础教育而难有实质更新的现实困境。

教师教育课程改革中,不仅学科专业与教育专业在课程结构及其比例上存在权力之争,即使二者内部,在具体课程内容上同样存在权力之争。面对当代科学知识(包括学科知识)的急剧爆炸和"教育科学大家庭"的迅速发展与分化,众多分支学科组成的学科群,是否都需要以课程形式进入教师培养体系?如果需要,又以何种课程形式进入?在有限的教育时限内进入的可能性有多大?诸如此类的问题都是教师教育课程改革无法回避的。

(三) 高师院校与中小学校的权力失衡

教师教育课程改革中,不仅高师院校内部的行政权力与学术权力以及学

---

① 吴康宁.课程社会学研究[M].南京:江苏教育出版社,2004:96.

科专业权力与教育专业权力之间,高师院校与基础教育机构(中小学校)之间也存在力量失衡,表现为中小学在教师教育课程决策上一直处于"失语"状态。长期以来,我国大学与中小学校的管理体制不同,地方教育行政部门与大学没有实质性联系,很少或几乎不介入高师院校的教育实践课程管理;高师院校与基础教育机构的关系也相对疏远,缺乏互惠互利的合作基础和协同意识,甚至没有资格对中小学提出要求。师范生的教育实践课程便是典型。报酬微薄的教育实践指导工作只能平添中小学领导和教师的负担,师范生教育实践基本上都是在中小学校及其教师自觉奉献,却既无明确要求又无考核标准的情况下运作的。虽然近年来高师院校积极谋求改善与中小学校的关系,但更多仍是立足自身而非立足基础教育的需要;中小学校则会因在参与师范生教育实践中没有实质性收益,却承受着影响教学秩序和质量、对师范生人身安全负责等风险,即使碍于校友等各种情面不便拒绝,也大多出于被动应付,重视与支持的程度都明显不足。原先连续 6—8 周的教育实习尚且不易,改革期望"四年不断线"的实践课程目标实现之艰难更可想而知。此外,两类指导教师之间因个人工作重心、研究旨趣不同及缺乏协调机制等,也少有合作和交往,这些都制约着实践课程的管理和质量。

　　课程结构、课程内容、课程类型等层面的权力纷争,归根结底涉及课程的决策权,即教师教育课程设置究竟由谁说了算?我国高等教育人才培养方案的制定权一直由高校独享,教师教育课程方案也一直是高师院校独具决策权。虽然基础教育新课程改革确立了国家课程、地方课程和学校课程的三级课程管理模式,但在具体实践中仍然遭遇诸多权力困境,更何况我国当前教师教育改革政策文本中尚未真正触及"课程设置权力主体"这个鲜活而紧迫的现实问题。"正规教育知识的传递能够通过三种信息系统得到实现:课程、教学和评价。"①同样,谁有权评价教师教育课程也一直没有获得制度的合法性确认。高师院校对教师教育课程设置的合理性当然不容置疑;但中小学教师作为被培养的"人才"、中小学作为这些人才的"消费者"、地方教育行政部门作为人才的"管理者",是否具有参与人才培养方案制定和课程设置的权力与权利,答案不言而喻。但一旦中小学拥有了教师教育课程决策的发言权,在教师教育课程结构、内容、类型等方面的倾重显

---

① [英]麦克·F.D.扬.知识与控制——教育社会学新探[M].谢维和,朱旭东,译.上海:华东师范大学出版社,2002:61.

然会不同于高师院校的决策立场,比如中小学极其强调教师语言、书写等师范性素养,与大学学术文化侧重的学术研究素养必然产生冲突。在有限的教育时空下,这又成为一个"剪不断理还乱"的难题。

此外,近年来国内高师院校努力谋求基础教育机构对师范教育的支持和参与,在总结"教育实习基地"的传统经验基础上,积极探索新模式、新体制,如通过创建"教师发展学校""教师教育创新实验区""教师教育改革与基础教育服务综合实验区"等,与地方教育行政部门、中小学建立伙伴关系,协同开展师范生教育实践能力培养,取得明显成效。但在指导教师选派、条件保障、组织管理等方面加强大学与中小学合作伙伴关系建构,仍然面临权力失衡和深层次制度、文化瓶颈。比如,我国缺乏教育实践指导教师资格认证制度是导致教育实践课程实施中监控不力、严重影响教师人才培养质量的重要原因之一。教育实践指导是极为考验指导教师理论素养和实践智慧的一项工作。走进教育现场,师范生会在心理、角色和行为等方面面临激烈冲突,需要指导教师在角色转换、人际关系、学科教学、班主任工作等方面给予及时、适恰的指导;而且实践中遇到的问题往往没有现成答案,需要指导教师充分利用多学科理论知识及实际工作积累的缄默知识,通过问题框定、行动示范等进行言传身教。高师院校派出的带队教师和中小学校指派的带教教师是指导师范生教育实践缺一不可的重要力量,其整体素质举足轻重。然而,大学科研考评体制和教学工作强度等使高师带队教师无心也无暇深入驻扎中小学校,甚至因未能认识反思性实践对教师发展的价值而使指导工作更多停留在关心生活、严明纪律,侧重协调、沟通、后勤管理等;中小学指导教师则因很少接受专业的指导教师岗位培训,大多缺少教育实践指导的专业知识,主要从习俗化、无意识的自我成长经验出发,较少理性地剖析主宰自己教育行动的"使用的理论"(而非"信奉的理论"),而这种未经反思、批判和有意识评价与改造的经验甚至会束缚师范生成长。此外,两类指导教师都会出于对师范生教育实践的鼓励,而对其实际工作给予肯定、褒扬或谦虚、客套的评价,而少有对其弱点、缺点的及时反馈、提醒和指导。这些现象的存在表明,对指导教师严格选拔、明确职责、规范考核是教育实践课程改革的重要工作。设定科学、合理的指导教师任职资格标准(如具有强烈的教育责任感与职业道德,扎实、丰富的教育理论素养与实践经验,卓越的语言表达与人际沟通能力等),规范选拔程序,明确指导职责,加强专业培训,完善考核评价标准等,远非轻而易举

的事,必然会遭遇大学和中小学之间的权力关系问题,教育实践指导教师资格认证及队伍建设、管理的科学化、制度化、规范化都需要大学与中小学的深度合作。

二、教师教育课程改革的教师阻抗

面对教师在教育变革中的重要作用,教育改革研究专家富兰感慨道:"教育变革的成败取决于教师的所思所为,事实就是如此简单,也是如此复杂。"[1]教师是课程变革的关键。当我们审视教师教育课程改革面临的现实困境时,"教师"这一本源性的变革力量无论如何不能忽视。也正是在"教师"这一因素上,我们发现,现实与理想之间存在巨大差异。课程改革政策对教师教育者[2]的专业角色及专业素质提出了新的要求,但现实却是"政策上所设定的,以为能借以促成课程改革的教师专业角色,往往因缺乏教师的认可,流于一厢情愿的想法,而难以拓展"[3],课程改革由此陷入困境。教师教育课程改革中,教师(即教师教育者)对教师教育课程改革产生诸多表现形式的阻抗现象,如改革认同缺失、自我认同危机、课程权力泛化、课程素养弱化等,而拘囿于"分配正义"的公平认知局限和"关系正义"立场的缺失恐怕是最深层的影响因素。

(一) 教师文化特质局限导致改革认同不力

"态度决定一切",在影响教育改革成败的因素中,教师对改革是否认同

---

[1] [美]迈克·富兰.教育变革新意义[M].赵中建,陈霞,李敏,译.北京:教育科学出版社,2005:121.

[2] 教师教育者(teacher educator)即"教师的教师"。西方教育著述中,为"教师"提供教育指导的人都是教师教育者,既包括大学教育机构中负责教育、辅导"准教师(teacher-to-be)"的指导教师以及为在职教师(in-service teacher)提供继续教育的教师,也包括中小学校里协助指导实习教师的合作教师(cooperating teacher)、辅助初任教师顺利渡过入职阶段的指导教师等。大学场域中的教师教育者包括学科专业教师(教授学科知识)、教育专业教师(教授教育知识)以及学科教学论教师(教授特定学段如中小学学生所需掌握的学科知识怎么教)等三类群体。本章着重分析师范院校中的教师教育者。

[3] 周淑卿.课程发展与教师专业[M].北京:九州出版社,2006:78.

极为重要。一项改革计划若从基本理念到具体行动未能获得教师的认同和支持,则难逃失败厄运。"改革"首先意味着"改变";教师教育课程在结构调整、内容增改、实施方式转变等方面的变革力度大,要求教师必须改变习以为常的教学惯习,无疑会增加其本已不轻的工作负担以及认知、情绪上的压力,教师需要付出更多精力和时间才能回应这种变革。而且改革突破了原先的制度框架、组织结构、资源组合方式及利益分配格局,又总是充满不确定性和模糊性,这使得教师难以清晰预见并确定改革结果,因而特别担心改革可能带来的潜在威胁和利益损害。人总是抗拒对自身安全的威胁,当自上而下地发动"外生型"改革时,站在教师立场上便不难体会那种因强加而被迫服从的感受。教师对改革方案的合理性、合法性和可行性等提出质疑或采取冷眼旁观、无动于衷甚至消极抵触的态度,不仅因为改革与教师个人的价值选择和利益考量发生冲突,更是为了规避改革不确定性带来的风险。

　　文化是对个体具有内在约束力的"集体无意识",是影响个体行为的最深层要素。研究表明,封闭性、保守性、实用性和个体性是教师文化的核心特征。教师教育课程改革所遭遇的阻抗,某种意义上也正是植根于深层的教师文化特质使然。封闭性文化使教师不能以开放、包容的心态接纳新生事物;保守性文化使教师不愿接受改革带来的风险;实用性和个体性文化则使教师更看重自己个人的投入与回报。然而,改革势必会打破教师已有的安逸,课程内容、教学方式、师生关系等的调整和转变都会挑战教师的原有思维与行为方式,带来的不安全感和不确定感易使教师产生莫名的角色冲突。每个人都有自己熟悉而感觉安全、舒适、稳妥的环境范围(所谓"舒适地带"),都期望在其中平安、稳当地生活。走出"舒适地带"则意味着需要改变原有生活方式,投入更多时间精力去学习和掌握新的技能等。由于历史和现实的原因,长期以来高师院校教师在整体意义上对基础教育现场的了解和体察并不令人满意,因此,近年来教师教育课程改革在目标、内容和实施等方面都强调"走进中小学""贴近中小学教育实际",这对长久沉浸于大学文化中的教师教育者构成的巨大挑战正所谓走出"舒适地带"。只是"冰冻三尺,非一日之寒"。

　　因此,教师对课程改革缺少自觉认同,既受个人生活传统惯性的影响,更与课程改革本身具有的风险性、不确定性和模糊性等给教师带来的不安全感密切关联。特别是在改革语境下,当教师们对改革的体验仅仅是"自己成了

被改革者",便较难自觉、持久地认同和践行那些"你改我"的"改革理念"。没有对改革的认同,教师便难以积极主动、热情投入地关注和关心课程改革,更难以为改革付出额外的努力。教育事业是充满情感色彩的事业,"即便教育改革者对教育变革的情感向度置之不理,但情绪和感情总是会从其他途径进入变革之议程中"。① 当教师思维、观念受到挑战,情感、行为遭遇冲击,对改革的认同便会削弱甚至产生抵触、对抗情绪。而任何变革的效能都最终取决于实践者投入和付出的"事实上的改革",远非法律、规章制度等"文本化的改革"。

(二) 教师学科视野局促致使课程素养弱化

大学教师在一定程度上拥有较大的课程权力,但能否真正行使这种权力并不仅仅取决于教师是否获得法律、政策的赋权,关键在于教师在课程实践中能否有效执行被赋予的权力,这关涉教师的课程素养(curriculum literacy)②,这是教师专业素养的重要内容,表现为课程知识、能力、意识等。课程知识中,包括课程哲学、课程社会学、课程心理学、课程原理、课程设计与开发原理等的各种理论知识,具有系统性、外显性、表达性、共享性等特点,是教师形成教育信念及课程观念的基础;通过实践、反思等体验、领悟、积累的各种实践性课程知识(如课程编制、开发与评价技术、同僚合作技巧、指导激励学生的艺术等)是教师在课程实践中真正信奉与践行的知识,具有非系统性、内隐性、缄默性、个体性等特点。教师在课程决策、开发、整合、实施、评价、研究等活动中表现出来的课程能力,由于课程本身的复杂多样性而具有高度的整合性、包容性、动态性、多变性、生成性等特点③,直接影响课程实

---

① 操太圣,卢乃桂.抗拒与合作:课程改革情境下的教师改变[J].课程·教材·教法,2003(1).

② 课程素养是基础教育新课程改革之后,在教师课程权力较以前有所扩大的背景下出现的一个新概念。虽然人们对它的内涵及其结构体系的认识还远未达到统一的程度,但共同认定"课程素养是教师专业素养的一个重要方面"。有学者认为,课程素养至少涵盖三个方面的内容:课程意识、课程知识与课程改革能力、课程开发和发展能力。也有学者认为,课程素养主要由课程思想、课程知识、课程组织与评价能力、课程选择与设计能力以及课程开发和创生能力等构成。这些观点对我们认识课程素养的内涵及其结构体系非常有益,但不同研究者构建体系的标准有所差异。

③ 吴惠青,刘迎春.论教师的课程能力[J].高等师范教育研究,2003(3).

效。教师在对课程进行有目的、有意义的认知和追求过程中表现出的课程意识(如课程设计意识、目标意识、实施意识、开发意识、创新意识、评价意识等)更是教师课程自觉性和自主性的体现,"明确的课程意识支配着教师的教育理念、教育行为方式、教师角色乃至教师在教育中的存在方式与生活方式"①。课程知识是教师有效实施、开发与研究课程的基础;课程能力是在课程知识运用于课程实践过程中形成的;课程意识则是对课程知识学习和能力践行进行自觉反思的结果,对知识学习和能力养成起着自觉导向的作用。三者既彼此联系又相互区别,共同构成教师的课程素养。虽然教育研究者常常批评我国中小学教师缺少课程知识、缺乏课程能力、缺失课程意识,但扪心自问,教师教育者是否掌握完备的课程知识,具备坚实的课程决策、设计、实施、评价能力,拥有敏锐而清晰的课程意识呢?不得不承认,并不完备、坚实和敏锐的课程知识、能力和意识弱化了教师教育者的课程素养,制约着教师参与课程发展、行使课程权力,也成为教师教育课程改革必须跨越的"坎"。

从目前高校教师的培养和任用看,教师课程素养的薄弱(特别是全面课程知识的欠缺)与学科视野的局促不无关系。大学课程明显侧重学科本位、实行分科教学,教师长期在某一学科(甚至分支学科)内部从事教学与科研,多被禁锢于狭小而坚硬的学科壁垒中而少有学科间的交流与渗透;高等教育的学术主义课程观更是为"课程"与"教学"的二元对立雪上加霜。事实上,"课程"是一个错综复杂的概念,学科知识并不等同课程知识,课程知识也并不必然转化为课程能力,更不会自然生成课程意识。任何不同价值导向和目标期待的课程都绕不过社会需求、学科特性、个人发展这三个根本指向,需要教师具有宽广的知识视野和在静态的"课"(文本)与动态的"程"(教学)这两个维度间综合开展课程实践的经验,才能全面、深刻地理解"隐性课程""课程资源""教师课程创生"等耳熟能详的课程概念。正是学科本位的大学文化导致在综合性、实践性极强的教师教育中,致力于培养师范生课程素养的"关于课程的课程"却极为稀少甚至几乎没有。

(三)学校课程管理缺位造成课程权力空泛

在课程论视域中,课程权力是能够在课程方面造成某种特定结果的权威

① 郭元祥.教师的课程意识及其生成[J].教育研究,2003(6).

性力量,包括课程政策制定中的参与权、课程编制开发权、课程专业自主权和课程实施权等。① 课程权力是教师重要的教育权力之一。由于我国基础教育沿袭中央集权制的课程研发体制,中小学教师一直处于课程权力结构的底层,更多表现为制度性的课程执行者而被剥夺了参与课程开发的权利。但高校教师与中小学教师的课程权力状况差异很大。如果说,中小学教师的课程权力充其量在课程实施环节有所体现,那么,高校教师除课程政策制定中的课程参与权有所限制外,在课程编制开发及课程实施等诸多环节都充分享有自主权。和中小学课程不同,具有大学课程特点的高师院校教师教育课程虽然也受国家和地方的整体规约,但显然具有更强的校本性、更高的自由度和更广的包容面,很少如中小学那样严格遵守整齐划一、独一无二的课程体系。即使国家层面的教师教育课程标准正式出台,也更多是一种指导性文件;具体到不同院校、不同教师的课堂上,课程文本并不具有神圣性和权威性,"不过是学习参考";课程实施更像一场自由演讲的学术报告,教学中传达的知识往往只是作为学术发展中尚未定论的学术问题被探讨,并不要求全盘接受,课程的动态生成性特点更明显;课程内容的选择也不同程度地存在个人化甚至随意化倾向,严重钳制了教师教育课程改革的成效。

之所以会出现教师课程权力的泛化乃至虚化,恐怕与学校课程管理缺位不无关系。当教师期待清晰的改革路径及其带来的明确收益时,大学的课程管理却显得相对松散。虽然课程计划和培养方案明确而严谨,但其具体内容充满弹性。虽然不是通过内在的课程预设和外在的行政指令(如区域性的定期与不定期统考、课程进度检查或抽查等)来控制和干预教师的课程实践,但教师的课程权力空间依然很大,甚至任课教师更改教学内容、变动教学环节的现象屡见不鲜。正是高校课程管理的乏力使得过于空泛的教师课程权力非但难以提高教师的课程敏感性,甚至助长教师的课程惰性,无益于提高教师的课程素养。

(四)关系正义立场缺失加剧自我认同危机

"对个人专业身份的观念是决定教师做些什么最基本的一部分。外来的

---

① 周正.教师课程权力研究的回顾与反思[J].教师教育研究,2008(3).

指导并无足够的力量可以改变此种价值观,因为那是提供教师行动的核心理据。教师认为自己是谁?应该成为什么样子?各有自己的思考,若不能关心其身份认同问题,则改革方案充其量只是一个做法取代另一个做法,就如同海面上虽然扰攘不休,海底下却依旧平静无波。"[1]教师教育者的专业自我认同也不容乐观。长期以来,从事或参与教师培养的人员并未正式组成专业团队,更远未形成专业文化;特别是随着师范院校在学科专业综合化道路上突飞猛进,教师教育进入"后师范时代","举全校之力办教师教育"更是步履维艰,"师范院校从所有教师都关注师范生的成长,到只有一些教师关注,或只有一些教师只是以部分的精力关注师范生的成长"[2]。由于教师教育专业的特殊性,学科专业教师、教育专业教师以及兼具二者身份的"学科教学论教师"是教师教育团队中缺一不可的重要力量,但各自身份认同的尴尬、艰难乃至生存困境不能不使其自我身份认同陷入危机。即使多少能够认同自己是"教师教育者"并努力将自己在本学科专业基础上涉及的教师教育活动作为自己的一项有着特别教师教育要求的专业任务,距离改革的理想目标也仍有不小差距。近年来教师教育课程改革提出许多全新要求(如加强实践环节等),无疑对教师教育者的素质提出严峻挑战;但改革对教师教育者如何界定自我存在的意义、如何确认自我专业身份等尚未引起足够重视。某种意义上,教师教育者的专业自我认同危机很大程度上影响着改革的顺利推进。

虽然国家教育法规和大学教育传统赋予了教师似乎天然的课程权力,但并不意味着教师能够自然拥有与课程权力相称的课程素养。教师课程素养只有在课程活动实践中,伴随经验积累才能不断形成和提升。课程实践是教师锤炼课程素养的基石,也是教师彰显课程创造力的平台。然而,在市场大举渗入社会生活各个领域的背景下,高校课程实践也受到激烈冲击。比如,教师课程实施方式的单一直接影响教师的课程问题解决能力。如今,大学课堂虽重视培养大学生创新精神和实践能力,但仍不乏"以教师、课堂、书本为中心",教师根据教学需要创设教育环境、设置问题情境,与学生沟通、交流课程实施中解决课程问题所需的方法、途径和能力等都差强人意。虽然教师不乏陈述性课程知识,但市场经济环境、社会多元价值取向以及高校强烈而偏颇的"重科研、轻教学"的评价导向,都极大地削弱了教师在课程研制、开发、

[1] 周淑卿.课程发展与教师专业[M].北京:九州出版社,2006:78.
[2] 李学农.论教师教育者[J].当代教师教育,2008(1).

实施等环节中主动投入的热情。虽然高校非常重视教学质量,但高校及教师的视野中多"教学"而少"课程"(如将"精品课程"误识为"精品教材",甚至将"教材"等同于"学术专著"),更何况"教学"又受到"科研"的严重冲撞。在此背景下,高师院校教师管理和评价中缺少对发展教师教育者课程能力的实质性政策引导和条件保障,也就不足为奇。尽管教师教育者都能认识到"老三门"之类传统课程的不足,但在"科研至上"的校园氛围中,其学术能力并不能顺畅地转化为课程能力,甚至难以心平气和地自觉丰富课程知识、提高课程能力、进行课程建设。自上而下地要求其为改革全力付出却无法纠偏其时间、精力投入与成就感回报间的失衡关系,则极易挫伤其认同并投身改革的热情和聪明才智,使改革陷入"雷声大雨点小"的怪圈,遭遇或显或隐的抵制和阻抗。

艾利斯·马瑞恩·杨(Young, I. M.)在其重要的政治哲学著作《正义与差异政治学》(Justice and the Politics of Difference)中,以"差异的公民资格"为切入点,试图以"公民资格"这一新的理论视角,揭示"差异正义"的根本理论诉求。她分析并指出当代社会不公的现象归根到底是因为存在"压迫",具体表现为五种形式:剥削、边缘化、暴力、文化帝国主义以及无权。[①] 显然,教师教育课程的被边缘化(例如,学科专业课程对教育专业课程的挤压)、教师教育者的被边缘化、教学工作和人才培养工作的被边缘化,乃至教师教育在大学发展整体格局中的不断被边缘化,教师教育课程的权益被剥夺、教师教育者的身份等级区隔的底层化、教学工作和人才培养工作所需各类资源(包括经济资本、社会资本乃至符号资本)的稀薄化,师范专业和师范生在关涉自身合法权益方面所处的近乎"无权"地位,各项对教师教育专业学院、教师教育专业工作者等的考评环节中"科研导向"的"文化帝国主义"色彩,这些群体与个体被贴上的"科研落后"标签……都可谓"关系非正义"在教师教育领域的表现。

总之,在教师教育课程改革的诸多教师阻抗现象背后潜藏着众多彼此交织、综合作用的文化、制度因素,特别是人们潜意识中对公平、正义的诉求依然局限于传统的"分配正义观"而缺乏"关系正义"的立场,导致"教育经济主义"倾向严重,应该引起高度重视。

---

① 马晓燕.群体差异的公民资格与政治正义的实现——I. M. 杨的社会正义研究[J].哲学动态,2008(7).

三、公平认知拘囿下的教师教育改革阻抗

在有关基础教育公平问题的研究中,越来越多的研究者认为,"教育中实质公正的获致需要分配公正与关系公正同时良性运行"。① "应以关系正义补充与纠正分配正义",所谓"关系正义"即"有关社会关系的本质和排序的问题,包括在宏观和微观上的主导社会成员互相对待的正式和非正式的规则"。② 由于人的本质是社会关系的总和,关系中的位置决定了每个人生存状态的迥异,因此,关系正义论更关注人际互动层面的社会关系正义。若从关系正义的视角审视包括课程改革在内的教师教育改革中所出现的各种冲突和阻抗,就不难发现,在不尽相同的直接诱因背后,恰是教师教育各方利益相关者的公平认知均尚拘囿于根深蒂固的"分配正义",而若仅仅从"资源分配"的认知出发诉求"分配正义",则无论如何都难以顾及各方利益相关者的多样化诉求和需要,发生改革阻抗似亦再正常不过了。

(一)制度的刚性与实践的弹性

制度是一种规则体系,但制度作为一种结构性的制约因素,又并非固定而静止,对行动主体并不仅仅具有规约作用。在吉登斯看来,结构就是循环往复地卷入社会系统再生产的规则与资源,结构能使人有所作为,不仅具有制约性而且具有使动性。③ 任何实践活动都是行动主体自身惯习与其所处场域互动的结果。由此,制度不是简单施加给行动主体的强制性因素,而是具有内生性。同样,教育制度根植于人们自身的教育利益和理性计算,是各种力量相互冲突和妥协的结果,而不是命中注定或脱离需要和实情的纯理性

---

① 蔡春.分配正义与教育公正[J].教育研究,2010(10).
② 钟景迅,曾荣光.从分配正义到关系正义——西方教育公平探讨的新视角[J].清华大学教育研究,2009(5).
③ [英]安东尼·吉登斯.社会的构成:结构化理论大纲[M].李康,李猛,译.北京:生活·读书·新知三联书店,1998:32.

设计或抉择的结果。① 教师教育及其改革本身作为一种"社会事实",其自身具有的内在逻辑甚至会与改革倡导者和参与者的主观意愿截然不同。观念的逻辑不同于实践的逻辑,并非观念转变了,理想的教师教育就会实现。

仅以开放教师教育的制度创新为例。《非师范院校参与教师教育行动宣言》②指出,"我国教师教育已进入了一个从数量满足向质量提高转变的历史时期,鼓励师范院校综合化和综合性大学参与教师教育是世界教师教育发展的共同趋势,也是我国经济社会和教育发展的客观要求"。一时间,或升格或合并或新组建的综合性大学开始勇挑教师教育的重担。这一改革动议的初衷是为了克服独立设置的封闭性教师教育体制的弊端,增强竞争,发挥综合性大学学科齐全、水平高、创新氛围浓等优势,激活师范院校的办学活力,提高基础教育教师的专业素质,向高层次、高水平的教师教育迈进。然而,事实远非如此。由于大学发展的文化传统、制度建设、功能导向等因素,综合性大学的发展目标大多定位在学科建设的重大突破,追求办学层次和社会影响的迅速提高。即使成立了教育(或师范)学院,其职能和工作性质大多发生变化,非但不具备原来独立设置的师范院校的职能,也并未积极参与中小学教师的培养和培训,而且在发展中始终要面临培养模式的封闭与开放、课程结构的学科性与教育性、职前与职后的"割据"与一体化等两难问题。③ 据对全国五十多所综合大学的问卷调查,绝大多数参与教师教育的综合性、非师范类高等院校并无意参与中小学师资的培养和培训,而是把目标定位在培养研究型理论工作者和高等教育师资上。④ 综合性、非师范类高校参与教师教育的这种定位,无助于增强师范院校的竞争力和办学活力,甚至无法保证我国基础教育教师素质的提高。由此带来的教师教育文化建构的困难,实际上更遮蔽了教师教育专业化的特质,也远离了多元开放的教师教育制度改革的本意。

实践并非一个有清晰边界的行动,而是生活世界中基于实践感生发的绵

---

① 康永久.教育制度的生成与变革——新制度教育学论纲[M].北京:教育科学出版社,2003:125.

② 全国非师范院校教师教育协作会.非师范院校积极参与教师教育的行动宣言[N].中国教育报,2003-12-02.

③ 于忠海.综合性大学发展教师教育的"两难性问题"及其策略[J].黑龙江高教研究,2004(9).

④ 胡志坚.中国教师教育体制改革中的三重困境及应对策略[J].哈尔滨学院学报,2004(8).

延不断的行动流。正如布迪厄在《实践感》一书中指出的,实践感具有即时性、紧迫性、模糊性和流变性。实践行动中,实践者需要在有限的时间范围内迅速做出决定、采取行动;而实践的逻辑并不完全遵从纲领性的制度规则,实践往往是前认知的、模糊不清的。实践的即时性和紧迫性排除了理念倡导和制度规定的行动路线;实践的模糊性和流变性又使实践本身具有了自身的逻辑,并且实践过程中的诸多环节都是不可分割的。① 正是由于教师教育实践者具有制度设计者不曾具有的实践感,刚性的制度在运作执行中才会遭遇实践弹性的阻抗,现实中的具体操作并未如理念倡导者和制度设计者所预计的那样依循其策划的完善的教育行动路线和方式,而是具有了更多的变通性。② 而变通性的无处不在正提醒我们在教师教育存量改革中,不仅要关注资源分配层面的"分配正义",而且要关注群体成员间相互关系意义上的"关系正义",因为正义不但是有关程序和有关分配领域的问题,而且还是有关社会关系的本质和排序的问题(包括在宏观和微观上的主导社会成员互相对待的正式的和非正式的规则)③。

(二) 理想的清晰性与惯习④的缄默性

传统师范教育一直存在"学术性"与"师范性"之争,甚至在 20 世纪初我国开办师范教育时就潜伏存在了,而这一争议聚焦于如何认识教师职业性质。其实,"学术性"与"师范性"之争是"一个真实的假问题"。"真实"是因为它确实长期存在于师范教育的现实中;"假问题"是因为对"师范性"和"学术

---

① [法]皮埃尔·布迪厄.实践感[M].蒋梓骅,译.南京:译林出版社,2003:124-153.
② 社会学者分析指出,变通既不是一种完全正式的制度运作方式,也不是一种完全非正式的制度运作方式,而是介乎于正式与非正式运作方式之间的一种准正式的运作方式,是一种正式机构按非正式程序进行的运作。变通的最微妙之处在于它对原制度的似是而非诠释,从表面看,它所遵循的原则及试图实现的目标是与原制度一致的,但变通后的目标就其更深刻的内涵来看则与原制度目标不尽相同甚至根本背道而驰。参见孙立平.实践社会学与市场转型过程分析[J].中国社会科学,2002(5).
③ 钟景迅,曾荣光.从分配正义到关系正义——西方教育公平探讨的新视角[J].清华大学教育研究,2009(5).
④ 本文的"惯习"沿袭布迪厄的定义,指知觉、评价和行动的分类图式构成的系统,它们来自于社会制度,又寄居在身体之中,是既持久存在又可变更的开放的性情倾向系统。参见[法]皮埃尔·布迪厄,[美]华康德.实践与反思[M].李猛,李康,译.北京:中央编译出版社,1998:171-178.

第二章
公平认知的挑战:教师教育改革阻抗分析

性"的理解有偏差,把本来不对立的范畴对立起来了。事实上,"教学是一门学术性的事业,它虽然从已知开始,但不限于已知,最好的教学不仅传授知识,同时也改造和扩展知识,更重要的是教学也是一个能动的过程,教师不仅要善于创造一种求知的共同基础,而且通过各种活动,把学生与自己都推向创造性的方向。教学同样需要教师的创造性"①。

这似乎从理念上解决了以创造性为主要指标的教师教育是否具备学术性的争议,理念的清晰很容易使人们认同这样的观点:"我们完全没有必要去消解这一对矛盾的内在张力,而应该在其限度内维持这一必要的张力……就让我国教师教育在'师范性'和'学术性'这一对矛盾张力作用下发展和完善。"②然而实践行动更多由行动主体基于自身场域和内在惯习而生发,具有强烈的缄默性和前意识性。在教师教育的实际改革操作中,一旦涉及教师教育模式选择、教师专业化教育课程方案制定、课程内容取舍等具体事务,这对矛盾在现实中的顽固对峙就异常凸显;"学术性"与"师范性"之争的影子随处可见,如前分析的教师教育课程改革中围绕课程结构问题(即在普通文化课程、学科专业课程与教育专业课程,教育理论课程、教育技能课程与教育实践课程,必修课程与选修课程之间,如何保持均衡的比例)所发生的权力冲突。教师教育课程改革究竟是应该加强和深化学科知识、提高师范生的学科探究能力,还是应该强调教师职业的特殊性和专门性,加大教育专业课程的比重、门类、学习深度,以及强化教育教学技能的培养与实践,仅靠"树立正确理念"无法解决这个难题。

尽管理念上容易得到某种程度的共识,改革理想所指引的方向也明确而清晰,然而,日常行动中的惯习却是缄默而强大的,体现在日常的语言、思想及整个实践方式之中。我国由单一封闭的师范教育体系向多元开放的教师教育体系的转型过程中,改革遭遇的种种阻力与障碍,很多都源于这一"真实的假问题"。而这一"真实的假问题"之所以顽固存在、难以冲破,就在于实践惯习总是源于真切的客观事实。我国教师教育改革必须面对两个最基本的事实:一是,长期以来师范院校与同级普通高等院校相比,确实存在"学术性"与"师范性"双薄弱的问题,双方都渴求得到加强的心情很自然;二是,无论从

---

① 叶澜.一个真实的假问题——"师范性"与"学术性"之争的辨析[J].高等师范教育研究,1999(2).
② 母小勇,朱宇波.论"教育学术"视野中的教师教育[J].教育理论与实践,2004(8).

既存制度体系还是从学习者的时间-成本等市场检验的尺度看,学习者只能在有限的四年本科学习年限中去完成双学科领域的学习任务,无疑是繁重的,学习者要想在与其他学科学习年限一样的条件下又经过专业化的培养训练,成长为专业性很强的合格教师,是一件非常困难的事情,何况教师又是一个实践性很强的职业,其实践经验需要在长期实际工作中体验和积累,不可能在职前四年教育中全都获得。总之,四年学习年限不足以很好地完成教师专业化的培养任务。基于这两个事实,在课程结构、内容方面的争论最终就成为"公说公有理,婆说婆有理"却又"相安无事"的"假争论",教师教育依然循着传统的轨迹行进。

(三)知识的霸权性与控制的辩证性

针对改革中面临的瓶颈即教师专业标准的问题,进入 21 世纪后,关于加强教师专业标准研究与制定的呼声日益高涨,这的确是顺应教师专业化国际趋势的重要举措,也有助于使教师资格认证更科学、更合理、更规范,确保教师职业成为一种专业(profession)。然而,我们可以依循社会学的思维方式做如此追问:究竟是谁在制定教师专业及其相应的课程标准?谁在确定课程结构与内容?谁来评定课程结构是否合理科学?这样追问下去必然会触及领域的划界与捍卫。

所谓"理论工作者"和"实践工作者"其实不过是社会分工的产物,然而一旦分工,就意味着极其有限的社会总体资源不得不面临"切割蛋糕"的命运,某一利益群体的资源获得必将意味着另一利益群体的资源丧失。依据布迪厄的阐释,场域是各种客观力量被调整定型的一种关系构型,是由已附着于某种权力(或资本)形式的各种位置间的一系列客观历史关系所构成的一个竞争空间,行动者根据其在场域空间中占据的位置进行争夺,以求改变或力图维持其空间的范围或形式。① 于是,不同场域中的行动者就不得不利用一切可能来强化自身所处集团的重要性,而贬斥他人为从属地位。

就我国近年来教师教育改革的导向而言,不难发现,对传统师范教育大力鞭笞的很大一部分力量来自教育理论界,主张教师教育专业化的声音也主

---

① [法]皮埃尔·布迪厄,[美]华康德.实践与反思[M].李猛,李康,译.北京:中央编译出版社,1998:175.

要从这里发出,强调重新设计和建构一套适应教师教育和教师专业发展的教师教育课程体系及其标准要求和实施模式,以改变长期以来我国师范教育课程结构不科学、不合理的状况。其结果是,"教师教育专业化"给人的印象就是加强对教育理论类课程的重视、加大教育理论类课程的学习内容和时间。这显然源于这些改革倡导者自身所处场域及其知识背景。而问题的关键在于,正如福柯等社会学家指出的,知识与权力"二位一体"(或者说"一体两面")的性质致使这些"知识人"把持着当前我国教师教育改革的主导权,在教师教育课程标准和教师教育机构资质认证标准等一系列关涉教师教育专业化的规章制度的制定中,见到的更多是这些"知识人"的活跃身影,而另外一个"知识人"群体即广大中小学校长和教师的声音都微乎其微。然而,整齐划一的标准面对参差复杂的现实场景时,必然局促而窘迫。比如,教师教育课程标准只提供了教师教育机构设置课程的基本框架、内容范围和使用方法及其要求,并没有规定具体开设哪些课程,原则上是各类教师教育机构可根据标准开发、设计和设置适合本单位教师教育的具体课程、选择教师教育培养模式。因此,虽然人们都认同传统师范教育存在的问题,比如以学科为中心的课程结构,但若真正削减学科课程而增加教育类课程时,却障碍重重。然而,权力又并非总是自上而下的,权力常常也会自下而上地流动,即吉登斯所说的"控制的辩证法"。实践中一旦关涉课程内容与时间的改革方案,必然遭遇各方力量激烈的争执,此时拥有强势话语的往往是学科教育场域中的人,教育理论者反而因改革精英们的缺席而陷入"替罪羊"的尴尬处境。

教师教育课程改革的症结并不在于是从各学科建设的视角还是从教师教育专业化的视角对待教师教育课程,而是涉及在综合化道路上各学科的建设与重组,甚至各院系之间的关系及其发展。这有力地证实了任何教育改革都是在一个巨大的社会场域中进行的,不同层面的人关心教育改革的侧重点是不同的,教师教育改革同样存在各种力量不同程度的博弈。

(四)理想的虚泛性与利益的切身性

尽管改革精英们拥有强大的言说阵势,出于各种原因追随并参与这种改革言说的人也越来越多,但理念的言说毕竟只是一种宏大叙述,真正具有切身感的还是利益。个人在一定教育制度框架下所追求的利益即教育利益,指

"教育所能满足个人欲望的大小或数量。个人具有不同的欲望,希望能获得满足;这些欲望不论是审美的、政治的、社会的、心理的或物质的,一旦能从教育中获得满足,便享有教育的利益。教育利益遂有审美利益、政治利益、社会利益、心理利益及物质利益等"①。利用现有教育制度为自己捞取教育利益是司空见惯的,因为任何教育制度一旦产生都会带来各种利益,包括经济利益如就业机会、福利待遇、学习条件等,也包括政治-文化利益如身份、地位、理想、信条、名誉、权力、权利、资格等,还包括内在精神利益如个人能力、成就欲望、自信心、内在平静等,产生特殊的受益群体,出现各种"制度掘金者",如制度依赖者、钻制度空子者和搭制度便车者。②

当前我国教师教育改革的核心是教师教育的体制改革,而体制改革很重要的内容就是利益的重新分配与调整,这必然是一个聚讼纷争的过程。教师教育改革不仅涉及教育场域中不同利益主体的态度、价值观,更涉及这些群体与个人的利益。改革意味着权力、利益与资源的调整和再分配,必然会触动不同群体成员的切身利益,形成改革的阻力,而来自于利益集团的阻力往往最顽强也最富破坏力。如果说"学术性"与"师范性"孰轻孰重的理论争议更多是从学理上争夺话语权,那么,实践中二者的纷争往往更多从各自利益出发,教师教育的改革纷争也就演绎成一场利益的权衡与争斗。比如,在已经或正在走向综合化的师范院校内所进行的教师教育改革,要走出封闭定向式师范教育的窠臼,拓展开放非定向式教师教育,关键是全校范围内教师教育资源的整合与重组。然而,恰恰是这个问题关涉了复杂纷乱的利益交织,使得实质性的教师教育改革举步维艰。

众所周知,传统封闭性的师范教育由于教师教育专业活动与其他学科专业活动是混合且附着在一起的,使得教师教育资源处于分散状态。而没有独立的专业团体,教师教育专业又不可能真正获得发展。面对这一矛盾之境,当改革实践将关注点集中于构建新型教师教育组织,创建独立的教师教育专业团体,致力于将附着在相关学科专业的分散资源集中起来的时候,历史惯性(路径依赖)留下的客观事实则是,一方面,在师范院校综合化进程中,分散

---

① 康永久.教育制度的生成与变革——新制度教育学论纲[M].北京:教育科学出版社,2003:130.
② 康永久.教育制度的生成与变革——新制度教育学论纲[M].北京:教育科学出版社,2003:136-139.

第二章
公平认知的挑战:教师教育改革阻抗分析

在各院系的学科课程与教学研究的力量和资源逐渐被削弱,相关人员逐渐成为缺乏归属感的"边缘人";另一方面,教育学专业既无法冲破与其他专业间的壁垒而将各学科课程与教学论(三级学科)纳入自己的专业体系,又在"学科评估"体制下不同程度地存在着埋头于自己教育学一级学科建设的动力与压力之中的情况。于是,一旦要扭转这种现状,就必然涉及各相关院系的既得利益,如"目前各学科教育硕士的招生与培养将归属于谁?很多院系长期耕耘并已形成品牌的面向中小学的期刊将归属于谁?"等等,这些问题追根究底还是利益之争,也并不仅仅限于经济利益。在师范院校综合化的路途中,现有教师教育资源已经成为各院系发展学科和学术的重要支撑和保障,弃之无疑是一大损失。教师教育资源整合的改革动议遭遇的最大阻抗便是这种为了捍卫自身利益甚至希望在改革利益的蛋糕切割中获取更大份额的心理动机;而且由于这种利益诉求涉及的不是单个院系而是师范院校内部众多的院系,这些利益群体从捍卫自身利益出发往往倾向于抱成团一致对"外"(即整合教师教育资源的机构或组织),努力扩大着"内群"的利益增值。随着中国社会整体上从总体性社会向分化性社会转变,行政指令的权威性和约束力下降,教师教育改革中涉及的这种多层次复杂利益的矛盾交织已不是靠行政条令和"红头文件"可以解决的,这愈发使得教师教育资源整合的改革难上加难。正是由于利益这只"看不见的手"操控,教师教育很快成为综合性大学各院系、部门争抢的"大蛋糕",其结果只能是严重背离教师教育专业化的改革目标,也有违综合性大学办教师教育的改革初衷,导致人力、物力、财力等各种资源空耗,更使教师教育改革裹足不前,停留于表面抽象的措辞表达,呈现"雷声大雨点小"和"仪式化改革"的虚假繁荣。

"中国教师教育制度历史性转换的实质,就是以新型的教师专业组织活动于大学的学科专业体系中。一旦这种新型的教师教育专业组织体系建立起来,传统教师教育运作模式导致的种种困惑和矛盾将会消解。"① 然而,实践运作远比理念畅想复杂。要实现"整合全校教师教育资源""举全校之力兴教师教育"的改革愿景,亟待树立"关系正义"的价值取向,真正秉持"共建共享,互赢互利"的原则,确立教师教育专业机构的合法地位。唯此方可谋求教师教育质量的整体提升。

---

① 李学农.教师教育组织的重构[J].教育评论,2004(2).

第三章
公平原则的守护:教师教育改革风险防范

20世纪90年代以来,我国以大学化、开放化、专业化、一体化、市场化为主旋律的教师教育改革取得显著成效,也遭遇改革代价与风险。特别是旨在增进未来教师专业知识、锻炼专业技能、陶冶专业精神等的教师专业化教育改革,在取得一定成效的同时,面临的最主要风险便是如何处理不同类型教育间的协调、平衡与融合(包括通识教育与专业教育的同步优化、文理学科知识与教育专业知识的有效融合以及专业针对性与职业普适性的兼顾并重),真正实现新教育公平理论所倡扬的"为了教育的教育公平"和"实质性教育公平"。

改革开放40年来,我国不断探索教师教育体制改革新路。20世纪90年代以来,历经百年沧桑的我国师范教育体系更是发生了巨大变革,不仅实现了从独立设置的师范教育体系向多元开放的教师教育体系的转变,而且实施了一系列保障教师教育质量和教师专业素养提升的政策措施。在立足国情、放眼世界、解放思想、锐意改革的思想指导下,对中国特色现代教师教育新体制的探索卓有成效,大学化、开放化、专业化、一体化、市场化等成为改革主旋律。其中,"教师教育专业化"尤其令人瞩目。各级各类师范院校在渐进式发展的综合化进程中,在"以保证实施教育学科课程为核心、以掌握教育技能课程为基础、以加强教育实践课程为手段"的专业化教育诉求下,在人才培养模式、学制与学时、专业设置、课程与教学等层面探索、创新,致力于"使非专业教师经过有组织的、专门的序列化培养和训练成为专业教师"[1],改善和提高教师专业水平并巩固师范院校的传统优势特色,具体举措包括:成立名称不同的专业学院、重组专业团队,将文理学科专业教育与教育学科专业教育由混编改为分离,增加教育专业课程比重、强化教育实践演练,将文理学科专业师范方向学生全部纳入专业学院进行培养和管理等。

---

[1] 刘湘溶.简析教师专业化与教师教育专业化[J].中国高教研究,2004(7).

第三章
公平原则的守护:教师教育改革风险防范

然而,任何制度变革与创新都有可能付出一定代价,"它们或是作为获得某种东西的必要费用,或是作为一种行动的不可避免的结果或惩罚"①。人们在价值实践与价值创造过程中,基于实践主体的发展需要,在价值创造过程中的代价付出包括成本性代价付出(人、财、物上的投入)、牺牲性代价付出(为换取当前主导性价值目标的实现而对原有价值以及其他并行有益的价值的暂时割弃与牺牲)和负性代价付出(因主观失误或主体素质不足所造成的背离正向价值取向的负性的消极后果)三种②。"没有任何没有代价的社会变迁,必须认真严肃地提问的是这种代价是什么,以及谁被要求付出代价,预计的受益能否使这些代价可以被人们接受。"③在充满风险的现代社会,环境复杂、矛盾丛生、问题不可预测,探索性教育改革的动态生成性和不确定性更容易引发风险。利益与代价如影随形,正确认识改革可能付出的代价并未雨绸缪、积极防范是保证教育改革合法性、有效性和公平性的前提。④

本章即从新教育公平视野出发,关注20世纪90年代以来现代中国特色教师教育新体系探索在取得可喜成效的同时所伴生的不曾预期的意外后果,反思这场卓有成效的改革,作为朝向预期目标、改进实践的有意识尝试,在改进了一些不尽如人意之现状、取得可喜成果的同时,是否可能被迫做出某种牺牲(如为了优先实现教师教育的某个价值目标而不得不牺牲或舍弃若干对自身有益的价值追求)或遭遇不曾预期的意外后果,又该如何防范正在或可能出现的不良影响(如不得不承受改革目标自身带来的消极后果)等,厘清这些问题将有助于教师教育改革向实质性公平与可持续发展的更高境界深入推进。

---

① 郑也夫.代价论——一个社会学的新视角[M].北京:生活·读书·新知三联书店,1995:1.
② 王全林.高等教育的制度创新代价论略[J].清华大学教育研究,2004(5).
③ [美]史蒂文·瓦戈.社会变迁:第5版[M].王晓黎,译.北京:北京大学出版社,2007:248.
④ 本书言说的改革代价与风险针对的都是"真改革"(即改革行动者是真诚地希望革去影响事物前进发展的障碍和不利因素而设计、实施改革,出发点和归宿都是除弊兴利)而非"伪改革"(即出于私利借改革之名假公济私、损公肥私,这只能是对改革的扭曲和玷污)。但即使是初衷良好的"真改革"也会有风险、挫折和失败,也可能会付出代价,这便是本章写作的出发点。

一、20世纪90年代以来我国教师教育改革的代价与风险

20世纪90年代以来,我国以大学化、开放化、专业化、一体化、市场化为主旋律的教师教育改革取得显著成效,也遭遇改革代价与风险,包括传统优质教师教育资源的流失、良性竞争环境生成的艰难、不同教育间协调与平衡的不易、激烈利益冲突的易发及教师教育公益性的受损等。

(一) 大学化改革导致传统优质资源流失

1998年颁布的《面对21世纪教育振兴行动计划》提出,"2010年前后,具备条件的地区力争使小学和初中专任教师的学历提升到专科和本科层次,经济发达地区高中教师和校长获得硕士学位者应达到一定比例"。1999年3月教育部印发了《关于师范院校布局结构调整的几点意见》,从城市向农村、由沿海向内地逐步推进师范教育结构大调整。2004年2月颁布的《2003—2007年教育振兴行动计划》明确提出,"改革教师教育模式,将教师教育逐步纳入高等教育体系,构建以师范大学和其他举办教师教育的高水平大学为先导,专科、本科、研究生三个层次协调发展,职前职后教育相互沟通,学历与非学历教育并举,促进教师专业发展和终身学习的现代教师教育体系"后,全国中等师范学校、幼儿师范学校由1000多所锐减到100多所,绝大多数学校转制为普通中学或中等职业技术学校,少数学校通过合并等方式升级为高职高专类院校。小学教师培养逐渐提高到专科及本科层次,并呈现不同模式,包括中师独立升格为师专或并入师专、师院,通过招收初中毕业生、学制五年或招收高中毕业生、学制二至三年及四年等多种模式,培养具有专科或本科学历的中小学教师。

旨在由"旧三级"提升为"新三级"的教师教育体制变革明确取消中等师范教育层次后,中师学校急剧淡出,师专院校也迅速萎缩,各地纷纷进行的重在优化教师教育内部结构、提高教师学历层次的教师教育大学化改革在提升中小学教师形象、满足社会对优质教师素质要求的同时,也导致意想不到的

第三章
公平原则的守护：教师教育改革风险防范

尴尬现实：不仅曾被公认为"全国各级各类学校中办得最好的学校""全面实施素质教育典范"的中师学校不得不"下马""改行"，传统优质教师教育资源流失令人痛心，大学化教师教育培养的学历和文化素质得到提高的小学教师在弹唱、绘画、游戏、板书等教育基本技能方面却明显削弱；师专院校萎缩和中师淡出后，大量本科甚至研究生学历的毕业生不愿到乡镇、农村地区就业使农村师资愈加匮乏。事实证明，"倘若稍做一点客观理性的分析，就不可能得出'从现在起仅用十年左右时间就可以将现有的三级师范教育层次结构完全改为二级师范教育结构，中师已完成其历史使命，应该退出社会舞台'的武断结论"①。

（二）开放化改革未能催生良性竞争活力

1999年，中共中央和国务院颁布的《关于深化教育改革 全面推进素质教育的决定》明确提出"鼓励综合性高等学校和非师范类高等学校参与培养、培训中小学教师工作，探索在有条件的综合性高等学校中试办师范学院"。2001年，国务院颁发《关于基础教育改革与发展的决定》，强调"完善以现有师范院校为主体、其他高校共同参与、培养和培训相衔接的开放的教师教育体系"。在国家积极鼓励综合性大学和其他非师范类高等学校举办师范学院、教育学院或开设教师教育专业课程的精神推动下，一批综合性、非师范类高校相继加入教师教育行列。教师教育体制开放化改革的初衷是打破师范教育封闭格局，引入竞争机制，吸引高水平综合性大学参与教师教育，提高教师培养质量。然而，2000年后陆续成立"教育学院"或"教育研究院"的重点综合性大学并未实质性地介入中小学教师培养，多是致力于教育学科和教育学术的发展，以填补学科空白、完善学科门类；甚至新设的这些教育学科（学院）在大学学科结构中"多半只是一种点缀，一种近乎可有可无的边缘性存在"②。这些综合性院校既无意凭借多学科优势及科学、人文底蕴着力提高基础教育师资培养质量，也无力在教师教育学科、专业、课程、教材、师资队伍建设及实践资源积累等方面做好充分准备。

当然，开放化改革确实使大量非师范院校有机会介入教师教育，也确有

---

① 洪宇平.对中等师范教育的再认识［J］.福建论坛（人文社会科学版），2006（A1）.
② 吴康宁.地位与利益：教师教育改革的两大制约因素［J］.当代教师教育，2009（3）.

一部分综合性大学在积极参与教师教育,但这些综合性大学其实大都系师范院校"变身"而成,或是原先独立设置的师范院校被并入综合性大学后成为专门从事教师教育的二级学院(师范学院或教育学院),或是师范院校直接更名为综合性大学并继续承担教师教育任务。不可否认,开放化改革使我国传统师资培养体制发生深刻的结构性变革,师范院校的垄断地位不复存在。然而,尽管教育部多次重申实力较强的高校要在新师资培养中做出贡献,事实上教师教育市场开放不仅没有出现许多实力强劲的综合性大学涉足中小学师资培养、对师范大学形成强有力冲击的竞争局面,"实质性从事教师教育工作的综合性大学寥寥无几,远未能达及当初所设定的提高教师教育质量和专业水准的本宗"①;而且进一步加速了师范院校的综合化步伐,"按计划经济观念,你是什么就只能做什么⋯⋯按市场经济观念,在政府宏观调控下,你能做什么你就是什么"②。虽然我们很难准确区分事件的因果关联,但开放教师教育体制、师范院校综合化发展合法化等带来的始料不及的冲击也是众人皆知的。尽管国家反复要求各级各类师范院校准确定位、办出特色,一些师范院校也开始加强教师专业化教育改革,但师范院校"改辙易帜"成为潮流,并校、改名之风吹遍全国,教师教育被严重削弱。

(三)专业化改革面临协调教育平衡之难

师范院校因自身学科发展及国家投入的不足,在综合化进程中不得不选择渐进式发展路径,旨在增进未来教师专业知识、锻炼专业技能、陶冶专业精神的教师专业化教育遂成为师范院校改革目标。各级各类师范院校在人才培养模式、学制与学时、专业设置、课程与教学等方面采取各种举措,比如:成立名称不同的专业学院、重组专业团队,将文理学科教育与教师专业教育由混编改为分离,增加教育课程比重、强化教育实践训练,将文理学科专业师范方向的学生纳入专业学院培养和管理等。然而,作为一种面向特殊职业领域人才培养的高等专业教育,教师教育如何同步优化通识教育与专业教育?作为一种典型的双学科专业型教育,教师教育如何有效融合文理学科知识与教育专业知识?作为同样深受当前我国人力资源市场化调节冲击的一类高等

① 杨天平.中国教师教育制度改革的战略审思[J].中国教育学刊,2009(6).
② 袁贵仁.高等师范教育发展趋向探讨[J].中国高等教育(半月刊),2000(24).

第三章
公平原则的守护:教师教育改革风险防范

教育,教师教育如何兼顾并重专业针对性与职业普适性?……诸如此类的问题,都是教师教育专业化改革所必然面对、必须回答的问题,涉及不同类型教育之间如何协调、平衡与融合的问题,稍有不慎,教师专业化教育改革便可能会付出不小的代价。

首先,通识教育与专业教育如何同步优化而不失调?

19世纪以降,作为人类教育史上的革命性变革,旨在给予受教育者未来从事专业工作所需的专门知识和技能、重在培养其做事能力的专业教育逐渐取代了源于古希腊的自由教育(又称博雅教育)和以培养多才多艺和有教养之自由人为宗旨的通识教育,成为高等教育的核心要旨。虽然大学为适应各种职业本身的专业化发展之势而为学习者提供专业化教育服务不可避免也颇有效益,但正如美国高等教育学家罗德斯所说的那样,任何好处都有代价,带来丰厚利益的专业教育也有削弱通识教育的负面影响,会出现"人"之培养让位于"才"之训练的危险,因为专业化造就了领域意识,每一个专业所取得的进展仅仅在其自身领域,而且这种领域意识很容易导致只在自身领域生活(怀特海称之为"智力独身主义"),从而丧失专业本应包含的完整性和丰富性。① 事实上,专业教育和通识教育相辅相成、互为补充,缺少任何一个都不是完善的大学教育;教师教育尤需将二者有机融合,加强人文性、优化博雅性,促进未来教师的思维、表达、交流及价值判断、鉴别、选择能力的发展,因为教师职业更需"上知天文、下知地理,横穿中外、纵贯古今"。当前我国教师教育中的通识教育还存在认识不到位、师资水平不高、教学方法陈旧、课程设置不合理、学生选课动机功利等不足②,在提高师范生人文与科学素养、反思与批判意识、进取与创新精神等方面的实际效果也亟待改善和加强。

更重要的是,"在教育领域当中,教育公平作为一种政策理念以及有关政策安排和政策工具,应该指向'好的教育'或'真正的教育',并由此而指向每个人美好的生活"③。新教育公平理论亦倡扬"无论在理论上还是实践中,通过公平的教育从而实现人的卓越或德性的圆满才是最终的目的"④。然而,

---

① [美]弗兰克 H. T. 罗德斯. 创造未来美国大学的作用[M]. 王晓阳,等译. 北京:清华大学出版社,2007:35-46.
② 江海英,何齐宗. 教师教育中通识教育的问题与对策[J]. 大学(研究与评价),2009(2).
③ 石中英. 教育公平政策终极价值指向反思[J]. 探索与争鸣,2015(5).
④ 王建华. 教育公平的两种概念[J]. 教育研究与实验,2016(6).

近年来教师专业化教育改革"关心专业有余、重视通识不足"。以课程改革为例,在主张加强学科知识深化、提高学生学科素养、削减"大而无当"的教育类课程、依学科专家模式培养教师的学科化倾向与呼吁加大教育类课程比重、改造教育理论课程、强化教育技能课程、增加教育实践课程的专业化倾向的对峙中,原本薄弱的通识教育更少有顾及,鲜有关于教师教育中通识类课程与专业类课程关系的探讨及通识教育优化举措的思考。"真正的公平就是要普及博雅教育(universal liberal education),让所有人都能获得这种好的教育","实践中,在程序性教育公平的基础上,实质性教育公平需要兼顾个体的差异和共同的人性"。① 师范生成长为具备卓越素质的教师并非单纯依靠专业知识能力的获得,需要依托大学的人文环境特别是充满师范精神的校园文化;只有在充满博爱、自主、负责的师范精神熏染中成长,师范生才能真正体验和积累对教育教学活动的感悟与思考,这种体悟与智识则是成为优秀教师不可或缺的条件。从这个意义上说,师范生所接受的通识教育与专业教育都是需要"举全校之力"而为的;而如何能够真正落实"举全校之力",亦非轻而易举。

其次,文理学科知识与教育专业知识如何有效融合而不失合?

如果说专业教育与通识教育的矛盾是高等教育的共性问题,那么,教师教育的特殊性则在于其专业教育本身还涉及学科专业与教育(教学)专业的矛盾。

欧美国家在推进教师专业化的教师专业化教育中多采取分离式教师教育体制,即学科专业与教育专业剥离,学习者取得相关学科的三年或四年本科学历资格并经测试后进入教育学院接受一至两年的教育教学理论学习与实践锻炼,成绩合格并取得教师资格后方有可能被中小学校录用。至于学科专业与教育专业分离后的教师教育模式则因学校办学水平与层次、服务区域及学生培养规格等不同而没有统一做法。近年来我国教师专业化教育改革也多借鉴这一经验,将教师教育职能与资源集中到教育(或教师教育)学院,试图通过学科专业与教育专业在机构、人员、资源等方面的分离,将教师教育从学科专业教育的漠视、边缘状态中解放出来,并通过集中教育学科优势、建立综合性教师教育学术研究及人才培养平台,以高水平研究引领教师教育专

---

① 王建华.教育公平的两种概念[J].教育研究与实验,2016(6).

第三章
公平原则的守护:教师教育改革风险防范

业化,从而突出教师教育的专业性与重要性。

然而,这种以为"学科知识+教育知识=教师专业知识"以及"学科专业教育与教师教育分离即能实现教师专业化目标"的认识和行动依然是有风险的。教师教育是典型的双学科专业型教育,学科专业与教育专业是教师成长必不可少的两翼,这早已是学界共识。但在与非教师教育专业修业年限相等的有限学制框架内,如何既优化教育专业又深化学科专业、体现文理学科与教育学科间的平衡,并契合教师知识的整合性特征,真正实现学科专业知识与教育专业知识的融合,进而提升教育学术能力?这是一个根本性的两难困境,"需要改变观念,不再把教师的知识视为一个有待解决的问题,而是看作一个必须予以处理的矛盾"①。如果教师专业化教育改革中,这两类知识在组织机构、课程内容、教学方式等方面仍然缺少沟通和互动(比如学科专业教育按照学科知识的理论逻辑展开、教育知识按照教育思维逻辑组织),那么,师范生在不同学院教师课堂上习得的学科知识并不能因教育知识而更加适宜教学,教育知识也难以在学科知识学习中彰显魅力,其教师专业知识结构依然是分散的。

再次,专业针对性与职业普适性如何尽力兼顾而不失重?

众所周知,高等教育大众化背景下,师范院校规模迅速扩大,师范生就业问题愈益凸显。当前我国高等教育普遍面临人力资源的市场化调节,教师职场吸引力增强的同时也因社会急需既有深厚学科基础又有卓越教学能力的优质教师而竞争激烈,由卖方市场向买方市场的结构性转变使教师入职门槛明显提高,中小学校作为独立法人实体在自主选择师资中越来越以成熟教师标准来考核师范毕业生,有意愿成为中小学教师的师范毕业生并不都能如愿以偿。

赫钦斯曾经指出,如果一位学生将自己的整个大学时光花费在特定的职业准备上,但是又没有去从事这项职业,这种大学生涯的浪费令人痛心;大学应为学生提供对于任何职业而言都有用的教育,而不是仅仅教给他们特定专业的有用诀窍。② 教师专业化教育改革同样面临在提升专业化水平的同时

---

① [英]罗博·麦克布莱德.教师教育政策:来自研究和实践的反思[M].洪成文,等译.北京:北京师范大学出版社,2009:103.
② [美]罗伯特·M·赫钦斯.美国高等教育[M].汪利兵,译.杭州:浙江教育出版社,2001:28.

不降低个体普适性社会生存能力的两难选择：是更强调宽口径、厚基础，使师范生更好地适应充满不确定性的未来，还是更突出专业胜任力，使其更快地适应中小学教育工作？课程与教学是更突出教师知识的实用性、策略性还是内在系统性、原理性？专业化教育是否潜藏着专业化程度越高、适他性水平越低的内在悖论，更何况高等教育培养的专业能力与就业市场的真实需求常常并不一致？如果经过专业化培养的师范毕业生没有机会做教师，如何才能使其具备更广泛的社会适应性而不造成教育资源的浪费？"为学生的职业、事业发展做准备，进而强调培养专业化的'对口'人才是最具市场魅力的，然而大学毕竟和职业培训机构有本质的不同，它是'教育'而不是定向训练……单一的专业教育只能将人工具化，学生在专业面前失去人的自主、自由的特质，专业教育成为技术教育、工具教育。"①

既培养高素质的专业化教师，又能使师范生顺利适应瞬息万变的职场，更能够使师范生与其他非师范专业的大学生一样接受了"为所有人提供的最优的教育（the best for all）"后能够展现出"共同的人性（common humanity）"，这是追求实质性公平、真正为了教育的教师专业化教育改革所应努力追求的目标。否则，愿意却暂时没能进入教师职场的师范毕业生就可能成为改革代价的无辜承担者，即使进入教师职场却只能成为"经师"而无法承担"人师"之责的师范毕业生其实也没有能够享有公平、正义的教师教育。

"教育是'成人'的事业。'成人'是每一个接受教育的人的共同目标"，只不过由于客观存在个体差异，每个人的"成人"之路不尽相同而已；"在践行教育公平的过程中，没有差异无所谓公平，但若没有共同的目标亦无所谓公平"。② 专业针对性教育与职业普适性教育、成才的教育与成人的教育、"符合个体差异的教育"与"符合共同人性的教育"都需要紧密结合起来，才可能实现实质性教育公平。包括大学生在内的受教育者都是处于发展中的人，而人的发展的不可逆决定了教育改革的代价不可补偿；教育改革必须基于教育自身固有的伦理性使每个人的权益都得到保障，不能为了当下、局部的利益而牺牲长远、整体的利益，"每个人都拥有一种基于正义的不可侵犯性，这种不可侵犯性即使以社会整体利益之名也不能逾越"③。这是教育改革代价的

---

① 于忠海.大学通识课程"不通"问题反思及其改进理念[J].教育与现代化，2010（2）.
② 王建华.教育公平的两种概念[J].教育研究与实验，2016（6）.
③ [美]约翰·罗尔斯.正义论[M].何怀宏，等译.北京：中国社会科学出版社，1988：3.

第三章
公平原则的守护：教师教育改革风险防范

特殊所在，也是教师专业化教育改革面对如何在各类教育之间保持张力的难题时如履薄冰的根源。

（四）一体化改革诱发群体利益激烈冲突

针对传统师范教育体系中教师职前培养与职后培训分离导致职后培训无的放矢、事倍功半甚至出现"水平倒挂"现象等诸多不足，学界认为原本只是以中小学教师学历补偿教育为主要任务的传统教师职后培训机构（如教育学院、教师进修学校等）已无力再胜任新时代教师职后培训的使命，进而提出职前职后一体化的改革动议，强调要打破各地区条块分割、各自为政的师范教育管理体制，通过合并、改组等形式逐步将各地区的教师培训机构并入师范院校或综合性大学，重组教师教育资源。全国各地的教育学院、教师进修学校数量虽然迅速缩减，但与教师教育职前职后一体化的改革目标仍然相距甚远。

教师职后教育机构并入综合性或师范类院校后，在高校竞争体制下，这些院校大多更侧重学科建设、致力于增强科研实力，中小学教师在职培训往往只是学校的创收之举，付出的精力和取得的成效极为有限。尤其不能回避的是，一体化改革行动虽说是制度变迁必需的结构性调整，但"同教育学院现有一大批人员的岗位、职务、待遇、福利等一系列切身利益状况变动与否的现实问题紧紧纠缠在一起，导致他们对自己的未来在相当程度上产生了不确定感"，触及原有利益格局的利益调整会诱发不同群体间的矛盾与冲突，引发处于失范状态的结构性问题，"在一些复杂因素的综合作用下，他们的利益诉求有时还会以某种过激的方式表达出来"。"在有些地方，甚至出现这样的现象：政府主管部门本来已经做出撤销当地教育学院建制，将之并入普通师范院校的决定，但面对教育学院持之以恒的强烈反对，尤其是在教育学院教职员工以某种过激的方式表达利益诉求后，最终收回了原先决定。结果，教育学院不但没有被撤销建制与合并，反而还升格为本科院校，并在此基础上进一步谋划学校的改制等。"一体化改革中不同利益群体出于自身利益诉求而产生的改革阻抗不容小觑。"究竟如何才能做到既不伤害传统教师职后培训机构现有人员的切身利益，又真正实现教师职前培养与职后培训的紧密衔接与有效互动，这实在是教师培养培训一体化体制改革者面临的一项极具挑战性的课题。"①

(五) 市场化改革冲击教师教育的公益性

在发展市场经济的社会背景下,教师教育改革也积极引入市场机制,力求在国家宏观调控下充分发挥市场配置教师教育资源的优势。比如,国家将选择培训机构和内容的权力交给中小学校及其教师,使教师教育机构必须重新寻找自己的发展定位,思考如何变革内部管理体制、优化资源,最大限度地提高资源利用效率、办学效益和教育质量,在多元竞争格局中赢得一席之地。然而,由于我国当前教师教育市场远未成熟、教育宏观调控缺乏有效监督机制,经费来源多元化等教师教育市场化改革产生的意外后果也是人们始料未及的,比如:根深蒂固的狭隘教育学术观与对教师专业性的轻慢导致师范性式微、生源质量下滑、师范生专业安全感与专业学习信心缺失、依据市场需求设置教师教育专业的科学性与前瞻性分析不足、教师教育机构发展水平参差不齐,以及教师教育投资、院校布局、学科层次等方面严重的结构不均衡,等等。可以说,教师教育市场的无序化极大地冲击了教师教育的公益性。

教育是公益事业,"国家对于举办教育承担着根本的义务,对于义务教育是如此,对于非义务教育,国家也不能完全将其推到市场,因为学校教育包括非义务的高等教育,与共同体的公共利益的丰富、与共同体的公共福祉联系在一起"②。基础教育的公益性决定了旨在为基础教育培养师资的教师教育与体现公共性、普及性、公平性的基础教育具有共同的价值目标和公益性。教师教育是国家教育体系不可分割的重要组成部分,始终拥有鲜明的国家属性。尽管高等教育具有一定程度的私人产品属性,但教师教育不同于其他高等专业教育,"在市场经济条件下,尤其是在我国各地区经济和社会发展不平衡,教育发展不均衡、不公平的现象还比较突出的情况下,我们不能把教师教育看作是纯粹的市场行为和个人行为。否则,教师队伍的整体优化和全面提

① 吴康宁.地位与利益:教师教育改革的两大制约因素[J].当代教师教育,2009(3).
② 金生鈜.中国教育制度变革滞后带来的三个问题[J].中国教育学刊,2008(12).

第三章
公平原则的守护：教师教育改革风险防范

升将变成一个缓慢的自发过程，其表现出的地区差异、校际差异将会继续拉大"①。

当前，教育公平正在成为我国教育政策的基础性伦理诉求，教师教育公平也正在受到市场的挑战，教师教育政策需秉持新教育公平理念，尊重差异、承认多元教育公平观②，创造性地做出新的教师教育制度安排。

二、守护新教育公平、走向关系正义的教师教育改革

在有限的时空和资源条件下，教师教育改革要想在提升教师教育学历层次的同时，继承师范教育优质资源、发扬师范教育传统文化；在开放教师教育办学空间的同时，激活办学热情并产生良性的竞争活力；在专业教育与通识教育相协调、文理学科专业与教育（教学）专业教育相平衡的基础上进一步融通；在推进教师教育职前、职后一体化改革的同时，减缓可能诱发的激烈利益冲突；在推进教师教育市场化改革的同时，保卫教师教育的公益性、公共性。这些就像跷跷板的两头，在实践中要取得平衡、保持必要而恰当的张力，都远非易事，稍有闪失，过于强调了某一方就有可能牺牲另一方。任何社会背景下试图用新模式代替旧模式的教育改革都可能会以牺牲旧模式中的"好"为代价，因为新模式并非在所有方面都必然优于旧模式。因此，为尽量避免初衷美好的改革愿景在实施过程中产生不必要的代价，需要树立改革的代价意识（这不仅意味着宽容看待改革中出现的失误，提高对改革代价的心理承受力，不因代价而否定改革，更意味着避免盲目理想主义，警惕代价的非合理性和有害性，"两利相权取其大，两害相权取其轻"），更需要智慧地采取有效策略，力争以最小代价谋取最大发展，有效地规避和防范教师教育改革的可能风险与代价。

---

① 秦克铸."师范生免费教育"政策回归：新时期教师教育政策的重大调整[J].当代教育科学，2007（8）.

② 李金刚.多元教育公平观：新教育公平的题中之义——基于涂尔干社会团结思想的分析[J].教育发展研究，2017（2）.

（一）坚持以师范生为本，创造适合的教师教育

在新教育公平理论视野中，教师专业化教育改革必须深入探索教师教育规律，坚持"以师范生全面发展为本"，积极探索、开展"适合的教师教育"。

1. 深入探索教师教育规律，找寻知识的力量

虽然不付出任何代价的完美改革只是浪漫理想，但并不意味着任何代价都是合理而值得的。只有合目的性与合规律性相统一的代价才可能被接受。教师教育改革的合目的性指改革合乎主体的价值追求，有益于受教育者的全面发展及可持续的教师专业发展；合规律性则指科学决策的改革目标既顺应社会发展需求又合乎教师教育发展规律。这需要我们充分尊重教师教育自身的规律。大学制度变革往往在社会本位、个人本位、知识本位、学校本位等诸多价值观之间进行价值博弈与抉择；教师教育制度变迁同样面临价值取舍。

社会本位价值观在教师教育改革中有着强大的现实压力与功利动机，面对教师职场对高校毕业生入职门槛的提高，强化教育专业素养的专业化教育改革势在必行，但若因此疏忽或弱化了文理学科教育，代价可能亦难以想象，毕竟学科素养对一名中小学教师来说无论怎么强调也不为过。师范院校在综合化道路上策略性地进行教师专业化教育改革还受到学校本位价值观的推动和影响，这亦十分正常。但以高深学问的增值为旨趣的知识本位价值观是制度变革的深层次文化动因，为避免"高等教育制度创新中学术品格的日益边缘化"这一大学系统特有的代价付出[1]，探索教师成长及教师教育的规律、找寻教师教育自身的知识力量将是教师教育改革可持续发展的根本。

2. 为师范生全面发展，探索、创新选拔、培养方式

首先，在接受教师专业化教育的学生数量上加以控制[2]。有媒体报道称，"调查数据显示，目前全国每年有 60 多万名师范生毕业，但基础教育领域

---

[1] 王全林. 大学制度变革中的价值本位博弈[J]. 高等教育研究，2006（11）.
[2] 王烨捷. 师范类教育面临"控量提质"——每年师范毕业生 60 多万，需求仅 25 万[N/OL].（2015-10-14）. zqb. cyol. com / html / 2015 - 10 / 14 / nw. D110000zgqnb. 20151014 - 7 - 01. htm.

第三章
公平原则的守护:教师教育改革风险防范

对师资的需求却只有 25 万,仅 30% 的师范院校毕业生进入基础教育领域从教"。"针对这一现象,我国面向未来的教师教育将进行改革。教育部教师工作司负责人许涛透露:'今后师范类教育将进入调整阶段,控制规模,提升人才培养层次,这是未来主要的目标之一。'……华东师范大学刚刚宣布成立的教师教育学院,被认为是本轮改革的重要措施之一。华东师大表示,今年起将逐步缩减师范类本科招生,师资培养将统一纳入教师教育学院的研究生教学。"①其实,即使我国中小学教师培养将逐步缩减本科师范教育的培养量、加大教育硕士研究生教育的培养量,也仍然存在有效规避"供大于求"和"供不应求"的数量控制问题。教育行政管理部门及师范院校可以组织相关人员研究、论证,在既考虑到学生毕业后可能会有部分流失又保证中小学校有一定挑选余地的基础上,按照一定比例提出各地区、各院校师范类学生的招生计划,保证绝大多数经过专业化教育的合格毕业生有机会进入教师职场。

其次,在接受教师专业化教育的学生质量上辅以能力倾向测试。致力于专业化培养的职前教师教育是一种专业化教育,其入口环节也是选拔、培养出优秀学生从事教师职业的关键,应予以重视。这既需要在高中毕业生填报志愿时做好宣讲工作,还可辅以必要的前期考核,类似我国部队院校招生时实行的体检、面试等。能力倾向(aptitude,简称"能倾",又译"性向")指个体现实地或潜在地拥有、有效从事某种职业的能力和个性,一般分为四个层次:最基本层次是"不存在不合格条件"或"具备不可或缺的条件",即并无履行某职务的不合格条件,或者说不欠缺履行该职务必不可少的基本条件,如没有不适应长期站立作业的平足等生理缺陷,没有口齿不清、语言障碍或方言浓重、情绪极易波动等心理机能障碍;第二个层次是技能、性格、兴趣层面的能倾,如"对人类自身抱有兴趣";第三个层次是社会适切性层面的能倾,即个体是否拥有社会所规范的教师标准,如年龄、性别、学历、资格等;第四个层次是信念和使命感意义上的能倾,表现为敬业精神、职业道德等。② 虽然优秀教师是职前、职后教育综合培养及个人努力的结果,但学习者进入教师专业化

---

① 王烨捷. 师范类教育面临"控量提质"——每年师范毕业生 60 多万,需求仅 25 万 [N/OL]. (2015-10-14). zqb.cyol.com/html/2015-10/14/nw.D110000zgqnb.20151014-7-01.htm.

② 钟启泉. 关于能力倾向与择业教育的思考[J]. 教育研究,1994(7).

教育前的素质差异还是值得充分考虑的。西方国家在教师职前教育中普遍注重选拔那些品行端正、性格坚定、情绪稳定、精力充沛、身体健康、语言表达力强、喜爱儿童青少年、热爱教育工作的学生攻读教师教育课程。这不仅有利于尊重学生的个性、兴趣，保证生源质量，而且可以减少国家、高校乃至个人的教育投资风险。当然，人的能倾是变化发展而非一成不变的，能倾测试只能作为辅助手段而不能绝对化。

再次，建立合理、完善的退出与淘汰机制。由于高中生在职业规划和选择上自我判断与决策的能力不足，随意性、盲目性较大，尚未准确了解社会对人才的要求与标准，难以明确自己未来适合从事的职业，应允许他们进入大学对自我及教师职业特点有所了解、决策能力有所增强后，重新做出选择。这同样既有利于激发学生学习动机，使其能真正在自己的兴趣、特长领域寻求发展，又有助于提高教师教育资源效率并准确挑选出乐意从教的学生将其培养为合格的专业化教师，实现国家、高校及学生个体的共赢。目前我国很多师范院校实施的"转专业"举措对师范生"转出"（即转为非师范生）多有限制，比例也较小，因此可以适当扩大比例，同时也可以增加非师范生"转进"的比例。对品行、个性及知识能力等方面显然不适合从事教师职业的学生则需要施行强制退出（即淘汰）机制。甚至可以创造条件，学习借鉴斯坦福大学2015年在全球高等教育领域率先提出的"开环大学（open loop university）"的新理念①，从教师教育机构的实际出发，深度变革教师教育模式，充分利用网络、计算机等信息技术，突破时空限制，采取诸如在互联网平台上建立以学生为中心的教师学习中心等技术手段，合理、有效地实现优质教师教育资源的效益最大化，进而让每一位有志于教育事业的青年人都能够享有自己所需

---

① 即不同于传统四年制大学里学生被分成不同的学科专业、从大一到大四"如同车间的生产线"，开环大学的学生录取年龄不限、专业不限，没有"年级"一说，也没有规定的毕业时间，学生可以在其一生中自由选择进出斯坦福大学学习各种课程的时间点，在校总时长延长为六年，并细分为"校准（calibrate）""提升（elevate）""激发（activate）"三个递进的教学阶段，学生可以自行决定何时进入下一学习阶段，并将多次在以上三个阶段里循环往复。（参见网页http://www.stanford2025.com/paced-education.）"在这种新的体制下，本科教育将不再是整齐划一的，学生也不再是一起入学一起毕业，每一个斯坦福学生的学习经历都将是独特的、个性化的、适合他自己的、优质的。斯坦福创建开环大学不是突发奇想而是经过了深思熟虑，它极有可能代表了学校教育未来的发展方向，即突破传统学校教育在时间和空间上的限制，提供适合于每一个人的优质教育。"参见王建华.新教育公平的旨趣［J］.教育发展研究，2017（2）.

要的也适合于自己的优质教师教育。

总之,依循新教育公平理论所倡扬的"为了每一个人都享有适合于自己的优质教育"理念,教师教育改革也必须从"成人"的教育本体出发,突破专业化教育的局限,让每一位大学师范生都能够享有适合自己的优质教育,在接受职业导向的教师教育过程中获得完美人格的滋养。

(二)强化教育学术意识,加强课程协商与领导

教师职业所依据的专业知识具有双重的学科基础,即教师任教的学科知识和教育学科知识。这种双重的学科基础孰轻孰重成为教师教育长期争论的问题,如"学术性与师范性之争"。人们往往将"学术性"理解为任教学科的学术水平,将"师范性"理解为教育学科的专业素养。这种对称(对立)的表达方式本身即有"师范性不具学术价值"的巨大误导作用,导致"教学(teaching)"长期不被看作是一项具有学术价值的工作,中小学教师的工作只是传播而非创造和发现知识。正是这种非此即彼的思维方式使得争论总是集中在"学术性"与"师范性"谁主谁次上,而答案又总是"辩证地"认识到二者缺一不可。因此,面对教师教育课程改革的权力冲突,必须强化教育学术意识,创设公共空间,引导理性辩论。

1. 强化教育学术意识,深度融合学科专业与教育专业

随着科学形态的多元化、科学研究的分层化、"创造力"内涵阐释的多样化以及高等教育功能的细分化,人们重新审视"学术"的意涵。美国卡内基促进教学基金会前主席欧内斯特·波伊尔(Ernest L. Boyer)认为,不同类型教师拥有"发现""综合""运用"和"教学"四种相互关联的学术水平;原先被排除在学术之外的"教学"是一项同样需要创造性的学术事业,最好的教学在传授知识的同时也在改造和扩展知识。① 基础教育亦是一项充满创造的学术活动,其研究性与教学紧密结合,优秀中小学教师的教学学术研究是"具有教育性的学术性"与"具有学术性的教育性"的有机融合而不是割裂。

---

① [美]欧内斯特·波依尔.学术水平反思[M]//国家教育发展研究中心.发达国家教育改革的动向和趋势:第五集.北京:人民教育出版社,1994:22-23,30-32.

因此，教师教育"双学科专业性"的核心在于：教师专业素养不是学科素养与教育素养的简单相加，教师专业化教育也不是学科专业教育与教育专业教育的相继叠加，而是通过加强学科专业与教育专业的融合以及"教育学术"的文化熏染与能力培养，切实提升未来教师从事中小学学科教育的专业素质，培养高素质的研究型、学者型教师。在舒尔曼等人建构的最具影响的教师专业知识分析框架中，作为专业人员的教师至少必备七类知识：学科内容知识、一般教学法知识、课程知识、学科教学法知识（PCK）、有关学生及其特性的知识、有关教育脉络的知识以及有关教育目标、价值、哲学与历史渊源的知识。其中，教师区别于其他学科专家所特有的专业知识核心是学科教学法知识，只有在学科内容知识、教育专业知识和具体教学情境相融合的基础上才能产生，体现出学科内容与教育专业的整合。因此，教师专业化教育除了需要提供学科专业和教育专业知识外，更需要有效地提供生成学科教学法知识的条件和情境。

针对我国传统师范教育过于强调学科专业而轻视教育专业的不足，适当增加教育专业课程比重是完全必要的。但是，学界在剖析传统高师教育长期形成的弊端时也明确指出，高师院校的课程设置狭窄、学科程度相对偏低，学生基础知识不够宽厚、毕业生进入教师角色快但发展后劲不足，专业定向过早、学生来源和职业出路受到较大局限，培养渠道单一封闭、不易适应现代社会和科技发展对多类型、多规格师资的需求。在师范院校新的发展格局下，教师专业化教育改革不仅需要吸取前车之鉴、避免重蹈覆辙，而且更为任重道远的是积极探索有效融合学科知识与教育知识、提高教育学术能力的课程体系与教学方式，使师范生在具有教育针对性的学科融合课程学习中，感受学科知识与教育知识水乳交融的教育学术魅力，在浓郁的教育学术氛围熏陶下接受系统、规范的教育学术训练。这不仅需要思想重视以及涉及人才培养目标、规格要求、学制、招生对象、课程与教学、学位授予等诸多问题的配套政策与制度支持，更需要学科与教育良性互动的教师教育文化环境和卓越的教师教育者。

充分保证师范院校历经十多年战略转型和综合化发展所取得的办学成果在促进教师专业化教育中发挥积极作用，是教师专业化教育改革不可忽视的重要内容。如果文理学院及其教师只是承担面向师范生开设通识教育和

学科专业课程的任务,那很容易使庞大的非师范专业体系整体上游离于教师教育,难以对师范专业形成有力支持,甚至使这种游离"合法化"。曾经"举全校之力办师范教育"形成的"人人参与和重视师范生培养"的优秀传统,如果在综合性发展目标引导和分离式教师教育体制下"合法"地流失,将令人十分痛心。

2. 清醒认识改革中的权力冲突,发挥教师主体的创造性

教师教育课程改革是不同主体重新进行课程资源配置,而"课程资源"内涵极其丰富,因此,谁有权做出课程资源配置的决定以及就哪些课程资源要素做出决定等,在课程改革实践中极易产生争议。可以说,课程改革的核心即权力和利益关系的调整。① 虽然国家层面已制定、颁布了相对统一的教师教育课程标准(当然,允许并鼓励教师教育机构在标准框架内自主设置教师教育课程,以适应地区差异和校际办学特色的差异),并已计划开展师范专业认证,但是具体落实到师范院校的师范生培养工作中时,在课程结构、内容、类型、决策主体等领域存在深刻分歧的现实面前,清醒地认识纷争背后的权力冲突,谋求有效沟通、切实推进课程决策的科学化和民主化,是教师教育课程改革良性运行的前提,也是课程改革走向科学、合理的必然选择。

首先,防止权力的滥用。由于历史和现实的诸多原因,我国教师教育改革相对缺少强有力的国家顶层设计,在高师院校内部实际上是在并非都是基于理性生发出的多种话语的紧张、争斗下推进实施着。因此,运用圆通的智慧,寻求可能的平衡,不啻是推进改革的稳妥之策;而盲目冒进或强行推进,则难以带来改革的成功。任何决策都需要合理使用权力,而权力的运用则必须以理性的方式而非独断的方式,才能既保证公共利益的实现,又能使改革各方利益相关者就改革本身达成共识。事实证明,总是充满压迫性权力欲求的"权力-压制性"改革策略是难以成功的,理论逻辑不能统治、控制与征服行动者的实践逻辑。

其次,赋予基础教育机构相应的课程决策权,积极培育大中小学深度合作文化。在教师教育课程改革中,地方教育行政部门以及中小学作为

---

① 胡定荣.课程改革的文化研究[M].北京:教育科学出版社,2005:48.

高师院校人才培养活动的最终"消费者",应享有一定的决策与评价权,积极参与教师教育课程的结构确立、内容选择、类型定位以及实施、评价等一系列课程决策,并做出课程质量评价。闭门造车式的教师教育课程决策与评价是不合时宜的。大学追求深厚的理论积淀和前沿的学术研究,理论性和研究性是其核心文化因子;中小学则以丰富的日常经验和实践智慧为优势,实践性和日常性是其根深蒂固的文化血脉;两种文化常常发生冲突。吴康宁教授在分析了三种U-S合作类型(利益联合型、智慧补合型、文化融合型)后指出,大学与中小学经过文化碰撞、交流,相互影响,最终创生出能够高效率推动双方合作、高质量促进双方发展的新文化,才能保证双方在相互依存和尊重的基础上共同探索、创新和发展;达致文化融合境界的大学与中小学是谁也离不开谁的共生性"依伴"。① 为此,借助制度保障,进一步推进高师院校与中小学校走向深度合作和文化融合,是重要而持久的改革任务,唯此,教育实践课程质量才能真正得到保障,也才能收获师范生、高师院校与中小学及其教师共同可持续发展的"多赢"硕果。

再次,加强课程协商、领导与评鉴,发挥教师作为课程主体的积极性、创造性。有效的课程领导在课程发展过程中,对课程设计、课程实施和课程评鉴等都能够提供支持与引导,帮助教师开展有效教学、提升学生学习效果。这是以行政力量和资源来支持课程革新与教学改进。面对诸多权力纷争,教师教育课程改革尤其需要卓越的课程领导。因为课程从规划到落实,牵涉不同层级课程决策间的沟通、协调,依赖于承上启下的有效课程领导。这需要主管教学和教师教育的校长及其领导团队具有教师教育课程发展的洞察力和有效领导力。除课程决策外,课程领导还应介入课程质量评鉴,而不是借口"大学学术与教学自由"而使课程评价形同虚设。与此同时,构建和谐正义、尊重差异、合作共赢的教师教育共同体,还离不开发挥教师作为课程主体的积极性、创造性,最大限度地减缓福柯所谓的"渗透到毛细血管的权力"斗

---

① 吴康宁.从利益联合到文化融合:走向大学与中小学的深度合作[J].南京师大学报(社会科学版),2010(3).

争,理解吉登斯所谓"控制的辩证法"的教师身体化表现①。

(三) 树立关系正义立场,尊重差异、承认多元

在教师教育改革理念的引导下,教师教育的现实正发生改变。然而,现实的改变并不完全取决于人的主观意愿,自有其内在的实践逻辑。事实证明,教师教育实践的变革,仅仅从观念、制度的层面着手是远远不够的,必须直面教育行动与实践过程本身,正视行动本身的复杂性、情境关联性以及内在的实践逻辑性。真正与时代精神及教师教育的内在本质相契合的改革理念的力量无疑是强大的,给人以思想共鸣与热情感召并指引改革发展的方向。任何教育变革都并非真空中的试验,必然与特定场域及身处其中的行动主体的思维惯习、利益权衡等紧密联系,特别是与利益相关者群体的公平认知息息相关。教师教育改革作为一种社会实践活动,必然受社会利益关系的影响和支配;而社会利益关系即一种受权力关系制约的资源配置与占有的关系,权力的存在方式决定着教师教育实践的真实面貌和生存样态。本书第二章所分析指出的诸多改革阻抗及其成因并不完全属于分配正义的范畴。由于差异存在的永恒性,根本解决这些阻抗的途径也并非仅仅是在物质资源上对所谓"弱势群体"加以倾斜和补偿(比如,增加师范生人均教育经费等),而是需要树立尊重差异、承认多元、关注关系正义的新教育公平观,谋求不同权力之间的有效平衡和沟通理性;有勇气直面纷繁复杂的真实过程,有智慧穿越重重阻碍,更有一种精神和胸怀献身于教师教育这一崇高的事业。

---

① 例如,有关教师成长规律的研究以及欧美国家的教师教育实践经验都表明,采取"螺旋式上升"形式、突出专业体验的持续性是最有效的教育实践课程实施方式,师范生从去合作学校实地观察(观察中小学生特点,了解学校、班级的正常运作)到协助中小学教师开展日常教学,再到导师指导下独立开展教学,在从对中小学教育陌生到逐步了解再到完全适应的过程中,依序经历"教师专业角色认知""教师专业角色体验"和"教师专业实践演练"等阶段,循序渐进地积累教育现场经验。 这种符合教师专业发展规律的方式也有利于促进未来教师成长的环节更分散、形式更灵活的贯通式教育实践课程实施,需要以"理论与实践互嵌"的组织形式,将教育实践各环节都嵌入在理论课程中,才能确保教育专业体验的连贯性、实现理论与实践的融会贯通(比如,在教育学、心理学、学科课程与教学论等理论课程中,组织安排中小学课堂观摩、基础教育课题研习、中小学名师讲座等实践活动,突出和加强理论课程与基础教育实践的联系),而这无疑会加重师范课程教学的任务负担,引起教师对课程改革的阻抗。

1. 建立多元参与的改革决策体系，加强责任伦理

教育改革代价更多属于决策时未曾预料的意外后果，需要改革决策者加强制度建设，建立公开透明、多元参与的改革决策体系，科学决策、精心实施；需要改革参与者提高责任伦理，努力寻求合规律性、合目的性、合科学性的改革行动，力争将教师教育改革在为实现某个或某些目标的过程中产生的负面影响降至最低。正如主张关系正义论的美国学者艾利斯·马瑞恩·杨（Young, I. M.）所指出的，聚焦于分配模式的正义论并不能彻底地反省包括教育在内的社会非正义的不同面向，拘囿于"分配正义"的思维定式会将诸如决策结构和程序、劳动分工以及文化等方面的不正义置于分配正义的框架外。为此，杨在承认分配正义有其必要性的前提下，批判性地指出应以压迫和支配作为考察非正义的起点以转换正义的话语，尤其是从对分配模式的关注转到商讨与决策的参与程序上，这样的社会正义要求所有人能表达他们的需要，并使所有人实践他们的自由。①

2. 积极谋求不同权力之间的有效平衡和沟通理性

高师院校内部不同权力之间的相互制约与受阻，根本上源于现行大学教育体制下各种权力之间沟通理性的缺失。在大学体制变革中，首先需要寻求不同权力间的理性沟通，彼此用理性的语言论证，而不是用非语言的权力做出决策。当行政管理碰撞学术自由，学术"局外者"身份的行政管理者不能单凭行政管理效率做出决策；当学术自由碰撞行政绩效，行政管理"局外者"身份的知识分子则不能仅凭学术自由的呐喊孤立地推进课程改革。这有赖于学术力量与行政力量之间的理性沟通。赋予中小学参与教师教育课程决策的权力，同样需要高师院校与中小学之间谋求和谐有效的理性沟通。进一步地，需要谋求"分配正义观"与"关系正义观"的视域融合，减少相互间的歧视与偏见，真正地在观念和行动两方面制止和消除前述各种表现形式的"压迫"和"控制"，真正地尊重教师教育各利益相关者的价值，探寻"承认差异""促进多元""和谐共生"的教师教育改革与发展之路，为每一位教师（包括职前师范生）的自由成"人（师）"、为每一位教师教育工作者的自由而可持续的专业发展，提供文化支持和力量。

总之，任何教育改革都是艰难的，建立具有中国特色的教师教育新体系的

---

① 马晓燕.群体差异的公民资格与政治正义的实现——I. M. 杨的社会正义研究［J］.哲学动态，2008（7）.

第三章
公平原则的守护：教师教育改革风险防范

难度更是可想而知。"改革的进行需要各方面力量的积极参与，需要调动一切可资利用的资源，需要行动主体的积极的全身心的投入，需要在社会既有的规则基础上运作，需要在原有经验基础上进行不断地反思与重建。"①教师教育改革同样不是某一方力量或个人的美好意愿所能简单决定的，也是一个社会建构的创生过程。教师教育改革处在环境复杂、利益分化、矛盾多发、后果难以预测的"大转型"背景下；以人的全面发展为中心的个人本位价值观应是制度变革的终极关怀，"从代价视角看，人的发展本身才是大学制度设计与制度变革的终极价值关怀之所在"②；"在人与教育的关系中，只有适合每一个人的教育才是公平的教育，而只有教育本身是公平的才是一种实质性的教育公平"③。这无疑应该成为谋求新教育公平的教师教育改革的基本出发点。

我国教师教育制度变革及中国特色现代教师教育制度建构是极其复杂的系统工程，不仅需要通透把握中国教师教育的历史沿革，更需要立足本土文化并具有高屋建瓴的改革智慧。为尽量避免初衷美好的改革愿景在实施过程中产生不必要的代价，新教育公平理论视域中的优质教师教育需要理性面对各种两难困境，提高改革参与者的代价意识与责任担当，努力寻求合规律性、合目的性、合科学性的改革行动，自觉抵制各种排斥、羞辱、压迫、控制、贬低等非正派教育的现象，尊重不同教师教育者群体和受教育者群体的独特性、完整性，以促进每一位教师教育者和受教育者的个体生命与职业生涯的自由、全面、可持续发展为核心理想与终极价值。

---

① 王有升.学校改革的社会学研究简论[J].青岛大学师范学院学报，2005（1）.
② 王全林.大学制度变革中的价值本位博弈[J].高等教育研究，2006（11）.
③ 王建华.新教育公平的旨趣[J].教育发展研究，2017（2）.

二

教师教育制度变革：话语·意义·正义诉求

第四章
教师专业:话语建构与意义流变

"教师专业"是一个社会建构的话语乃至意义争夺的"战场"。在西方教育学术界,不同的研究视角透视出"教师专业"的不同意蕴。特质论关注教师的专业特质;冲突论聚焦教学专业的区隔;情境论审视教学专业的生成;关系论则围绕教师"去专业化"和"再专业化"的议题见仁见智。有关教师专业话语情境性、建构性和意识形态性的本土研究需要加强,并借鉴多元教育公平观,以历史的、开放的视野看待教师专业性。

自 20 世纪 90 年代以来,"专业(profession)""教学作为专业(teaching as a profession)""专业人员(professional)""教师作为专业人员(teacher as a professional)""专业化(professionalization)""教学专业化(professionalization of teaching)""专业发展(professional development)""教师专业发展(teacher's professional development)"等舶来之词在我国教育研究中频频"出镜",但对"professionalism"及"teacher professionalism"这一"西方专业家族"中"出镜率"更高的概念却少有研究①,有些阐释甚至令人费解②。

在西方教育文献中,"professionalism"在不同语境中至少有两种意涵:一是"专业品性",指教师工作的实践品质(包括专业知识、专业能力、专业服务、专业伦理、专业权力等核心要素),教师专业发展即致力于专业品性的提升;二是"专业主义",即与市场(market)和科层制(bureaucracy)并列的、组织社会工作的"第三种逻辑"③,在教师专业化运动中是不同于"工会主义

---

① 操太圣,等.论教师专业性的提升[J].高等教育研究,2005(1).许立新.教师专业主义的再认与重建[J].比较教育研究,2009(8).本文在最宽泛意义上将"teacher professionalism"译为"教师专业",具体语境中则译为"教师专业性"或"教师专业主义"。

② 如"教师的专业化(professionalization)发展和职业化(professionalism)共同构成教师专业社会化,职业化是专业化的必然结果,专业化决定了职业化的进程和水平"。楼世洲.教师的专业化发展与职业化进程[J].河北师范大学学报(教育科学版),2004(5).

③ Freidson,E. Professionalism:The Third Logic[M]. Cambridge:Polity Press,2001.

(unionism)"的一种意识形态,多被作为标语系统(system of slogans)和措辞(rhetoric),用以指涉教师职业的专门性和教师工作的高质量、高标准、高效率、高社会认可度,呼吁教师职业应拥有更高的从业标准、工作报酬、职业威望、工作自主权以及成熟的职业共同体等。

霍伊尔(E. Hoyle)于1974年提出用"professionalism"指称某一职业群体为提高职业地位、增加工作报酬、改善工作条件而调用的策略和话语修辞,用"professionality"指称从业人员在职业工作中运用的知识、技能、教学程序等。① 事实上,这两个概念很难明确区分,研究者们倾向于在"professionalism"中包含有关二者的所有宣称(claims)和论断(arguments),"teacher professionalism"也由此被广泛使用。然而,究竟何谓"教师专业"?其意涵发生了怎样的时代流变?这种意义变迁又何以发生?在不同的研究视角下,"教师专业"呈现出不同的意象。

一、结构功能主义视角下的"教师专业特质"

20世纪五六十年代,社会学研究将医生、律师等作为"理想型",归纳出一系列专业特质(如正式的全日制职业、专业组织和伦理法规、知识和教育、服务和社会利益定向、国家特许和市场保护、高度自治②),以此测量不同职业的专业化程度。研究集中于专业的功能(如满足社会分工需要、维持社会稳定等)和特点(如专业知识须经专业教育而得、以社会良善为宗旨等)。相应地,探究"教学作为专业"的本质特征以突出教学工作特殊性的特质论成为教师专业研究的主导取向;专业知识、专业责任与权威及专业自主权被视为教师专业性的重要维度。这一取向的研究所秉持的研究立场又可区分为两类。

---

① Hoyle, E. Professionality, Professionalism and Control in Teaching [J]. London Educational Review, 1974, 3 (2).

② 赵康.专业、专业属性及判断成熟专业的六条标准[J].社会学研究,2000 (5).

(一) 应然取向的"教师专业特质"研究

应然取向的教师专业特质研究集中关注教师作为专业人员应该具有的专业品性。哈格里夫斯(A. Hargreaves)和古德森(I. Goodson)总结了随着社会、政治、文化情境变迁而先后出现的五种意涵不同却互有重叠的教师专业话语:古典的(classical)、变通的(flexible)、实践的(practical)、扩展的(extended)、复杂的(complex),并提出第六种"后现代的(postmodern)""新的(new)"教师专业性。① 古典专业性以医生、律师等典型专业的特质为标准考察教师专业性,却忽视了教师专业可能受到的结构性限制;实践专业性鉴于教学工作从实践经验中逐步累积专业能力这一特殊性,将"实践智慧"视为衡量教师专业的重要标准,颠覆了传统的知识本位专业观,却同样忽略了更广阔的社会文化结构对教师专业的影响;扩展专业性针对教师只是基于经验而非理论进行实践的"有限专业人员(restricted professional)",强调教师应自觉阅读理论文献、加强同侪合作并积极参与各种教学专业活动;后现代专业性则强调教师应具备利他、尽责、正直、热情、善于合作、乐于学习、勇于创新、敢于担当等优秀品质,通过参与、合作、沟通、不断学习等展现出专业品质,将教学生活世界从教室和学校拓展到社区和社会。

(二) 实然取向的"教师专业特质"研究

实然取向的教师专业特质研究则着重分析现实境况中教师专业品性之不足。研究者认为,就社会功能而言,教学应该是专业,但事实上教学远未达臻专业特质标准,充其量只是"边缘性专业(marginal profession)"或"半专业(semi-professional occupation)"。造成教师只是"准专业人员(quasi-professional)"的原因很多②,例如:教学工作缺少一套系统化、理论化、普遍

---

① 哈格里夫斯和古德森并没有明确定义"变通的专业性""复杂的专业性"和"扩展的专业性"在内涵上亦有重复。 这里仅介绍古典专业性、实践专业性、扩展专业性和后现代专业性。 参见 Hargreaves, A. et al. Teachers' Professional Lives: Aspirations and Actualities [M] // I. F. Goodson & A. Hargreaves. Teachers' Professional Lives. London: Falmer Press,1996: 1-27.

② Etzioni, A. The Semi-Professions and Their Organization [M]. New York: Free Press, 1969. Lortie, D. C. School Teacher [M]. Chicago: University of Chicago Press, 1975.

化、可证实、可传递的学术性"圈内知识",也难以落实为可应用于教学实践、直接解决实际问题的专业技术;教师专业伦理不具有强制性;教师证照和资格认证存在漏洞,无法有效地筛选专业教师;学校组织科层体制的约束使教师的专业自主权极为有限;教学工作的低社会经济地位使教师只能以工会组织形式争取自身权益,却背离了特质论者所界定的"无私公共服务"的专业意涵;作为核心要素的专业自主性(autonomy)薄弱;等等。

二、冲突论视角下的"教学专业区隔"

20 世纪 70 年代,特质论受到挑战。冲突论者在符号互动论者对特质论提出批评[①]的基础上,进一步探究"教师专业"的社会、政治意蕴。

(一) 教学专业的社会藩篱与区隔

在冲突论者看来,专业是蕴含价值取向、与社会政治情境和人为制度设计息息相关的一种意识形态;有关专业特质和专业化条件的讨论恰恰忽略了社会政治在"地位群体(status groups)"构筑"社会藩篱(social closure)"中的作用。诸如医生、律师等专业人群基于共同的经验、旨趣、文化、信仰、生活方式等而形塑出特定的专业地位文化,凝聚成韦伯指称的"地位群体",由此产生的排外动机进一步导致"社会藩篱"。专业化是某项职业为保障和增进自身市场价值及实践行动正当性的一种策略,专业知识、专业伦理等不过是成功建立对于服务对象、协作组织乃至国家科层的权威性支配关系的手段,是权力竞争和实现社会藩篱的工具和无形资产,在特殊的服务市场中交换薪资、地位、身份等。帕金(T. Parkin)分析了两种形塑社会藩篱的策略:一是通

---

① 符号互动论者批评其混淆了"专业是什么"和"专业声称自己是什么",认为"如何'成为专业和专业人员'"是比"专业具有哪些特质"更重要的问题,因为"专业"并非客观中立的存在,而是社会建构的产物;各行各业都会声称自己符合既定的专业特质,争取获得现代社会中极具标签(label)价值的合法专业身份;专业化便是通过建立具备学术地位的科学知识体系和专业教育体系从而建构专业特质的连续过程。该研究取向强调研究对象不是"专业特质"而是"专业特质如何被建构",研究焦点不是"谁是专业"而是"谁能够把自己成功建构为专业"。

过专业教育将专业知识设置为独占市场的资产,合法地限制他人获得报酬和权益;二是执行专业证照和资格认证制度,以控制和监督专业准入。正是通过专业教育以及政府对专业证照的认证、发放,专业准入的条件得到控制,专业证照获得区隔价值和权威,独特的专业服务市场得以开启,特定职业群体赢得自我管理的权力和社会的认同进而实现社会藩篱。①

冲突论视角的研究不否认教师职业在社会功能上"应该成为专业",但更强调追问"教师专业"所涉及的政治、社会议题,例如,"由医生、律师等典型专业特质生发的专业标准是否客观?能否普遍适用于其他职业?是否适用于和教师进行比较?其背后是否蕴含意识形态霸权?专业知识和教师教育如何成为教师专业地位的资产?教师资格证书是否具有又如何发挥区隔功能?政府在教师专业区隔中扮演什么角色?"等等。奥兹加(J. Ozga)认为教师专业话语既是国家对教师施加职业控制的策略,也是教师群体自我保护和斗争的武器,本质上是意识形态的建构产物;惠蒂(G. Whitty)也指出,国家在教师专业性的界定中越来越扮演非同寻常的角色。

(二) 教育变革场景中的教学专业

近年来在西方学术界,冲突论视角的教师专业研究主要关注以下主题②:宏观层面的社会和教育变革对教师专业性及其核心向度的影响,如新自由主义和新管理主义背景下,学校重建、学校改进、课程改革、教师评价等如何建构或重构了教学工作和教师专业性;微观层面的教师工作和生活体验,即"成为教师,对我意味着什么?",如改革情境中教师个体是如何理解教

---

① Larson, M. S. The Rise of Professionalism: A Sociological Analysis [M]. Berkeley: University of California Press, 1977. Parkin, T. Marxism and Class Theory [M]. London: Tavistock Publications, 1979.

② Whitty, G. Teacher Professionalism in New Times [J]. Journal of In-Service Education, 2000, 26 (2). C. Day. School Reform and Transitions in Teacher Professionalism and Identity [J]. International Journal of Educational Research, 2002 (37). I. Goodson. Life History and Collective Memory as Methodological Strategies: Studying Teacher Professionalism [J]. Teacher Education Quarterly, 2008 (Spring). Swann M., et al. Teachers' Conceptions of Teacher Professionalism in England in 2003 and 2006 [J]. British Educational Research Journal, 2010, 36 (4). L. Evans. The "Shape" of Teacher Professionalism in England [J]. British Educational Research Journal, 2011, 37 (5).

师专业性的;行动层面的教师专业品质提升,即如何发挥教师的能动性、增进教师的专业实践等。这些议题都是值得深入探讨的教师教育理论与实践问题。

研究者在批判、反思教师专业性和专业制度的权力模式基础上,亦不乏对教师专业理想图景的勾勒。萨克斯(J. Sachs)认为教师应通过与其他利益群体协商、确定共同维护的价值、共同遵循的原则,建立基于合作的新型专业关系,成为能够掌控自己命运的"积极行动的专业人员(activist professional)",挽救式微的教师专业性;"积极信任(active trust)"和"生产性政治(generative politics)"既是教师主动争取和创造的产物,也是提升和更新教师专业性的重要途径。惠蒂则倡导"民主的专业性(democratic professionalism)",强调将教学专业放置于更宽广的社会场景中,关注各种利益相关者,特别是教师、学生、家长和社区成员等被排斥的群体,因为他们最清楚学校教育的真实状况,外行人士很难理解专业教师做出的教育决策。①

三、情境论视角下的"教学专业生成"

20世纪80年代,专业研究的"历史发展模式"对上述特质模式和权力模式进一步提出挑战,主张从情境论视角出发,研究教学专业的社会建构与历史境遇过程。

(一) 教学专业的社会建构

专业研究的"历史发展模式"批评特质模式和权力模式都是将"专业"视为一个同质的(homogenous)和普遍的(universal)现象,将不同职业放置于普适的概念架构下进行分析,这是方法学上的重大错误,充其量只能解释英美国家的特殊现象;事实上,各行各业都具有自身工作和组织的独特性,即使同一个行业,也会因身处不同社会、政治、经济制度和历史阶段而表现出不同的

---

① J. Sachs. The Activist Professional [J]. Journal of Educational Change, 2000, 1 (1).
[英]杰夫·惠蒂. 为"民主的专业主义"而辩护 [J]. 教育学报, 2006 (5).

形态,要真正理解特定职业的专业化过程,必须从其兴起和确立的历史背景及政治、经济制度出发,并考虑其所处科层组织结构。

研究者通过比较英、美律师专业,发现"专业意涵本身是在国家与公民社会的不同关系中逐渐被建构起来的"[①];"专业"一词在不同历史时期拥有不同的意涵,并没有一个普适于不同时空环境、达成普遍共识的清晰界定;专业的存在也无所谓"最基本条件"。例如,德语中"专业"一词的传统意涵是指受过良好教育的阶层,而非指专家和科学规划。在某些具有强烈中央集权体制特点的欧洲国家,原先并没有一个语词能够完全对应英美等国的"专业"一词。瑞典、冰岛则是从英语世界引入"专业"一词,用以描述中产阶级职业的社会形成过程,突出特殊的专门技能在社会生产和该职业群体社会地位向上流动中逐渐提高的重要性。

(二) 教师专业的历史境遇

该取向研究认为,教师专业性并非教师成为专业人员的充分条件,充其量只是必要条件;教师专业性既非静止的亦非普遍的,而是落座于特定的社会、历史情境中,用以表征和动员特定群体的利益;教师专业知能的有效性、可靠性及合法性都需要通过社会互动、冲突和妥协才能得以建构;在特定社会现实的基础上,教学要真正赢得合法的专业地位,必须将教师专业知能的有效性、权威性落实到具体关系中,如与教学内容、工作对象、分工制度中的其他协作行业、专业服务市场等的关系,形成制度化、常规化、具体化的组织程序,而这一整套专业支配制度的建立则取决于教师职业所处的政治经济结构、历史阶段、学校组织等情境性因素。

波普柯维茨(T. S. Popkewitz)从历史、社会、文化、权力政治等层面审视了教学专业的生成,有了以下发现:诞生于19世纪初期的美国教学专业话语和社会科学(特别是教育科学)的发展及其权力关系紧密相连[②]。当时,人们坚信科学可以带来社会进步和经济发展,社会科学界亦纷纷宣称社会科学

---

① Popkewitz,T. S. Professionalization in Teaching and Teacher Education: Some Notes on its History, Ideology, and Potential [J]. Teaching & Teacher Education, 1994,10 (1).
② Popkewitz,T. S. Professionalization in Teaching and Teacher Education: Some Notes on its History, Ideology, and Potential [J]. Teaching & Teacher Education, 1994,10 (1).

也完全可以和自然科学一样客观、精确;为应对迅猛发展的大众学校教育所产生的管理之需,实验心理学和行为科学迅速占据了学校教育和教学设计的主导地位(美国教育心理学家桑代克就认为中小学教师无力驾驭心理测试,必须由实验心理学家来设计课程);教学专业成为管理阶层、大学教授提出中小学教师必须接受大学教育、"教学"应成为独立学科的"措辞";教学和学校改进研究也更多地集中在学生群体测评和学校系统评估,男性主宰的教育管理阶层的权力、地位及收入等都远远高于女性为主体的教师阶层。香港学者曾荣光基于教师行业所处的特殊历史、政治、经济情境,分析了教师与国家科层权力控制及学校内部科层权力管辖的关系,探讨了香港教师专业化的两个重要路向:在与国家的权力关系上,香港教师应积极争取教师组织在重要教育决策中应有的参与权,改变对教师组织的排斥和只由香港特区政府与传统办学团体组成的"协作主义";在学校行政层面上,教师则应努力使同僚支配成为香港学校行政架构内的主要支配形式。①

四、关系论视角下的教师"去专业化"与"再专业化"

20 世纪 90 年代后,在历史发展模式的启迪下,专业与社会的关系、专业的内部关系以及专业工作、组织及人员正在经历"去专业化(de-professionalization)"还是"再专业化(re-professionalization)"等议题成为研究焦点。

(一)"教师去专业化"议题

早在 20 世纪 80 年代后期,批判教育研究者即关注到教师去专业化的议题,指出:19 世纪以降,众多教育改革只是引入越来越多的科层控制形式,在"专业化"的名义下,教学工作迅速被科层化,"防教师"的改革采取各种"表现至上"的技术理性手段,如目标管理、能力为本的教师教育、能力测试等;学校组织结构的理性化、教师聘用程序的标准化、课程政策的统一化

---

① 曾荣光.香港教育政策分析:社会学的视域[M].香港:三联书店(香港)有限公司,1998:48-53.

以及教师评价的数量化等严重侵袭了教师的课堂自主性,美国大众教育发展历史从来没有为教师真正的智力训练和实践反思提供过机会和条件;教师教育也不过是更多地关注实践导向的碎片化技能训练,极大地贬损了教师智识活动的价值,导致教师责任感下降,课堂管理技能取代了教学的伦理道德和智识意蕴。① 从课程发展中清晰可见科层化对教师责任感的削弱:1920年代的美国《教师手册》精致小巧,有"专业讨论""学生自传"等内容供教师在阅读教学中选用;1970年代的《教师手册》则充斥大量琐碎的"教学指令",诸如站在教室什么位置、如何组织课堂、如何评价学生等,对阅读教学本身的指导完全让位于对教学技能的指令。在新自由主义和新管理主义意识形态的影响下,当代教育改革不断提出"分权""解制",学校享有更高的财政自主和实地管理权,但也承担起相应的风险;市场机制的引入赋予了家长、儿童更多的选择自由,但也将学校置于无情的竞争中,导致教师压力重重;包括国家统一课程和评价、全国教师教育课程、教师绩效工资等在内的新型管理方式日益控制教学工作和教师,教师被要求承担更多的工作职责、扮演更多样的职业角色,如课程开发者、领导者、合作决策者等;虽然强调"为解决问题而教""学习是自我意义建构",但事实上教学只是程序性学习的管理手段,教师专业性受到严重削弱。

(二)"教师再专业化"主张

20世纪90年代后,关注"去专业化"议题的论者认为,当代社会各种专业实践的内容日渐机械、流程日成惯例、管理日益理性、方式日趋强制,专业人员越来越像技术工人,"普罗化(proletarianization)"现象②更加明显和普遍,专业团体不过是为争取权益而采取工会性质的抗争策略,专业在社会关系中的地位大为失落。"再专业化"论者则致力于重新唤起从业人员的专业意识,促使其自觉地将自我专业发展与组织目标相整合,走出"去专业化"的困境。

---

① Apple, M. Teachers and Texts [M]. New York: Routledge & Kegan Paul, 1986. Ozga, J. & Lawn, M. Interpreting the Labour Process of Teaching [J]. British Journal of Sociology of Education, 1988(9). Ginsburg, M. B. Contradictions in Teacher Education and Society: A Critical Analysis [M]. New York: The Falmer Press, 1988.

② 普罗化现象,指的是连续的工作因被切割为许多可简单重复完成的细小部分而渐趋破碎化,完成工作所需的心智成分大为降低。

教育研究者也倾向于考察社会变革和教育改革对教师专业的影响,"教师专业性的去存问题"再度成为教师专业研究中历久弥新却始终见仁见智的主题。针对"教师去专业化"的现实境况,"教师再专业化"论者寄希望于通过"新专业主义"帮助教师重新赢得专业自主。

对"教师再专业化"的新主张,批判教育研究者则针锋相对地指出:新专业主义在倡导扩展教师工作责任的同时,也造成教师工作量更加密集、工作形态愈发"去技能化",教师被迫参加更多会议、从事更烦琐的工作、负担更多新责任而更加像"纯粹的技术工人";"再专业化"不过是政府在管理主义意识形态下增加对劳动过程的控制,以"提高教师专业性"的名义而进行的教育改革,以破坏教师作为专业人员所应享有的自主权为代价,"教师专业性"成为统治阶层对教师施行的符号暴力。具体表现在:在市场管理逻辑中,教师责任扩展到行政管理和参与决策、同僚合作等,却相对减少了教师关心学生学习的时间与机会;管理主义的理念运用在课程、教学、教材、评价等方面,重视"表现"和"绩效",徒增教师工作负担,教师评价只是为教师问责提供证据,其中有关教师"是否清晰表述其教学目标""是否正确地遵循教学大纲"等工具性、程序性的考量更是严重贬损了教师的教学创造性和内在工作动力;在对"专家"地位的追逐中,教师努力使自己更具生产力,却忽视了阶级、经济与工作环境所带来的压力与紧张;等等。总之,全球资本主义背景下,局限于技术理性的教育改革以及琐碎而密集的教学工作导致教师设计课程、创造教学的责任被剥夺,自主决策的能力被降低,教学专业的社会、政治、文化脉络被模糊,日益技术化、常规化、碎片化、科层化的教学工作成为国家控制教师的意识形态工具,教师的"技术普罗化"①和"意识形态普罗化"②的程度都进一步加剧。③

可见,秉持结构功能主义的研究者寄希望于教师再专业化,强调教师专

---

① 指专业人员失去对知识和工作技术的决定和控制,在理性控制模式下受限于管理和绩效评估。

② 指专业人员失去控制工作和社会目标的决定权,在意识形态上认定自己的利益就是组织的利益,愿意合理化自身的动机并接受规训而成为科层体制的附属者、只能贩卖专业知识。

③ Ball,S. The Teacher's Soul and the Terrors of Performativity[J]. Journal of Education Policy,2003,18(2). Beck,J. Appropriating Professionalism: Restructuring the Official Knowledge Base of England's 'Modernised' Teaching Profession[J]. British Journal of Sociology of Education,2009,30(1).

业性必须被重新建构并趋于制度化和正规化;秉持社会批判立场的研究者则通过揭示"管理主义的专业性(managerial professionalism)""商业化的专业性(commercialized professionalism)""表现的专业性(performative professionalism)"等形形色色的教师专业话语正在取代建基于专业知识、服务伦理、专业自主之上的传统专业性,以及教师在"再专业化"的幌子下正经历着"去专业化"和"普罗化"的生存境遇,而寻求教师解放的可能空间。

(三)"混合效应(mixed effect)"的新主题

在教师专业性议题上,还有第三种学术观点,即关注二者的"混合效应(mixed effect)",认为当代教育改革背景下,教师同时面临"去专业化"的风险和"再专业化"的挑战,二者完全有可能同时存在。面对自上而下的教育改革,教师们的反应完全不同。某些教师会被"去专业化",另一些教师则可能在适应改革要求后重新确立自己的专业价值观、专业身份,重新赢得专业自主性。研究发现,如果教师认为教育改革能够促进其专业性,则其教学工作将有益于学生的学习;如果教师认为教育改革阻碍了其专业性,则其教学工作将有损于学生的学习。有关英国、法国、芬兰、荷兰、罗马尼亚教师的一系列研究也发现,教育改革并不必然导致教师"去专业化"。实施国家课程后,有些教师感觉统一的国家课程使得自己被"去专业化"了,另一些教师则发展出应对这种教育变革的策略;也有教师认为政府干预有助于减少自己不必要的工作任务,解放出更多的时间来从事自己认为重要的工作,比如备课、帮助有特殊需要的学生等;教师会对改革政策进行过滤和筛选,进而调整和改变自己的专业意识和信念。[①]

总之,作为一个社会建构的话语,"教师专业"的意涵并非一成不变,根本无法赋予其一个本质主义的定义,不同社会时空情境中,学者、行政官员、学校校长、教师、公众等不同的利益相关者对其意涵和发展路径会做出不同的

---

① Woods, P. Adaptation and Self-determination in English Primary Schools [J]. Oxford Review of Education, 1994, 20 (4). Helsby, G. Defining and Developing Professionalism in English Secondary Schools [J]. Journal of Education for Teaching, 1996, 22 (2). Smyth, J. Teachers' Work in a Globalizing Economy [M]. London: Falmer Press, 2000. Webb. A Comparative Analysis of Primary Teacher Professionalism in England and Finland [J]. Comparative Education, 2004, 40 (1).

阐释。作为科层制和市场之外的"第三种逻辑","教师专业"甚至成为意义争夺的战场,在多种力量的博弈中呈现充满矛盾、冲突和争议的多种形态。教育学视角的研究致力于提升"教学作为专业"的标准,包括专业知识、技能、价值等,提高教师工作的质量以及教师群体的公众形象;社会学视角的研究则致力于揭示教师专业话语所潜藏的意识形态权力垄断色彩。我们不仅需要在译介西方相关学术成果时充分理解教师专业话语的情境性、建构性和意识形态性,而且需要加强本土化研究,深入挖掘当代中国社会和教育变革情境中,政府、行政管理官员、中小学校长、教师及公众等不同利益行动者的诠释和体验,借鉴具有多样性、包容性和开放性的多元教育公平观,①认识到教师专业的话语建构与意义流变是一个历史的过程,将教师专业性视作一个开放而非封闭的知识、能力系统,以历史的、开放的视野看待教师专业性,兼容并包教师专业性的各个维度,鼓励教师个人自由地寻找各维度专业性共同成长的空间,并不断反思自己的专业成长,从而丰富和深化我国教师专业研究。

---

① 李金刚.多元教育公平观:新教育公平的题中之义——基于涂尔干社会团结思想的分析[J].教育发展研究,2017(2).

第五章
专业认证：制度创新与困境治理

作为一项新制度变革，师范专业认证制度改革在当前的制度环境下主要面临政府制度保障严重不足、高校接受认证主动性有限、认证机构专业独立性欠缺、社会公众参与意识薄弱等困境。破解困境的关键在于多元主体共同治理，推进法律规范建设、清晰界定政府职能、赋予高校自主权力、培育师范专业组织以及提高社会公众意识，特别是要积极建构和确立各利益相关者群体对这项新制度的文化认同，并保障专业认证过程的公平性。

21世纪以来，伴随我国教师教育改革的不断深入，有关世界各国教师教育认证、评估制度的译介和我国教师教育专业认证标准及制度建构的理论研究成果丰硕，围绕我国医学教育、高等工程教育等相关领域专业认证制度实施现状的反思研究亦日渐增多。为推进教师教育质量保障体系建设、提高师范类专业人才培养质量，我国部分省份自2016年开始，率先开展了师范专业认证试点工作。2017年初，在全国范围内开展师范专业认证的工作明确纳入国家教育行政主管部门的议事日程[①]；2017年10月26日教育部印发了《普通高等学校师范类专业认证实施办法（暂行）》，决定在全国范围内开展普通高等学校师范类专业认证工作。

---

① 2017年1月15日上午，在中国教育学会"教师专业发展研究中心"成立大会上，教育部教师工作司司长王定华表示，该司将从2017年下半年启动对师范专业进行专业认证。"全面推行教师统考后，师范专业不再直接拿到教师资格证，社会上有人担心这会淡化师范的专业性。针对这种顾虑，教育部教师工作司将从2017年开始对师范专业进行专业认证。认证优良的，经过一定程序，还可以颁发教师资格证；认证一般的，毕业生要参加资格考试；认证较差的取消举办师范专业的资格。""专业认证一律由中央财政拨款，不收取被认证单位一分钱。""要推进教师教育综合改革，加强教师教育体系建设，必须办好一批师范院校和师范专业。""王定华透露，教育部党组已决定，在'十三五'期间，我国现有的181所师范院校将一律不更名、不脱帽，聚焦教师培养主业。"参见刘博超.师范专业认证将于2017年下半年启动[EB/OL].（2017-01-16）. http://www.moe.edu.cn/jyb_xwfb/s5147/201701/t20170116_294915.html.

本章借鉴有关制度变迁的新制度主义理论①和新教育公平理论思想,结合观察、访谈等实证研究资料,分析师范专业认证制度实施中面临的困境与阻抗,提出破解困境、规避阻抗的治理对策,以期对在全国范围内顺利开展新公平取向的师范专业认证有所助益。

一、师范专业认证制度变革与制度理性诉求

在美国新制度主义经济学家道格拉斯·诺思(Douglass C. North)看来,制度"是一系列被制定出来的规则、守法程序和行为的道德伦理规范,它旨在约束追求主体福利或效用最大化利益的个人行为"②,"制度提供了人类相互影响的框架,它们建立了构成一个社会,或更确切地说一种经济秩序的合作与竞争关系"③。制度变迁则指"制度创立、变更及随着时间变化而被打破的方式"④,即制度框架的变革与创新。人的有限理性和资源的稀缺性制约着制度供给,当由于外界环境发生变化或者人的理性程度提高而打破了制度供给与需求之间的均衡时,现存制度便无法满足需求而遭遇合法性危机,由此催生制度变迁。师范专业认证制度即是对已面临严峻合法性危机挑战的我国传统行政性教师教育评估制度的变革。

---

① 1980年代在社会科学领域兴起的新制度主义(New Institutionalism),不同于社会学"三大鼻祖"之一、19世纪法国社会学家涂尔干(Emile Durkheim)开创的结构功能主义制度分析(强调制度对社会秩序的维系作用),而是将"制度"视作"镶嵌在既有意义系统中的一套相对稳定的规则系统和有组织的实践",侧重于从制度体系的内部结构与外部环境两方面分析制度本身的起源和变迁,强调导致制度变革的力量源自既有制度的合法性危机;而旧制度陷入合法性危机的根源即在于其所处外部制度环境和(或)内部制度结构发生了变化与调整。这种新的外部环境和内部结构亦即新制度需求的外生变量和内生变量。参见张永宏.组织社会学的新制度主义学派[M].上海:上海人民出版社,2007.
② [美]道格拉斯·C.诺思.经济史中的结构与变迁[M].陈郁,罗华平,等译.上海:上海三联书店,1994:225.
③ [美]道格拉斯·C.诺思.经济史中的结构与变迁[M].陈郁,罗华平,等译.上海:上海三联书店,1994:7.
④ [美]道格拉斯·C.诺思.经济史中的结构与变迁[M].陈郁,罗华平,等译.上海:上海三联书店,1994:225.

（一）以准入条件为重点的专业审批制度

长期以来，我国高校学科专业的设置、调整以及专业建设、人才培养质量的评估等都具有很强的政府行政指令性。师范专业也不例外。

首先，在专业设置上，主要执行备案—审批制度（即采用"高校申报—主管部门审核"的模式）。政府对专业设置的总体格局实行有力控制，实行"统一管理、分级审批"，专科（高职）院校的专业、本科专业和研究生专业的审批权分别在省级教育行政部门、教育部和国务院学位委员会。政府专业审批侧重于"准入"意义上的质量标准，即主要考察高校是否具备开设某专业的基本条件，高校通过政府审批程序后即具备开办该专业的权限资格，进而获得相应的办学资源。在以"准入"为重点的专业审批制度环境中，"专业"成为承载着课程、师资、教室、实验室等教育资源的实体组织，肩负了众多实体组织的现实利益。

其次，在专业质量评估及专业调整上，高校难以准确、客观地评估专业人才培养质量，也难以及时进行专业调整。在依靠行政专业审批的制度环境下，专业教育质量评估模式也是以行政为主导，政府作为评估主体直接组织实施各类评估，如本科教学评估、监控制度不健全，结果反馈不灵敏，与拨款、收费等资源配置相关的制度相对匮乏，政府各部门之间缺少信息联动，信息公开不充分，通过信息发布引导和服务学校、社会的机制尚未真正建立。高校因缺乏准确的市场劳动力需求信息而难以及时调整办学方向。

再次，在专业淘汰和退出机制上，缺乏问责等相关配套制度，使得高校无须对专业建设质量负实际责任。高校缺少外在选择性激励，又受限于较强的本位主义和路径依赖性[①]（即现有结构的惯性），即使专业设置与劳动力市场

[①] W. Brian Arthur 最先用"路径依赖（path dependence）"一词描述技术变迁中采用新技术往往具有报酬递增和自我强化的性质，旧技术则容易陷入恶性循环甚至被"锁定"在某种被动状态难以自拔（W. Brian Arthur. Increasing Returns and Path Dependence in the Economy [M]. Ann Arbor: The University of Michigan Press, 1994.）。其后，诺思用"路径依赖"一词描述旧制度对现在和未来的强大影响力，指出制度变迁的过程同样存在报酬递增和自我强化的机制，这使得既有制度的既定方向会在发展过程中得到自我强化，即过去的选择决定了现在可能的选择。参见［美］道格拉斯·C. 诺思. 经济史中的结构与变迁 [M]. 陈郁，罗华平，等译. 上海：上海三联书店，1994.

间存在明显的结构性失调,专业人才培养质量因各种原因受到严重影响,也大多缺乏主动优化结构的内在变革动力。

总之,长期以来,我国师范教育及其质量评估也是采取以准入为重点的专业审批制度以及招生录取、拨款、教育评价等一系列带有明显计划经济印记的管理制度①;新世纪以来的教师教育开放化改革在推动师范教育从封闭定向转向灵活开放的同时又未能圆满实现整体提升教师教育质量的改革初衷,教师教育体系渐趋庞杂、教师人才培养质量下降、专业素质远不能适应基础教育改革要求的师资数量却严重过剩等背离改革理想的问题愈益突出。正如研究者分析指出的,"当前开放型的教师教育体系,已经对教师教育管理提出了制度变迁与建构的诉求——转变政府在教师教育管理体制中的角色,建构基于绩效表现的教师教育认证评价制度,以回应和协调开放型教师教育体系中不同利益主体的诉求"。② 制定教师培养机构的资质标准、开展充分体现专业特色和要求的师范专业认证愈显重要而紧迫。③

---

① 我国自 1950 年代开始,一直采取与小学、初中、高中对口培养师资的办法,一次性地建立了包括师范学校、高等师范专科学校和师范学院、师范大学在内的三级师范教育体系。 然而,这个体系中的各级师范院校虽然属于独立设置,但是其质量评估却非依据专门的质量评价标准独立开展;各级师范院校只要分别达到中央教育行政部门制定的相应层次院校的各方面建设标准即被允许培养相应层次的师资,其教师人才培养质量评估也是参照 1990 年颁布执行的《普通高等学校教育评估暂行规定》,独立而系统的教师教育质量评估标准和法律规范一直处于缺失状态。 参见华东师范大学课题组.对实施教师教育机构资质认证和评价的思考[J].高等师范教育研究,2003(5).

② 张倩.新制度主义视角下的教师教育认证评价制度之建构[J].教育发展研究,2012(8).

③ 近年来随着我国开放型教师教育体系雏形初显,教师教育专业化改革不断推进,教师教育研究者们根据西方教师教育的发展经验,将教师教育认证评价制度看作开放型教师教育制度的一个重要组成部分,有关教师教育机构认证和质量评估的研究迅速成为教师教育研究的热点,关于西方国家教师教育认证评价制度的介绍与分析不断见诸各专业期刊。 参见朱旭东.试论建立教师教育认可和质量评估制度[J].高等师范教育研究,2002(5).黄自敏.中国近十年来对美国教师教育认证制度研究的回顾与展望[J].教师教育研究,2008(6).李瑾瑜.基于"专业标准"的教师教育:澳大利亚的实践与启示[J].当代教育与文化,2010(6).陈玲玲,等.加拿大教师专业教育方案认证制度[J].全球教育展望,2010(2).谢赛,等.葡萄牙教师教育认证研究[J].外国教育研究,2011(3).

(二) 以学习质量为重心的专业认证制度

发达国家在高等教育质量监控与评估中采取的专业认证(professional accreditation)①模式是由专业协会等合法机构对专业学习方案是否达到既定资质和教育标准进行认定,旨在确认高校专业教育的教学计划达到合格标准,为从事特定专门职业领域工作的预备教育提供质量评估和保障。它不仅在专业最初开办时对其办学条件等进行"投入性"初始认证,更注重在办学一定时间后对其专业教育质量、办学成效等进行周期性的"产出性"再认证,强调以学生学习结果(student learning outcomes)为重心。

当前,发达国家普遍从内外两方面加强教师教育质量监控、评估与保障制度建设:一是针对教师个体的职业资格证书制度和教师教育机构自己开展的课程与教学评价等;二是由第三方独立机构对教师教育机构的教师人才培养方案及课程与教学等开展专业认证。专业认证对学生接受师范教育之后获得的学业成就进行质量评估,而作为学习结果的外在表现既包括知识、技能、职业资格证书等"硬"成就,也包括态度、情感、能力、成功就业、融入教育社区等"软"成就。

作为一种起源于美国的"舶来品",专业认证于 21 世纪初被引入中国后,对我国高等教育的管理理念、教学模式、人才培养质量等产生了深远的影响。当前,我国教师教育在内部质量保障制度建设方面,已经制定、实施并正在逐步完善教师职业资格证书制度。但在外部质量保障制度建设方面,我国的教师教育管理专业化的制度建构已经远远落后于教师教育专业化的制度建构,产生了一种结构性张力,即"教师教育专业化制度的先行发展,需要教师教育管理制度进行相应的建构与发展,否则整个

---

① "专业认证"是一种相对独立而不可或缺的评估类型。"专业认证"的完整英文表述是 specialized/professional programmatic accreditation,直译成中文应该是"专门的/专业性的专业/教学计划的认证"。其中第一个"专业"(专门的/专业性的)对应于 professional,第二个"专业"对应于 programmatic,强调认证的对象是"教学计划"层面上的,以区别于院校层面上(institutional,为了证明整所学校的教育质量)的认证。简称"专业认证",更多地取 professional 的含义,即主要关注那些被公认为进入某特定专业或职业做准备的教育计划(区别于普通的文理教育专业)的质量,是由专门职业协会会同该专业领域的教育工作者一起进行的认证活动。参见董秀华.专业认证:高等教育质量保障的重要方法 [J].复旦教育论坛,2008(6).

教师教育体系就难以维持有效的制度化运作"①;而在教师教育管理制度体系中,随着教师教育课程鉴定制度的启动——以2011年《教师教育课程标准(试行)》的颁布为标志,教师教育认证评价已经成为当前教师教育管理制度体系中的"制度短板"。为此,有研究者呼吁:"构建符合我国教师教育专业化进程的教师教育认证评价制度已刻不容缓。"②然而,在制度变革中不仅需要关注制度的工具理性,更需要秉持制度的价值理性。制度的工具理性"解决的是制度由谁制定或谁有权制定、如何制定、如何保证制度的落实、如何对制度加以监督等问题,它确保制度的决策和执行能够遵循严格的程序性价值标准,按照既定的程序和秩序进行";制度的价值理性则是"指制度在制定时所选择的价值标准、所追求的目的应该合乎公正、正义的原则"。制度的工具理性的实现"依赖于制度实践活动中的一系列原则性的价值要求,以保证制度不被某个群体或者个人所操纵和利用,保证更多的人的利益不被制度的滥用所侵犯";制度的价值理性则"涉及以何种价值观来安排制度,它指导着权力、利益和义务的划分"。一言以蔽之,"价值理性是制度建构的根基,它相对于工具理性来说具有优先性"③。在没有价值理性作为根基、没有价值理性为工具理性提供精神动力和方向指引的制度环境下,个体的理性行动极有可能就变成为集体的无理性④。制度建构如果仅仅注重工具理性就会迷失方向,虽然制度建构要确保具有一定的灵活性、现实性和效益性,也不能忽视工具理性。"工具理性追求目标的达成,价值理性追求固有价值的承诺,二者之间并不必然对立,而是存在既相互对立,又相互影响、相互促进、相互转化的辩证关系。"⑤目前尚处于试点阶段的教师教育专业认证制度建设亟须从认证人员的构成、认证标准的制定、认证流程的实施等方面积极探索,以确保客观、公正、科学地开展教师教育专业认证,切实

---

① 张倩.新制度主义视角下的教师教育认证评价制度之建构[J].教育发展研究,2012(8).
② 张倩.新制度主义视角下的教师教育认证评价制度之建构[J].教育发展研究,2012(8).
③ 文军.制度建构的理性构成及其困境[J].社会科学,2010(4).
④ [美]曼瑟尔·奥尔森.集体行动的逻辑[M].陈郁,等译.上海:上海人民出版社,1995.
⑤ 文军.制度建构的理性构成及其困境[J].社会科学,2010(4).

提高教师培养质量,并提供更清晰的教师职业进入、晋升及生涯发展路径。①

二、师范专业认证实践困境与制度缺憾

师范专业认证制度的实施必然成为我国教师教育制度变迁中的重要事件。无论采取以政府命令和法律形式引入和实行的强制性变迁路径,还是采取因受新制度获利机会引诱而自发倡导、组织和实现的诱致性变迁取向,都会触及规则体系的转换,而转换又不可能在真空世界实现,只能是在旧制度体系尚未退出的环境下力求实现规则更替。由此,新制度在实施中就会因新规则体系与旧规则体系的摩擦、冲突而遭遇阻抗。当前,探索师范专业认证只可能是"双轨化"的制度转型,即师范专业认证制度(新规则)与专业审批制度(旧规则)并行;即使国家坚定地推进师范专业认证制度(即新规则很快取代旧规则),经验缺乏或决策局限也会导致新规则不健全或不配套,特别是当新规则触犯既得利益群体的利益时,更可能出现制度漏洞或制度短板。在现行制度环境下,师范专业认证制度的探索和推进主要面临以下困境。

(一) 政府制度保障有效性不足

奥尔森在系统研究了利益集团和制度变迁的关系后指出:"在边界不变的稳定社会中,随着时间的推移,将会出现大量的集体行动组织或集团。"②随之而来的是法律规则的日益复杂、政府作用的不断强化以及社会机制的不断僵化;而强大的既得利益集团则会利用自身所拥有的资源支配权力成功地控制规则的运作、新技术的采用以及新市场的准入等,从而维护既有制度、抵

---

① 任何一项制度的产生和建立都有其相应的制度环境背景,在引入新的制度(哪怕是所谓西方发达国家的成熟制度)时不能理所当然地照搬,而必须慎重审视我国现有的制度环境,对制度建构的适切性与合理性进行充分的论证,否则,即使引入了新的制度,也极有可能沦为"南橘北枳",背离制度变革的初衷。
② [美]曼瑟·奥尔森.国家的兴衰:经济增长、滞胀和社会僵化[M].李增刚,译.上海:上海人民出版社,2007:41.

触和抗拒各种新制度探索。可见,制度变迁的深层因素是利益问题,不同利益集团之间的较量与冲突对能否发生制度变迁影响巨大。① 我国与专业审批制度相关联的一整套行政性教育评估制度在长期运行中已经形成较为稳定的利益分配格局,而实施专业认证制度则可能会破坏原有的利益分配格局、危及行政性教育评估制度下的既得利益群体。

为了防范既得利益群体对专业认证制度创新的阻碍、维护教师教育公共利益,政府理应通过一系列政策、法规,为教师教育健康发展提供良好制度环境,为师范专业认证制度的真正实施给予必要的支持,切实履行政府职能。而当前我国尚未形成师范专业认证的一整套相关制度,试点的师范专业认证实践尚处于"摸着石头过河",更未形成有效的法律保障体系,各级教育行政管理部门制定的认证标准也未通过国家标准化管理委员会的批准并由其对社会公布,人们对师范专业认证制度实施的有效性和公信度尚未产生高度信任。比如,教育部教师工作司领导已在公开场合表示"认证优良的师范院校,其培养的师范生,经过一定程序,还可以颁发教师资格证;认证一般的(师范院校)的毕业生要参加(教师)资格(国家统一)考试;认证较差的(师范院校)则取消举办师范专业的资格",能否如此实践尚且不论,即使可以,也必须以具有完善的教师教育专业认证标准体系为前提。目前,华东某省教育厅已组织研制了学前教育、小学教育和中学教育专业认证标准(试行),均分为6个一级指标(专业定位与规划、课程建设与实施、教育合作与实践、教师素质与发展、办学条件与经费、学生素质与发展)和25个二级指标,突出了该省师范教育的基础优势和发展要求;明确规定"学校申请—材料评审—现场考察—认证报告—审定认证结论并公示—结论审定"的专业认证程序。各级各类师范院校若按照统一标准加强师范专业建设,固然可以在一定程度上体现教师教育作为精英教育的本质、达到全面提高师范教育质量的目的,也有助于我国师范教育与国际接轨。但我国各地经济、社会和基础教育发展水平极不平衡,若师范专业认证标准缺少细分,则很可能制约各地师范教育的个性化、差异化发展,无法适应我国基础教育发展存在巨大差异的现实国情。而要制定出既具有一定普适性、能够呈现我国师范专业发展水平和未来要求,又具有一

---

① [美]曼瑟尔·奥尔森.集体行动的逻辑[M].陈郁,等译.上海:上海人民出版社,1995:141-155.[美]曼瑟·奥尔森.国家的兴衰:经济增长、滞胀和社会僵化[M].李增刚,译.上海:上海人民出版社,2007:40-48.

定灵活性和公平性、能够关注到不同地区师范专业发展历程与未来发展趋势并尽可能对特殊地区给予特殊支持的标准及其指标体系,显然又极其不易。

如果全国范围内的师范专业认证工作将由国家教育部通过行政手段加以推行,虽然教育部及地方教育行政管理部门所持有的行政权威性能够使得师范院校高度重视、全力以赴准备并期待顺利通过专业认证,但这种带有强制性的"自上而下"的制度变迁更需要出台相关配套政策、法规以及恰当、有力的激励与惩罚措施,比如师范专业认证结果如何与院校的社会声誉、招生规模、经费拨款、学生申请教师资格证书等挂钩。唯此,师范专业认证才可能真正实现质量监控、促进质量提升的预期目标。

(二) 高校接受认证主动性有限

我国高校由于缺少充分的办学自主权,在自身发展和治理事务过程中,现代大学精神所要求的主动性、积极性总显得不够饱满。从华东某省开展的师范专业认证试点工作中亦不难发现,相关师范院校更多是被动(虽不能说总是消极抵触)地将接受评估视为不得不完成的任务;充其量是高校内部二级学院寄希望于"以评促建"倒逼学校高层和相关职能部门在认证的压力下切实改善师范专业的软、硬件办学条件而显得相对积极。高校消极、被动应对师范专业认证,出于自身发展需要而接受认证的主动性、积极性有限,主要有以下具体表现:

首先,基于利益考量而掀起较大规模的"组织化动员"。在某种程度上,鉴于我国"压力型动员体制"的意识形态背景,在透过行政命令而推行的师范专业认证中亦不乏明显的"国家动员式发展主义"特征。与本科教学评估非常相似,师范专业认证也是一项综合性评估,认证指标体系涵盖办学指导思想与专业定位、办学条件与经费、课程教学改革与师资队伍建设、学生素质与发展等关涉人才培养质量的诸多环节,在很大程度上也是对师范院校的全面检查;接受专业认证的高校也都围绕认证指标体系进行"全民大动员",充分运用组织力量,上下通力合作,与曾经在迎接本科教学评估中所体现出的"组织化动员"特征如出一辙。[①] 当然,在某省试点开展的师范专业认证中,由于

---

① 钟凯凯.大学评估运动:"组织化动员"的概念、特征与悖论[J].浙江社会科学,2012(5).

几乎所有师范院校的小学教育专业和学前教育专业都没有受近年来教师教育体制改革的影响而始终设置在教育科学学院(或教育学院),因此在迎接、准备专业认证的过程中,"组织化动员"现象更多地表现在院系范围内,发动全院、全系(小学教育系、学前教育系)教师加班加点、疲于应付地进行迎评准备工作。

其次,源于机制不畅而生发出"组织化动员失灵"现象。在中学教育专业认证准备工作中,某师大作为省属重点师范大学,多年前已率先成立了独立建制、实体化的教师教育学院,除音体美方向以外的中学教育(即语数外等共计十个学科方向的师范)专业学生均由教师教育学院负责招生、管理,师范生培养则秉持"双向强化、共同培养"的理念,意在"举全校之力,做优做强教师教育"。然而,很多认证准备工作涉及文理学科专业学院(因师范生的学科专业课程教学等工作仍由文理学院负责),而教务处作为职能部门下达给文理学院的准备工作,却因"师范生都不是我们的了"而遭遇或显或隐的抵触和阻抗;教师教育学院则因同为平级的二级学院,不仅无法行使教务处所拥有的职责权力,而且必须在文理学院的支持和帮助下才能完成教务处布置的相关工作,在不能及时得到支持、帮助时又往往不得不汇报教务处、希望教务处动用行政职权给予扶持……于是,工作效率明显低下,甚至出现"组织化动员的失灵",并没有出现"通过'组织化动员'的方式改变了群体状态,使平时潜伏的、模糊的、零散的力量状态变成爆发的、明晰的、集聚的力量状态"①的情状。

(三)认证机构专业独立性欠缺

为了确保专业认证过程免受外部因素的控制和干扰,保障认证的公正性、客观性、有效性和可信性,国际经验是由专业化的独立机构(如专业协会)负责实施专业认证;专业协会所具有的专业权威性不仅有助于规避利益关系、促进教育质量评估的专业化发展,而且有利于提高专业教育质量保障制度的规范性和公信力,从而成为政府、社会和高校相互联系的桥梁。

目前华东某省在师范专业认证试点工作中,认证机构是成立于1997年的该省教育评估院,该院"系某省教育厅直属的专门从事教育评估的机构,具

① 钟凯凯.大学评估运动:"组织化动员"的概念、特征与悖论[J].浙江社会科学,2012(5).

有独立法人资格。其主要工作职责是:承担教育厅研究确定的教育评估项目的组织实施工作;承担各级各类教育质量状况调查与评价工作;组织开展教育评估理论研究,参与教育评估政策制定;组织开展教育评估专业培训和咨询服务,指导基层教育评估业务工作;完成教育厅领导交办的其他工作","自成立以来先后接受委托或授权开展过20多项评估,目前正在实施的政府项目主要有:一是某教育现代化建设监测评估;二是研究生教育质量评估(含硕士研究生学位论文抽检评议,硕士学位授权一级学科点评估,省优秀博士、硕士学位论文评选);三是普通高等学校本科教学工作审核评估;四是独立学院专业建设抽检;五是高等职业院校人才培养工作评估;六是某省师范类专业认证;七是省示范性县级教师发展中心评估等"。

在我国高等教育评估市场尚未成熟的转型期,采取政府主导的教育评估方式,具有一定的合理性;教育行政部门直属的评估机构介于政府与高校之间,在一定程度上能够有助于实现政府职能转变,也有利于逐步培育专业评估机构、促进教育评估的专业化发展。但不能不承认,与政府部门"藕断丝连"的教育评估机构,其评估业务主要来源于政府委托,评估对象、指标、程序、经费等也主要由政府部门决定,评估结果甚至评估专家名单也须经政府部门审定和认可,评估机构更多的是具体承担组织、联络、服务等事务性工作,评估机构远没有成为评估活动中具有充分自主性和独立性的"第三方",评估机构的专业性发展也受限于此。① 某省教育评估院即属于我国各地近20年来根据政府职能转变的要求相继成立的教育评估机构,政府部门通过委托或授权其组织实施评估、认证活动,虽具有一定的独立性但相对有限,其专业性、独立性、自主性均亟待增强。正如吴康宁教授指出的,这类"由作为政府直属事业单位的研究机构改造而来"的"挂靠政府的智库","在目前情况下……一夜之间与政府完全脱钩还不现实",而将其"完全排除在决策咨询服务之外也是一种人力资源浪费","为此,相对合理的途径是调整这些研究机构与政府的关系,使之从实质上的'隶属'关系变为名义上的'挂靠'关系,以便最大限度地减少双方之间原本存有的千丝万缕的利益瓜葛";并且切实履行教育改革智库"独立研究"和"独立表达"的社会责任。②

可见,目前我国教师教育质量评估或师范专业认证均不是在教师教育专

---

① 冯晖,王奇.试析教育评估专业化[J].教育发展研究,2015(11).
② 吴康宁.教育改革需要什么样的智库[J].中国高等教育,2014(6).

业组织的管理下开展,相关行业规范无从谈起,与教师、教师教育专业相关的专业协会建设也远未成熟,甚至其自身的身份定位还较混沌,职能界限还较模糊,认证机构的专业性、独立性欠缺;作为中介性组织的权威性和行业自律也远未得到政府和公众的信任,中介组织作用甚微,尚不足以担负对高校师范专业教育独立进行专业认证的职责。

(四)社会公众参与意识薄弱

当前,我国社会公众对专业认证的作用和意义的认识非常有限,大多局限于将专业认证视为政府的教育评价行为,仅仅关心评估结果等信息发布者的权威性,并单纯依此来确认信息的可靠性;对专业协会等中介组织的认识则更加有限,对专业认证制度相当陌生。中小学校作为师范专业教育的"消费者"及其人才培养质量的重要评价者,在选拔、录用新教师时对"985""211"等高校外在标签的关注,严重削弱了师范专业认证的价值和效用。这又使得本应是专业认证制度的重要利益相关者的师范院校更是难以提出实施专业认证制度的强烈要求,这种外部环境的缺失也助长了高校应对专业认证的消极之态。

此外,现行高等教育质量评估制度形成的固定工作模式也会通过学习效应、适应性预期等机制进一步固化人的思维;而专业认证作为制度创新,必将冲击既有思想观念、工作模式、权力分配甚至可能伴随成本增加等风险。旧制度的自我强化和新制度的利益重组、高风险等特征都会使得人们更倾向于沿袭既有路径而不愿冒险另辟蹊径。①

---

① 当然,对新事物可能存在的利弊和风险也需小心谨慎。2017年12月,教育部领导在新闻发布会上表示92个"普通高校本科专业类教学质量国家标准"(简称"专业类国标")将很快公布后,即有研究者撰文指出"推出'专业类国标'需要格外慎重"。原因在于:第一,与工业生产逻辑如出一辙的"专业类国标"对专业人才培养的目标、规格、标准、课程设置、师资队伍、实践教学能力要求在国家层面做出详细、明确的规定,充其量只是"制器"而远非"育人";第二,"专业类国标"的做法与世界一流大学在本科人才培养中突出跨学科专业人才培养的崭新理念不相符合,也与我国高等教育行政管理部门创造性地提出的"新工科"概念自相矛盾。因此,研究者认为"'专业类国标'研制已久,教育部一直没有推出,这是谨慎和富有智慧的态度","推出'专业类国标'可能对中国高等教育发展、对创新人才培养造成较大阻碍","应当以古老的智慧,将'专业类国标'继续悬搁起来"。参见卢晓东.推出"专业类国标"需要格外谨慎[EB/OL].(2017-12-12). http://news.sciencenet.cn/htmlnews/2017/12/396904.shtm.

三、师范专业认证制度完善与共同治理

专业认证制度作为高校专业人才培养质量评估的一项制度创新,由于制度保障、主体力量等外部环境的缺失,在实施中会因明显的路径依赖而陷入"锁定"状态。破解困境的关键在于多元主体共同治理,强化内外动力机制的共同作用,形成自我强化,实现制度创新。

(一)推进法律规范建设,保障专业认证过程的公平性

新制度主义学者强调一项制度的合法性(legitimacy)来自于社会认可基础上建立起来的权威关系,具有合法性的制度才能够使组织接受特定制度环境所要求的行为模式。而一项制度正是通过三种合法性机制(即强迫机制、社会规范机制和模仿机制)对组织行为产生影响的;在社会制度的三大构成要素中,法令规章主要通过强迫机制来建立制度权威(即组织必须遵守国家制定的法律规章,否则就会遭到惩罚),规范、标准等则通过社会规范机制来引导组织行为(即形成共享的评价标准和行为方式进而导致组织趋同),文化认知则主要通过形成共享的认知框架和思维方式,令组织在面临不确定的环境时,能够自觉地模仿同领域中成功组织的行为。可见,任何一项新制度的建构,既包括确定制度合法性的法令规章,又包括确保制度执行规范化的章程、原则、标准等,还包括保障法令规章和规范标准之约束、引导效力的社会文化认同。

有研究者分析指出:"现代社会中,以法律法规的形式对社会实践的行为规则做出相应规定,已经成为各项制度建构和实施的基础","就我国的教师教育专业化管理的法制建构来说,当前急需《教师教育条例》的制定,以立法的手段来理顺政府、市场和教师教育机构三者之间的关系,确定它们各自在整个教师教育体系中的角色,这样它们才能以合法的渠道在制度建构和创新中发挥各自的力量。在此基础上,政府才能进一步推进教师教育管理的专业化和法制化的进程,建立教师教育准入制度、构建教师教育标准体系,规范教

师教育的过程、形成教师教育质量监控机制,最终以一种宏观的、间接的、隐形的作用方式来实现国家对开放性教师教育的质量管理和过程监控"①。

当前我国师范专业认证评价制度创新,除了需要建设明确告诉人们"必须做什么"、对行动者具有清晰约束力的教师教育相关法律、条例外,还需要就师范专业认证制度达成共识性的规范和操作指南。师范专业认证、评估的标准直接反映出不同利益相关者对教师教育质量的价值诉求,而若将标准和法规落实为具体的实践规范、转化为认证评估的方式和手段,便会遭遇公平的挑战,因为"反映不同利益群体的价值诉求的认证和评估标准,是无法通过单一的认证评估方法和手段来实现的"②,这恰恰要求在设计、建构师范专业认证评估标准、规范及操作方法时,都必须秉持多元化理念,尽可能客观、准确地反映历史、传统和现实教育条件等不尽相同的各级各类师范专业教育的质量,兼顾定量评价和定性分析、强调达标的结果性评价和强调改进的过程性评价、注重强制性的外部监督和注重自主性的自我评价、侧重办学软硬件的输入性条件评估和侧重办学过程与学生发展成就的输出性结果评估。总之,需要秉持多元公平观,协调和平衡不同评估内容、指标和方式对不同师范专业教育机构的适恰性。

(二) 清晰界定政府职能,限定行政性教育评估的作用

《教育部关于深入推进教育管办评分离,促进政府职能转变的若干意见》明确提出"推进管办评分离,构建政府、学校、社会之间新型关系,是全面深化教育领域综合改革的重要内容,是全面推进依法治教的必然要求"③。专业认证制度要求政府切实转变职能,通过一系列法律法规来保障专业认证制度实施的外部运作,为高等教育专业评估市场的培育提供良好政策环境;建立对专业认证机构进行"元评估"的监督机制,确保认证过程的客观、科学、公平和认证结果的有效、可信,从根本上保障专业认证制度的可持续性。

同样,就我国师范专业认证制度建设来说,当前急需《教师教育条例》的

---

① 张倩. 新制度主义视角下的教师教育认证评价制度之建构[J]. 教育发展研究, 2012 (8).
② 张倩. 新制度主义视角下的教师教育认证评价制度之建构[J]. 教育发展研究, 2012 (8).
③ 袁贵仁. 深化教育领域综合改革 加快推进教育治理体系和治理能力现代化[EB/OL].
(2014-02-12). http: moe.gov.cn. /jyb_xwfb/moe_176/201402/t20140212_163736.html.

颁布,通过立法理顺政府、市场和师范院校间的关系,确定各自在整个教师教育体系中的角色,促使其合法地在制度建设和创新中发挥力量;亟待我国各级政府、教育行政管理部门由师范专业的办学者转变为监督者,通过建立教师教育准入制度、构建教师教育标准体系,规范教师教育过程、形成教师教育质量监控机制,进一步推进师范教育管理的专业化和法制化进程,最终以宏观、间接、隐形的作用方式实现国家对开放性教师教育的质量管理和过程监控。

此外,制度经济学研究指出,利益集团间的较量是影响制度变迁的重要因素,利益集团拥有相关资源的支配权,为了确保能够继续获取和控制既得利益,常常会抵触和阻碍新制度实施。因此,必须限制现行教育评估制度中利益集团的职权,限定其权限范围。

(三) 赋予高校自主权力,促进教育质量提升的主动性

在新制度主义看来,对师范专业认证制度建设来说,相关法令规章的出台和认证评估规范的确立,虽然能够使得师范专业认证工作获得法律认可和外部强制力,但要真正发挥二者的效力,却离不开更为根本和关键的"文化-认知"要素,即与制度相符合的人的文化-认知模式;只有建立起这样的文化-认知框架,处于特定制度环境中的人才会将"以如此方式思考问题"成为"理所当然",从而超越法律和规范条文、形成一种具有道德模板意义的认知框架。因此,师范专业教育的相关利益者群体对"师范专业认证"这项新制度是否取得文化-认知意义上的共识,是否自觉采取这种认知框架下广为接受的组织形式和做法,是师范专业认证制度建设赢得内、外部支持进而得以顺利开展的先决条件。

可见,相对于法律和规范来说,文化-认知层面的制度建构对整个教师教育实践将产生更强大的引导和规范作用。为改变我国师范院校对专业认证、教育评估的消极被动态度,从需求出发对专业认证制度的实施与发展提供支持,就必须给予高校充分的办学自主权,着力培育人们对专业认证的文化认同,使之成为一种意义框架、认知模式和道德模板;促使高校能够从自身长远、可持续发展的视野出发,正确理解专业认证的价值,树立牢固的质量意识,自觉地将质量视为影响自身生存与发展的关键,主动地通过接受专业认

证来证实自身专业教育的实力和优势,并且进一步改善专业教育存在的不足。各级政府教育行政主管部门应将一些具体的教育管理、运营权限充分下放给高校,以使高校拥有可以进行创造性活动的充分自主权和独立性,强化高校的办学效益意识、绩效责任和自我负责精神;促使高校将师范专业认证看作加强决策成效、提高人才培养质量、改进管理工作效率等的重要手段,积极参与专业认证、主动提供客观真实的专业教育信息,实现专业认证的预期目标;并且切实依据专业认证评估的客观结果,有效、合理地分配办学资源,真正激发师范院校参与外部评估的积极性,由"要我评估"发展为"我要评估"。

(四)培育师范专业组织,发挥中介教育评估机构作用

培育师范专业组织,发挥其作为中介性教育评估、专业认证机构的独立作用,鼓励专业组织参与乃至独立实施高校师范专业认证工作是我国推进教师教育专业认证制度的关键。教师教育(师范)专业组织作为专业认证机构,其独立性、公正性、专业性和权威性使其能够较好地协调高等师范专业认证所涉及的各方利益相关者之间的关系,有力地保障师范专业教育质量评估与监督。因此,要切实推进师范专业认证制度,则必须建立起真正的教师教育专业组织(协会),在专业教育评估和质量保障中发挥核心作用。

教师教育专业组织(协会)在建设中应努力建立完备的自我约束机制和独立完成教育评估等任务的能力,以彰显自身的独立性;努力提升专业组织(协会)成员的教师教育专业化水平,以昭示专业认证、教育评估等活动的专业性、权威性;努力发动社会公众积极而广泛地参与师范专业认证活动并认真听取社会公众的意见,以保证专业认证的公开、公正。教师教育专业组织(协会)对高校师范专业教育独立开展专业认证,既要将课程教学与教师执业资格要求相联系,又要及时、充分地反映中小学校和社会公众对教师执业人员专业素质的要求;既要致力于提高教师专业人才的培养质量,也要着力于提升师范专业认证的专业性,不断完善我国教师教育专业组织和专业认证机构的独立性、公正性、专业性和权威性。既要有强调达标的结果性评价,也要有强调改进的过程性评价;既要注重办学条件、经费配备、师资结构等输入性条件,更要关注学生满意度和教师效能感等输出性成就。

（五）提高社会公众意识，加强公众的教育质量监督权

公众对专业认证制度的正确认识和积极参与也是专业认证制度创新所不可或缺的文化-认知要素，是专业认证顺利、有效开展的重要保障。

首先，需要充分发挥舆论的导向性作用。围绕师范专业认证制度改革、培育教师教育专业组织和专业教育评估市场等，对师范专业认证制度进行广泛宣传，向社会公众展现国外师范专业认证制度的优势和成果，帮助公众全面了解制度变革的目标、意义、现状等，形成有利于师范专业认证制度变革的主流舆论，不断提高社会公众对师范专业认证的认同和信任。

其次，通过多种途径激发大众参与教师教育改革的热情。赋予社会公众拥有对于师范专业教育的监督、评价权，并赋予公众参与师范专业认证活动的权力与机会，促使社会公众积极参与师范专业认证制度改革，也促使政府及教师教育专业组织更好地服务社会。

再次，切实依据专业认证评估结果有效分配教育资源。借此培育社会大众的文化认同，当师范专业教育的内外部评估形成良性循环时，社会公众也必将对师范专业认证评估制度形成良好的文化认知。这又将进一步激发师范院校参与专业认证和外部评估的积极性，自觉对师范教育工作进行常规、细致的评估，改进课程、教学的不足，从而实现以自主评价为主的师范专业认证与评估取代行政管理的制度变革与创新。

总之，制度是社会秩序的基础，当相对稳定的制度面临冲击时，其变化只能是演化的（evolutionary）而难以是革命性的（revolutionary），因为"历史很重要（history matter）"。新的师范专业认证制度变革必须尊重制度变革的路径依赖性，在现行高等教育专业管理的整体制度框架中，秉持多元公平观，努力协调各方利益相关者之间的关系，建立选择性的利益激励机制，并有效引导和管理社会公众的高等教育价值观。当前我国师范专业认证制度创新，不仅需要加快建设相关法令规章、规范程序等强制性制度框架，更应深入到文化-认知层面积极建构和确立教师教育各利益相关者群体对这项新制度的广泛而自觉的文化认同。这些都是师范专业认证制度创新谋求合法性的重要机制，也是走出当前认证困境所必要的治理之策。

第六章
教师交流:正义挑战与制度完善

　　义务教育阶段公办学校教师交流制度的正义性至少应表现为学生权利与教师义务相协调、教师权利与义务相平衡以及国家社会利益与学校群体利益相统一。当前我国各地秉持公平取向的教师交流政策虽然取得了一定成就,但由于利益主体的多元性和制度实施的复杂性,仍需深入践行新教育公平理念,从健全法律法规、优化制度措施、完善激励工具、凝聚价值共识、尊重教师自由权利、保障教师自由流动等方面进一步完善。

　　当教育均衡成为我国基础教育阶段的主要目标之一后,"教师交流(teacher flow)",或称"教师轮岗(teacher rotation)"便被视为实现教育均衡的重要手段而受到更多重视,成为由教育行政部门推动和主导的地区间或校际教师资源重新配置的一项人事制度安排。① 作为近年来在"统筹城乡义务教育资源均衡配置,实行公办学校标准化建设和校长教师交流轮岗"②改革背景下我国各地先后出现的一种教师"职业内流动"(即教师在不同学校或教育机构之间流动),当前各地的教师交流多表现为强制性向下流动(如从城市到农村、从发达地区到边远贫困地区、从优质校到薄弱校),不同于市场机制下的自由流动(即教师根据自身条件、按照利益最大化原则、通过市场寻找条件更优越的学校以获得更多更好发展机会,多表现为教师个体性的向上流

---

　　① 自1996年国家教委提出"要积极进行教师定期交流,打破在教师使用方面的单位所有制和地区所有制,促进中小学教师在学校和地区之间的交流"以来,建立健全义务教育学校教师交流机制、促进教师资源合理配置成为一项重要的教育政策;《国家中长期教育改革和发展规划纲要(2010—2020年)》明确提出"实行县(区)域内教师和校长交流制度";《国务院办公厅关于开展国家教育体制改革试点的通知》(国办发[2010]48号)将"义务教育学校教师校际交流制度"作为重大试点任务,指定北京、浙江、福建等地区进行先行试点;2014年9月教育部等三部委联合印发《关于推进县(区)域内义务教育学校校长教师交流轮岗的意见》,提出力争用3至5年时间实现县(区)域内校长教师交流的制度化、常态化。 可以说,我国教师交流政策已进入制度建设阶段,故本文聚焦于"教师交流制度"(而非"政策")。

　　② 中共中央关于全面深化改革若干重大问题的决定[EB/OL].(2013-11-15).http://news.xinhuanet.com/2013-11/15/c_118164235.htm.

第六章
教师交流:正义挑战与制度完善

动)。在政策规范和政府行政主导下,多年来全国各地教育行政管理部门为推进义务教育教师资源均衡配置和义务教育均衡发展,因地制宜采取多种举措,积极探索符合本地情况的义务教育阶段公办学校教师交流制度建设,得到广泛认同并取得一定成绩,但也出现了教师以"怠工"等消极形式抵触强制性教师交流政策的现象,可以说教师交流制度建设虽初见成效,但要实现制度目标依然任重道远。从新教育公平的理论视角出发,深入审思这一制度的正义性,将有助于这项制度的改进与完善。①

一、教师交流制度正义及其表现维度

道德正当性(伦理)是任何一项教育改革政策或制度的首要原则,也是其合法性与合理性的根本前提和保证。在政策、制度的政治、经济、文化、技术等多重维度中,道德维度具有绝对优先性,无论价值选择还是利益分配都应体现强烈的道德内涵。作为对社会政治、经济、法律、教育等领域中是非、善恶的道德认识和价值评价,"正义(justice)"意味着对个体及群体权利的尊重,"一视同仁"和"得所当得"是处理人际关系和利益分配最重要的正义原则,当然,只有在具体的社会历史条件和特定情境中才可能明确什么是一个人所"应得";制度正义(justice of institution,即制度的正当性或合法性)则是社会基本结构的正义,源于制度能够协调、平衡、兼顾各方利益,为社会各领域的秩序建构提供制度性保障,是真正实现个体自由、平等的必要条件。教师交流制度在追求"保护每个儿童的基本权利"的教育正义首要目标的同时,还必须能够保护每个教师的基本权利,能够协调、平衡、兼顾学生、教师、学校、地方、国家等各方利益,不偏袒任何一方。教师交流制度的正义性至少应表现为学生权利与教师义务相协调、教师的权利与义务相平衡以及国家社会利益与学校群体利益相统一。

---

① 21 世纪以来国内教师交流研究主要涉及:比较教育研究;我国各地(如北京、上海、浙江、安徽、海南、福建、黑龙江、江苏等)教师交流实践研究;教师交流政策合法性、执行过程与效果及其完善对策研究。基于伦理学、经济学、管理学等不同学科视角的研究也日趋增多。本文尝试拓展政治学、社会学视角,聚焦教师交流制度的正义性。

（一）学生权利与教师义务相协调

正义的制度在分配社会公共善和负担时以平等的权利为价值取向。受教育权是最基本的人权，神圣、优先且不可侵犯、不可剥夺。义务教育阶段的受教育权更是属于基本教育权利，即按照人参与缔结和创建社会的最基本、最重要贡献而享受的"按需要分配"的、自然的教育平等权利。正义的教育制度首先必须从根本上保证每个人平等的基本教育权利。然而，现阶段我国最突出的教育问题便是个人平等的教育权利和教育自由尚未得到根本保证，义务教育还存在城乡之间、重点校与薄弱校之间在教育资源（特别是师资力量）及教育投入上的巨大差异以及由此衍生的"择校"现象、流动人口子女的教育歧视等诸多问题，导致了一定程度的"教育不正义"（包括部分学生的基本受教育权利仍未得到基本保障、不能享有应有的教育资源甚至基本人权遭到践踏、学习自由被忽视等）。

教师交流制度正是为了改善乃至消除我国长期以来因"城市中心取向"和"精英主义取向"教育政策和制度而人为造成的教育不均衡和不正义的现状，通过城镇学校优质教师资源向下流动而实现区域优质教师资源共享，从而缩小区域内教育差距、推进教育均衡发展、遏制义务教育"择校热"现象、实现教育公平，依靠教师履行其应尽的义务而保障学生的基本教育权利。正义的教师交流制度应该能够保证学生权利与教师义务之间是协调一致的。

（二）教师义务与教师权利相平衡

为保障学生的基本受教育权，教师必须履行义务，但教师在履行义务的同时也需要得到权利的保障，因为只有"在平等基本自由权利基础之上实现权利、义务统一，公平分配社会基本资源"①并且保证制度之中每一个成员基本自由权利平等的制度才是正义和善的制度。正义是在调节人与人之间利

---

① 高兆明.制度伦理与制度"善"[J].中国社会科学，2007（6）.

第六章
教师交流:正义挑战与制度完善

益关系时"给予每个人其所应得"的德性①,与"权利"紧密相连,而"权利"又与"义务"须臾不可分,二者既是法律关系的核心,也是相互依赖、相互对立的法律关系内容。

"权利"是受权力和法律所保护的作为或不作为的自由,即"为社会管理者保护的权利主体必当从义务主体那里得到的利益"(又称权益);"义务"则是"必须且应该付给社会和他人的利益",是法律关系主体依法承担的责任,表现为义务承担者必须依法实施的作为或不作为(不同于"善行")。公正的核心意旨即权利与义务的平等交换②,"正义的主要问题是社会的基本结构,或更准确地说,是社会主要制度分配基本权利和义务,决定由社会合作产生的利益之划分的方式"③。正义的教师交流制度既应明确教师的交流义务又赋予和保障教师应享有的权利,对教师交流的权益和责任做出明晰规定,真正体现教师义务与权利的平衡。当前我国各地对教师交流轮岗制度实施中的人员范围、起始时间等做出了相应的规定(参见表6-1),虽有对交流教师的一些激励措施(参见表6-2),却少有对交流教师权利的保障措施。

表6-1 当前我国部分省份对参与交流轮岗教师的相关要求

省份	参与交流轮岗教师的相关要求
浙江	男50周岁、女45周岁以下,在同一所公办学校连续任职一般最长不超过12年的教师,每年有15%参与交流
陕西	男50周岁、女45周岁以下,在同一所学校连续任教满6年的专任教师均应交流。每年有10%参与交流,其中骨干教师不低于交流总数的30%
福建	所有在同一所学校任教达6年的教师,每年有10%参与交流,其中骨干教师不低于交流总数的10%

---

① 柏拉图认为"正义就是给每个人以适如其分的报答";乌尔比安也指出"正义是给予每个人应得的部分的这种坚定而恒久的愿望";穆勒亦认为"坚持给每个人应得之物的原则,不但是我们业已界定的正义理念中不可分割的一部分,而且也是正义感指向的正确目标"。参见[古希腊]柏拉图.理想国[M].郭斌和,张竹明,译.北京:商务印书馆,1986:7.[美]博登海墨.法理学——法哲学及其方法[M].邓正来,姬敬武,译.北京:华夏出版社,1987:253.[英]约翰·斯图亚特·穆勒.功利主义[M].叶建新,译.北京:九州出版社,2007:141.
② 王海明.公正平等人道[M].北京:北京大学出版社,2000:20-36.
③ [美]约翰·罗尔斯.正义论[M].何怀宏,等译.北京:中国社会科学出版社,1988:7.

(续表)

省份	参与交流轮岗教师的相关要求
河北	男50周岁、女45周岁以下,在同一所公办中小学任教满9年的教师。重点引导骨干教师向农村学校和城区薄弱学校流动,引导超编学校教师向空编学校流动
江西	除了距退休还有5年的教师外,所有在同一所学校任教达10年以上的教师,每年有10%参与交流,其中骨干教师不低于交流总数的20%
贵州	所有在同一所学校工作满6年及以上或学校学科岗位人员结构不尽合理有必要交流的教师,每年有10%参与交流,其中骨干教师不低于交流总数的20%

表6-2 当前我国部分省份对交流教师的激励措施一览表

省份	对交流教师的相关激励措施
浙江	从2017年起,义务教育学校教师评选省特级教师、县级及以上名师名校长时,被评选人须具有2所及以上学校的工作经历,且每所学校工作时间不得低于3年,或在农村学校有6年及以上的工作经历。对参与交流的教师,在评先评优、职称评聘等方面给予倾斜
陕西	中小学教师评定高一级职称时,必须具有农村学校任教1年或薄弱学校任教3年的经历。从2016年起,评选特级教师、县级及以上名师名校长时,参评人选须具有2所以上学校的工作经历,或在农村(薄弱)学校有6年以上的工作经历
福建	从2017年起,评选特级教师、名师名校长、学科带头人,须有2所及以上学校工作经历,且每所学校工作时间不少于3年,或在农村学校有6年及以上的工作经历
河北	城镇中小学教师评聘中、高级职称,应该有在农村学校任(支)教1年或薄弱学校任(支)教3年的经历
江西	从2020年开始,申报评县级及以上骨干教师、学科带头人、名师名校长、特级教师等时,应有3年以上农村学校或薄弱学校交流经历
贵州	城镇中小学教师评聘高级教师职务应有农村学校或薄弱学校任(支)教1年以上经历

这里,还需要特别强调保障农村教师的义务与权利相平衡。自全国各地

纷纷开展教师交流以来,"支教"①"对口支援"②"送教下乡"③等主要形式都仍未摆脱城乡二元结构背景下教师单向交流(即城市教师流向农村薄弱学校)的传统思路,在农村、薄弱学校连续任教的教师长期以来接受在职教育培训的机会原本就非常稀缺,这种"支持性"教师交流制度的思想认识具有一定程度的歧视性(虽然初衷是良善的)。教师交流轮岗的着眼点首先应该是这些农村、薄弱学校的教师,不应该剥夺他们通过到城市、优质学校交流工作一段时间从而增强工作热情、提升专业发展水平的同等机会。国家已高度重视这一问题,正式推动城乡教师交流轮岗工作。④

(三)兼顾国家社会利益与学校群体利益

"各种社会制度的实质是利益制度,是为了一定阶级、阶层、集团和一定

---

① 支教是指城镇教师到农村学校进行较长时间的服务活动。根据国家统一要求,目前各省也基本建立了支教制度。例如,河北省在《关于大力推进城镇中小学教师支援农村教育工作的实施意见》里规定:"城市市区每年应安排5%左右的城市学校教师下乡支教。"

② 对口支援是指两所学校建立长期支援关系,通常是城市优质学校与农村薄弱学校建立长期的帮扶关系;优质学校定期派相关教师到薄弱校进行支援服务。例如,新疆建设兵团在《义务教育学校结对帮扶实施办法》中鼓励和引导办学水平高的学校与办学条件薄弱的学校建立长期稳定的校际支援关系,通过"结对子""手拉手"等多种形式,推动优质教育资源共享。

③ 送教下乡指城镇骨干教师利用节假日等短期时间,到农村学校培训当地教师或讲授公开课,是一种短期教师流动制度。例如,安徽省建立了"城镇骨干教师讲师团",定期到农村进行送教下乡。

④ 2012年6月颁布的《国家教育事业发展第十二个五年规划》在关于"推动义务教育均衡发展"部分提出"均衡合理配置教师资源,县级教育行政部门统筹管理义务教育阶段校长和教师,建立合理的校长、教师流动和交流制度,完善鼓励优秀教师和校长到薄弱学校工作的政策措施。新增优秀师资向农村边远贫困地区和薄弱学校倾斜",但这种"对口支援"的做法仍未突破城乡二元结构的传统思维,不符合城乡一体化治理和公共服务均等化的新形势。为此,中共十八届三中全会《决定》从整体布局统筹全国城乡教育资源出发,提出"校长教师交流轮岗"。2013年7月,浙江省首先开启了城乡义务教育教师交流轮岗的尝试,随后,陕西、福建、河北、江西、贵州等省分别颁布了各自区域内义务教育学校教师校长交流工作的指导意见。2014年,教育部、财政部、人力资源和社会保障部颁布了《关于推进县(区)域内义务教育学校校长教师交流轮岗的意见》(教师[2014]4号),被视为"继十八届三中全会提出中小学校长教师交流轮岗以来,国家各级政府开始正式推动该项工作的信号"。参见袁桂林.如何防止城乡教师交流轮岗制度空转[J].探索与争鸣,2015(9).

人的利益而制定的。"①"处理事情合情合理,不偏袒任何一方"的所谓"公平"②即指相互间的给予与获取大致持平的平等互利,同时还包含有对待两个或两个以上的对象时的一视同仁。个人劳动活动创造的社会效益与社会提供给个人的物质精神回报之间应该是平衡、合理的。

因此,以学生和教师的利益为根本出发点的正义的教师交流制度还应表现为国家社会利益和学校群体利益的统一,应该面向全体教师而非仅仅青睐部分教师,比如精英教师群体,应该为全体教师谋福祉而非仅仅将权益赋予部分教师却忽视另一部分(甚至是大部分)教师的权益,比如制度对每一位教师在教育工作中的平等社会价值的尊重及激励作用等。

二、当前我国教师交流制度面临的正义性拷问

"正义"概念内涵丰富亦多有歧见,不同理论流派对社会制度应秉持的正义性原则见仁见智。自由主义正义观强调个人权利和自由,社群主义正义观则突出集体、社群、普遍善等公共利益;"分配正义"强调"自由交换""应得""需要""补偿"等原则,"社会正义"则凸显基于公民身份的"平等""认肯"等原则。但作为一个典型的关系范畴,"正义"的标准只在具体境遇中才具有效力已是基本共识。从制度正义的视角对当前我国各地实施的教师交流制度进行深层次的伦理考量有助于制度的进一步完善。

(一)是否每一位学生都真的能够从教师交流制度中受益?

毋庸置疑,教师交流制度的正义性在于维护每一位学生的基本受教育权、彰显教师职业的公共性。然而,从保障学生基本受教育权的角度看,当前教师交流制度面临的正义性拷问即是否每一位学生(包括流出学校和流入学校的学生)都切实地从该项制度中受益,每一位学生享受优质教育的受教育

---

① 苏宏章.利益论[M].沈阳:辽宁大学出版社,1991:170.
② 中国社会科学院语言研究所词典编辑室.现代汉语词典[M].北京:商务印书馆,1996:436.

权是否通过该项制度真正得到了保障?

从目前制度实施的情况看,对流入学校的学生而言,现实中由于主客观多方面原因,大多数交流教师并没有真正将流入学校作为自己履行义务、服务学生、施展才华、实现价值的舞台。主观方面,教师作为经济人,都有使自己行为最大化的倾向,交流教师参与交流的积极性、交流之后的工作主动性等并不强烈,普遍存在"过客"或"镀金"心理,甚至有相当一部分交流教师是出于晋级、评职称等个人利益原因而把参加交流作为手段,表现出明显的"生存战略"选择行为(即"比自己可能做的做得更少"①)。客观方面,交流教师真正执教的时间太短,甚至只有1—3个月,特别是以支教、培训和相互交流等为纽带的教师交流模式,如城市教师到农村支教、通过网络信息交流平台对农村教师进行网上培训等,因此,他们很难在短时间内充分了解流入学校的管理制度、领导风格、教学环境、教师文化、学生特点等,从而开展有针对性的教育教学工作;甚至一些学校为了完成教师派出任务而选派那些在本校工作中业绩不佳者(访谈中很多校领导都坦言"出现这种情况是必然的"),也有调查发现"参与交流的城区教师并非理想中的优秀教师",而是以资历浅、职称职务低、非业务骨干的青年教师居多,农村薄弱学校更难有优秀教师流入。② 可见,因学校不得不执行行政指令性政策而出现的"缩小地域型""锻炼青年型""末位淘汰型""见机谋利型""损弱补强型""排斥异己型"等形形色色"消极轮岗"现象,严重削弱了教师交流制度的实施成效。

另一方面,对于流出学校的学生而言,如果任教于自己班级的中高级职称教师或"教学能手"等优秀教师突然被强制性地调离,是否也有必要将其可能受损的权益及其补偿问题纳入制度设计的考量之中呢? 总之,这种短暂性、临时性、功利性特点明显的教师交流能否真正惠及所有学生,是教师交流制度正义不得不面对的拷问。

(二) 是否每一位教师的权益都能够受到制度的保护?

不同教育阶段、不同类型学校的教师职业具有不同程度的公共性,需要对不同类型教师的权利和义务进行区别规范。我国《教师法》规定"教师是履

---

① 王正惠.教师交流政策目标悬置分析[J].教育发展研究,2015(18).
② 王凯.城镇优秀教师流动难的现状、原因与对策分析[J].教育理论与实践,2013(17).

行教育教学职责的专业人员""学校和其他教育机构应逐步实行教师聘任制""教师的聘任应当遵循双方地位平等的原则,由学校和教师签订聘任合同,明确规定双方的权利、义务和责任",但仅以"专业人员"来界定义务教育阶段公办学校教师的职业身份远未体现其所具有的强烈的公务性特征。义务教育是国家兴办的公共事业,义务教育阶段公办学校教师应遵守相关法律规定、自觉保障教育公平和提高教育质量,其待遇则由国家财政保障。

由于对义务教育阶段公办学校教师的职业身份缺乏明确法律定位,我国《教师法》只是笼统地规定教师享有教育和科研权、对学生的评价权、获得报酬待遇权、参与管理权、接受培训权等五类权利,并未清晰阐释义务教育阶段公办学校教师应该履行的义务和应该享有的权利,更没有能够前瞻性地规定教师交流轮岗的责任和权益。特别在学校实行教师聘任制的现行人事制度背景下,目前各地教师交流制度建设中对教师权利和义务的分配不可避免地存在不同程度的失衡,制度分配给教师的义务明显地大于教师所应享有的权利。

随着国家对推进教育均衡的决心和力度加大,各地在教师交流制度建设中亦越来越多地出现"刚性交流模式",即教育行政主管部门以颁布相关政策文件的行政命令方式,硬性规定教师交流的人员构成、条件、年限、程序等,甚少考虑教师的个人意愿。比如,一名教师在一所学校连续任教几年后,教育行政部门就安排其轮换流动到其他学校任教的"定期轮岗"是教师刚性交流模式的典型做法,目前普遍采取差异补偿方式,对交流教师给予一定的经济补偿和荣誉奖励,如每人每月发若干元的交通费和生活补助费,在参评市级及以上综合性先进荣誉时优先照顾等。然而,虽然制度实施中有补偿性措施,但由于在人生必经的不同阶段,教师生活需求的内容、重心等都会有所不同,特别是那些在政策规约下被迫参与交流的教师,不得不离开熟悉的工作环境、进入陌生的人际氛围,可能还会因工作地点变动而需要支付更多的交通费用等,其家庭生活和子女成长、教育等也受到影响,由此而遭遇包括物质、精神、心理在内的利益损失。相比政策提供的收益,如职称评聘、荣誉授予的优先权等,这些损失亦是教师应该享有的基本权利。又如,作为知识分子的中小学教师,对学校办学理念、组织文化、领导风格的认同以及对学校同事情谊的依恋等,往往都会转化为自我专业发展的精神动力。在目前教师交流制度推进过程中,各地积极探索的"教师全员合同聘任制""无校籍管理"

"教师由'单位人'变为'系统人'"等举措如何更好地顾及教师的精神需求(如学校归属感、自我实现的需要等),亦是对制度创新智慧的考验。若教师交流制度忽视了不同生涯发展阶段教师包括生活需求和精神追求在内的个人权利诉求,仅仅以刚性指标化的方式推动和实施制度,则很可能导致教师隐性流失,最终损害学生的受教育权益。

总之,教师交流制度如何兼顾交流教师的工作和生活实际、充分顾及教师的个人权利、体现"以人为本"的精神?这不仅需要制度设计的智慧,更需要具有制度正义的胸怀。当然,教师权益的保障和获得又是以不侵犯学生权利为基本限度的。

(三) 是否兼顾每一所学校的利益?

教师交流制度本质上是"一个教育利益再分配的社会工程"[1],不仅关乎教师个体利益的变化,而且关乎学校利益的增减,甚至还关乎教育主管部门的利益。

对学校而言,目前我国教师交流制度的主要目的是通过城镇、优质学校教师向农村、薄弱学校流动而推动城乡教育、区域教育的均衡发展。在这种目标导向的政策驱动下,城镇学校和优质学校将在一段时间内损失一部分优质师资和多花费一部分教育经费,并且还要承担教育教学质量有可能下降的风险。然而,目前在很多地方,考核学校甚至地方教育部门工作业绩的主要甚至唯一指标仍然是升学率,对于特定学校和地区来说,优质教师流出或薄弱教师流入都将有可能影响学校的教育业绩(或许还不仅仅体现为升学率),进而影响学校及地区的其他利益。如果教师交流制度本身不能兼顾学校、地区作为利益主体的利益诉求,那么,这些利益损失(哪怕是相对利益剥夺)都会引发学校自身以及地方教育行政部门的不配合、不支持甚至是抵制。有研究者指出,城市学校校长派遣教师的决策动机不是以实现"平衡城乡师资水平、提升农村教学质量"这一目标为基础,而是"力图使自己或学校的收益最大化","'农村学校成了城里年轻教师的练兵场'就成为农村校长对城市支教

---

[1] 蔡明兰.教师流动:问题与破解——基于安徽省城乡教师流动意愿的调查分析[J].教育研究,2011(2).

的普遍评价"①。

此外,目前我国各地实施的教师交流轮岗制度主要是在追求区域教育均衡发展的目标导向下由教育行政部门刚性推进和开展,显示出明显的城市学校教师向农村薄弱学校的单向流动特征,而非县域教师群体依照学校资源配置的需求和教师专业成长的需要实行柔性合理流动。"这样的流动或许能在统计学意义上获得教育公平的假象,但并不能在真正意义上推动教育的公平与均衡发展,这与实行校长教师交流轮岗的初衷是相背离的。"②

教师交流制度是国家为了缓解我国历史形成的教育严重不均衡现状而下决心大力推进的一项教育公平政策,正因如此,教师交流制度从一开始就表征出强烈的国家意志,更多地体现出国家和社会的利益诉求;虽然同时也兼顾了教师的某些个体利益,但制度本身并没有形成国家(社会)、学校和教师各方的价值共识。特别是当前中国教育场域存在极其复杂的利益博弈,要实现教师交流制度的良善初衷,则必须在摆脱既得利益束缚的前提下继续讨论"教师交流制度是否真实、准确地反映了大多数教师的共同利益""是否会迫使教师不得不隐藏自己的平等自由意志进而逐步丧失教师自主和制度民主""国家代言的社会利益如何才能真正转化为民众的共同利益"等深层次的问题。

三、教师交流制度正义的优化与提升

"正义"是对社会权利和社会义务的公平分配或安排,以及作为此种分配或安排秩序之前提的、对个体平等身份的承认与尊重,这是任何一项社会制度都必须葆有的最基本的道义品质,其核心旨趣是权利、义务与公平三者的内在统一。"权利"是一定社会制度尤其是法律所给予的人(自然人和法人)的自由和利益;"义务"是一定社会制度所确定的人(自然人和法人)对他人或社会必须做出的贡献;"公平"则是指社会制度的合理适当与个人的正当无私。囿于利益主体的多元性和制度实施的复杂性,面对制度正义性拷问的教

① 王正惠. 教师交流政策目标悬置分析[J]. 教育发展研究, 2015 (18).
② 陆福根. 城镇化背景下教育公平热点问题刍议[J]. 中国教育学刊, 2014 (5).

师交流制度有待健全法律法规、优化制度措施、完善激励工具、凝聚价值共识,方能化解困境、顺利推进。

(一)健全教师法规,明确教师职业身份

近年来虽然各级政府部门先后出台政策措施引导教师轮岗交流,但多以宣传鼓励为导向,并不具有法律效力。教师职业的法律身份是涉及教师权益保护的首要议题,但由于我国义务教育教师法律身份不明,教师交流政策甚至遭遇一定程度的合法性危机。有研究者指出,当前我国各地教师交流政策制定和执行的主体都是各级政府及教育行政部门,直接强制中小学教师轮岗交流既违背《教师法》关于教师聘任制的规定,也违背以市场作为教师资源配置基本手段的原则,既剥夺了学校作为教师聘任合同法律关系的主体地位,是政府的"越位"行为,也是对教师正当权利的剥夺与合法权益的损害。① 在现代社会,教育成为一项重要的公共事业,这使得教师的权利和义务也具有了很大程度的"公"的性质(同时仍具有"私"的性质)。义务教育阶段公办学校教师的权利应该既包括基于公民身份而享有的权利和基于教育专业身份而享有的权利(即教育权),还应该包括基于国家公务人员身份而享有的权利。而教师交流制度则主要涉及教师作为国家公务人员的权利与义务。因此,加快修订《教师法》,明确义务教育阶段教师的职业身份及权利义务,是确保教师交流制度正义的前提。

世界上很多国家都在法律上明确义务教育阶段公立中小学校教师的职业身份为国家公务人员,并建立相应的职业保障法律机制,有效保障了义务教育阶段优秀师资的充分供给。教师聘任合同的主体是作为自然人的教师和作为国家公共教育机构的义务教育学校,教师与政府(教育行政部门)双方构成平等法律关系;义务教育阶段公立学校教师充分享有国家保障的俸给权、退休金领取权、抚恤权、保险权、职位保障权、福利互助权、出差请假及休假权、生活津贴权、年终考核晋级加薪权、获奖励权等合法权益,同时必须履行相应的义务。例如,日本法律规定公立基础教育学校(小学、初中、高中及特殊教育学校)的教师(包括校长)属地方公务员,其定期流动(又叫"转任")

---

① 郝保伟.教师流动政策的合法性缺失及其重建[J].中国教育学刊,2012(9).

即属于公务员"人事异动"(如迁升、调离、流动换岗及自然减员、退休等人员变动)的范畴,有规范、完善的管理制度和法律。①

义务教育学校是国家运用强制手段通过公共财政来扶持发展的一种公共性服务机构;政府是义务教育的举办者和提供者,义务教育学校教师是政府提供这种公益性产品的具体责任担当者,履行国家通过法律法规规定的教育教学义务。义务教育学校的特殊性质决定了其教师的法律地位,然而,目前我国相关教育法律"并没有明确规定义务教育阶段教师与学校的聘任合同属于何种性质,也由于义务教育学校没有独立的经费来源,尚不具有完全意义上的法人资格,造成了义务教育学校教师身份定位模糊"②。因此,修订《教师法》不仅是当前建设教师职业保障制度的重要环节,也是完善义务教育阶段教师交流制度的必要前提。国家应通过立法正确界定义务教育阶段公办学校教师的法律身份③,明确其人力资本国家所有权并赋予其作为国家公务员所应享有的权利、规范其所应履行的义务,统一其聘任主体和人力资本的收益标准等,在维护教师职业自主权的前提下维护学生的受教育权、彰显义务教育教师执行国家教育公务的特殊性和教师职业的公共性,进而在明确的法律规范下逐步通过教师"无校籍"管理等制度,规避教师个体将晋职晋级、职称评聘等激励手段异化为利益追求目标,将支持、扶助、示范、引领薄弱校教育工作的应尽义务("理应干好的本职工作")美化为"奉献""爱心",最终实现教师资源均衡乃至无差异。

(二) 兼顾各方利益,发挥制度激励作用

通过修订《教师法》等法律文本、建立义务教育教师公务人员制度的改革来保障教师交流制度的合法性,需要时间和成本。大多数制度变革也只能是

---

① 彭新实.日本的教师培训和教师定期流动[J].外国教育研究,2000(10).
② 陈亮,陈恩伦.义务教育学校教师法律纠纷预防省思[J].教育科学研究,2015(12).
③ 西方国家义务教育教师的职业身份有多种类型,如法国、德国、西班牙、葡萄牙、希腊等国的职业公务员(career civil servant),荷兰、芬兰、比利时、匈牙利、塞浦路斯等国的公务人员(public servant),英国、意大利、爱尔兰、丹麦、瑞典等国的雇员(employee)[参见李晓强.欧盟成员国中小学教师职业保障制度研究[J].教师教育研究,2007(6).]。本文暂不对我国义务教育教师职业身份的准确定位展开深入探究,但无论定位为何,只有明确法律身份,才可能切实规范教师义务和有效保障教师权益。

调整现有利益格局,很难实现"帕累托改进",但制度变革既不能停滞不前亦不能因噎废食,因此,在修订、完善《教师法》的过程中还需兼顾各方利益、注重发挥制度的激励作用,力争达臻制度实效。

调节利益关系是社会制度的核心要义,国家教育制度的目标即实现教育权利和资源、利益的公平分配。我国教育改革已进入"深水区",改革焦点集中到制度变革,无法回避政府管理部门、区域、学校、教师、学生及其家庭等多方利益相关者之间的利益调整与权责博弈;教师交流制度建设的核心亦即重新调整和分配政府与学校、教师的权利、义务和责任。因此,在肯定义务教育教师交流制度是实现义务教育均衡发展目标的必然选择这一道德正义性的前提下,必须清醒认识当前我国城乡之间、不同学校乃至不同教师之间在经济、社会、文化等各方面都存在明显差距这一现实国情,充分考虑特定地区的经济社会发展水平和人民群众实际心理承受力,采取渐进性制度变迁模式,兼顾各方利益(比如,交流教师的选择应充分考虑教师个人的身体状况、家庭负担等,交流服务期限应根据不同形式而给予弹性调整,交流教师的管理应加强教育行政部门、受援学校和支援学校三方有效衔接,以保持和提高教师的归属感等),最大限度地减少因强制推动教师交流而给学校、教师、学生等各方利益主体带来的心理冲击或不适。当前主要的激励工具(如评优晋级时优先评聘、发放轮岗津贴、惩罚不按要求完成轮岗任务者等)都是针对流出教师的,缺少对流出学校的激励,也缺少对受援学校教师的激励,比如,当前教师交流制度对流出教师的津贴补偿和其他激励措施,在受援学校教师看来,不仅"心里很不舒服""好像我们很无能、无用",而且"不公平"("为什么他们来我们这里只需要工作一年甚至只有几个月就可以获得那么多特殊待遇,而我们长期在这里工作却没有呢?"),还有待完善(特别是增强对支援学校以及受援学校教师的激励力度)。约束、补偿、利益协调、问责等相关机制也有待细化和优化,使教师交流制度能够得到各方利益相关者的一致同意和拥护,切实发挥制度激励作用。

(三)消除制度性羞辱,提升教师精神生活质量

"制度性羞辱"是耶路撒冷希伯来大学哲学教授马格利特(Avishai

Margalit)在《正派社会》(The Decent Society)①一书中提出的概念,指"来自制度的羞辱",这是让人最感无奈也是最容易让人习以为常的、最严厉的羞辱,给被羞辱者不仅会带来物质利益损害,更会带来严重的心理伤害。在马格利特看来,"正派社会"的判断标准即"不羞辱"和"有自尊",即正派社会中的任何制度都不羞辱社会中的任何一个人,不会出现制度对人的自尊的伤害和羞辱,都能够"把人当人"、让人有自尊,而不是把人当物品、当机器、当动物、当次等人;不让制度羞辱社会中的任何一个人,这是正派社会的第一原则。② 借鉴"制度性羞辱"和"正派社会"的思想,当前我国教师交流制度的完善还需要主流社会改变局外人、旁观者的心态,改变以居高临下的姿态形成的对乡村或薄弱学校教师的模糊、消极认识甚至误解,更多地尊重他们的思想、需求与愿望以及困难、困惑与无奈。

比如,我国 2001 年开始执行的中小学教师编制标准存在城乡严重倒挂的突出缺陷③,造成我国农村地区、薄弱学校教师编制大幅减少,严重阻碍了教师交流制度的常态化与公平性。这种"城乡倒挂"的不合理教师编制标准亟待改变,应以公平、均衡和弱势补偿为基本原则,充分考虑我国农村地区薄弱学校的实际情况并向其适当倾斜,才有助于教师交流制度的完善。

又如,在教师交流轮岗制度建设中,不能错误地认为交流轮岗只是城市学校教师去"帮扶"农村学校教育(这其实根本无法实现城乡教育均衡),也不能片面地认为交流轮岗只是为了城市学校的教师队伍建设(这对促进城市学校间教育均衡的助益也非常有限)④。当前,在很多地方,由于农村教师没有机会到城市学校交流轮岗,导致原本就不安心于农村薄弱学校教育工作的教

---

① 该书由哈佛大学出版社 1996 年出版后即被赞誉为"自罗尔斯《正义论》问世 25 年以来最重要的一部社会正义著作"。 [参见徐贲. 正派社会和不羞辱 [J]. 读书,2005 (1).] 中国社会科学出版社 2015 年出版了该书中译本,书名译为《体面社会》,作者姓名译为阿维沙伊·马加利特,核心思想译为 "一个体面社会就是一个其社会组织不羞辱人民的社会"。 参见 [以色列] 阿维沙伊·马加利特. 体面社会 [M]. 黄胜强,许铭原,译. 北京: 中国社会科学出版社,2015.

② 徐贲. 马格利特《正派社会》[M]//应奇. 当代政治哲学名著导读. 南京: 江苏人民出版社,2010: 402 - 416.

③ 尽快调整城乡倒挂的不合理的教师编制标准 [EB/OL]. http://blog.sina.com.cn/s/blog_896b5b1b0100xt5h.html.

④ 有研究者指出,一些地区将教师到农村学校、薄弱学校任教 1 年以上的工作经历作为申报评审高级教师职务(职称)和特级教师的必备条件, "这其实是一种把在农村工作经历作为'镀金'和'练手'的过程,缺乏城乡统筹的设计和城乡一盘棋的思想"。 参见袁桂林. 如何防止城乡教师交流轮岗制度空转 [J]. 探索与争鸣,2015 (9).

第六章
教师交流：正义挑战与制度完善

师感觉受到了"宿命论"般的歧视，更加无心增强工作热情、提升专业水平。若任由这种状况继续存在，其结果必然导致农村教师队伍结构性问题愈演愈烈，农村薄弱学校教育质量提高更加艰难，城乡社会阶层差距继续拉大，甚至社会阶层固化危机更加严重。农村、薄弱学校教师应该是教师交流轮岗的首先参与者，不应限制这些教师到城市、优质学校参与交流。在城乡一体化治理和公共服务均等化的时代要求下，需要科学决策"人人都要参与交流轮岗"的比例、进度、梯次等，切实采取多种配套措施，扎实推进城乡教师全员双向交流轮岗，真正扶持弱势地区学校和弱势教师，保证教师资源均衡配置，从而真正建立起公正的教师交流轮岗制度①。

正如马格利特所强调的，虽然他和罗尔斯的正义理论都关注制度，但不同于罗尔斯对旨在实现社会基本善的公正分配而突出物质资源的平等分配，马格利特关注的是制度对人的心理（尤其是对自尊）的伤害，虽然罗尔斯也把自尊作为重要的社会善，但其分配正义的模式无法解决自尊的问题，因为自尊无法实现分配；马格利特认为自尊问题绝不是随着资源的正义分配就可以得到解决的问题，即便分配正义解决了资源不平等的问题，弱势群体依然还可能会伴随心理上的歧视、排斥和羞辱。所以，马格利特将"不羞辱人"作为正派社会制度的基础性价值。法兰克福学派第三代核心人物阿克塞尔·霍耐特（Axel Honneth）和美国女权主义理论家南茜·弗雷泽（Nancy Fraser）的"承认正义"理论思想同样主张正义的目标"不是消除不平等，而是避免羞辱或蔑视代表着规范目标；不是分配平等或物品平等，而是尊严或尊敬构成

---

① 2014年以来，越来越多的省、市、自治区开始探索实行面向全体教师和校长的定期交流（轮岗）制度，一般情况下，教师在同一所学校工作相应年限（比如，6年或9年）就需要轮岗到其他学校。例如，广东省在《广东省人民政府关于实施"强师工程"建设高素质专业化教师队伍的意见》里规定："义务教育阶段教师在同一所学校连续任教9年以上的，原则上要在本县域内交流任教。"还有一些地区开始探索与新学区制管理和运行模式相呼应的城乡教师全员双向交流轮岗，其主要做法是：先划区，再以区域内优质教育资源为主导，辐射区内其他学校，或带动周边学校提升教学水平。例如，江西省授权给各市县区的做法是根据具体情况，对教师可先实行小学划学区，初中分片区交流；分区交流以优质学校为龙头，分别联合周边农村学校、薄弱学校结对安排，以此不断完善城乡之间、校与校之间交流轮岗工作机制，逐步扩大交流轮岗范围。又如，福建省的顶层设计思路是以县域内优质学校为龙头，分别联合周边农村学校、薄弱学校，形成若干个片区，教师一般在就近片区内进行交流，鼓励城区学校教师跨片区交流。再如，贵州省的做法是先易后难、分步实施，稳步推进、全面铺开，先实行分片区交流，以县域内优质学校为龙头，联合周边农村学校、薄弱学校，形成若干片区或学区来进行校长、教师交流轮岗。

了核心范畴","人类尊严的承认是社会正义的中心原则"①,强调"承认"比"再分配"更重要也更根本;当代社会谋求制度正义必须从关注物质资源的平等分配(分配正义)转向关怀人的心理情感、重视尊严和荣誉的平等承认(承认正义),而"分配不公必须被理解为社会蔑视的制度上的表达抑或更好的说法,理解为承认的不公正关系"②。一言以蔽之,"正派社会""承认正义"等理论思想都强调"自尊比物质分配更为根本"。这不仅应该成为我国深化教育改革的重要智识资源,在继续关注和力争实现教育资源的分配正义的同时,力争实现对同样影响学生发展但不可分配的资源(如关怀、尊严、自信等)的"承认正义",也应该成为我国教师交流制度完善的重要原则,减缓这项制度对弱势教师群体可能造成的心理伤害。

此外,当前我国各地学校、教师甚至学生、家长对在价值伦理优先次序上明显属于"社会共同善优先"取向(即更多地秉持"成就大我、牺牲小我"的价值取向)的教师交流制度尚未形成价值共识,这也是出现政策失真和象征性虚假执行现象的重要原因,因为并非所有利益相关者都能够自觉、自律地以"社会共同善"作为自己的行为准则,特别是当触及对利益相关者既得利益的调整时,如果不是在各方取得一致认同的基础上,而是由政府主导、强制性地推动制度变迁,利益受损的个人或群体就很可能采取抵制行为、影响制度实效,比如教师在日常教育生活中对制度规范的隐蔽性抵制和不合作行为就从根本上颠覆了教师交流制度正义性的价值诉求和实现教育均衡、促进学生发展的制度变革初衷。在教师交流制度的深度变革中有必要通过对"重叠共识"③的追寻来保障广大教师改革参与的话语权,使教师自我的价值观念和利益需求能够得到充分、自由地表达,从而主动自觉地成为变革行动者。

---

① [德]阿克塞尔·霍耐特.承认与正义——多元正义理论纲要[J].学海,2009(3).贾可卿.作为正义的承认——霍耐特承认理论述评[J].浙江社会科学,2013(10).
② [美]弗雷泽,[德]霍耐特.再分配,还是承认?——一个政治哲学的对话[M].周穗明,译.上海:上海人民出版社,2009:87.
③ 罗尔斯(Rawls J.)强调的"重叠共识"并非指不同共同体或共同体内部成员之间简单纯粹的"临时协定",而是为寻求更为广泛的认同空间而选择、确立的一种底线价值共识。参见[美]约翰·罗尔斯.政治自由主义[M].万俊人,译.南京:译林出版社,2000.[美]约翰·罗尔斯.正义论[M].何怀宏,等译.北京:中国社会科学出版社,1988.

（四）尊重教师自由权利，追寻新教育公平理想

任何一项教育政策在面对或处理各种关系、矛盾与冲突时所秉持的基本价值立场、态度、倾向，对政策制定、实施的过程与效果都会产生重要影响；教育政策作为各种力量博弈的结果，又常常是多种不同向度的价值观念相互冲突、妥协的产物，最终表现为某种价值取向为主导或多种价值观念整合。当前我国各省教师流动政策中，秉持公平取向价值立场的占绝大多数，公平取向的教师交流政策旨在通过公平对待全体教师、要求所有教师参与交流而实现教育均衡发展。[1] 各地除采取"津贴补偿""职称评聘要求""荣誉奖励评比优先"等保障措施外，还积极采取"编制保障"[2]、建立"县管校用"管理制度[3]等措施。显然，以每一位教师都必须参与定期交流为主要形式的公平取向教师交流政策对促进教育公平、实现教育均衡具有重大意义，这是值得肯定并需要继续坚守的。但同时也应看到其存在的一些潜隐问题，吸取效率取向教师交流政策"能够以最小代价换来最优效果"的优点，继续允许各地探索符合本地实际情况的教师交流政策，并进一步完善公平取向教师交流政策。

首先，在指导思想和制度理念上，注重保障教师自由[4]选择的权利与机会平等。针对当前一些地区采取强制性流动政策而导致教师抵触，进而削弱

---

[1] 杨志.公平与效率：省级层面教师流动政策主导价值取向[J].现代教育管理，2014（11）．

[2] 针对流入学校由于编制固定无法接受流动教师的教师编制问题而做出的有益探索，例如山东省在《关于推进县域义务教育均衡发展的意见》中规定"设置5%的机动编制，给予接受流动教师的学校"。

[3] 建立"县管校用"管理制度是针对交流教师在交流期间人事关系归属模糊进而直接影响其工资发放、职称晋升等现实问题，而打破教师对学校的归属，由县级教育行政部门负责辖区内所有教师的人事管理，学校只有对教师的使用权而没有管理权。例如福建省在《关于推进县域内义务教育学校教师校际交流试点工作的指导意见》里规定：县域内公办学校教师人事关系收归县管，实行"县管校用"的管理方式，将教师由"学校人"变为"区域（系统）人"。

[4] 阿玛蒂亚·森将"积极自由"视为至关重要的"实质性个人自由"，"一个社会成功与否，主要应根据社会成员所享有的实质性自由来评价"；当一个人获得更大的实质性自由时，其个人的自助能力以及影响世界的能力都随之提高，展开某种合理合法行为的可行能力也随之增强；一个人的可行能力就是其"实现各种可能的功能性活动组合的实质自由，也即实现各种不同的生活方式的自由"。［印］阿玛蒂亚·森.以自由看待发展[M].任赜，于真，译.北京：中国人民大学出版社，2002：13，62-63.

了教师交流政策实施效果的状况,进一步开展教师交流"轮岗"就需要认识到教师的自由权利不容忽视,需要尊重和保障教师自由选择的权利和机会平等,即可以选择不流动以获取生活安定等所得,但同时也就放弃了其他的利益;也可以选择流动,同样有失也有得,保障教师是根据自身需要做出的选择,而不是出于外力的强制干预①;如此,交流到农村学校或薄弱学校就是教师基于自身选择的结果,也就很少会产生消极怠工或职业倦怠,心态平和地积极工作,从而能够对提高流入学校教育质量发挥重要作用,推动义务教育教师资源的均衡配置。

其次,在政策措施和实施办法上,侧重采取诱致性、倾斜性流动政策和教育资源配置方式。一方面,教育行政部门制定、实施包括物质激励(如提高农村教师的薪酬水平、增加农村教师的各项补贴、为农村教师建设周转房等)②和精神激励(如提高农村教师按职称聘用的比例、"评优评先"中优先考虑农村教师等)③在内的诱致性政策,促进诱致性自由流动,从而实现地区间、城乡间、学校间的教师质量均衡。另一方面,教育薄弱地区政府和学校则需要

---

① 目前,一些地区实行的强制性教师交流政策主要表现为:第一,城市、优质学校的教师流出本地、本校而流入薄弱地区和学校,包括优秀教师"支教"和新入职教师的流动;第二,农村等薄弱地区学校教师被限制流出本地、本校,也就限制了其追求更优发展空间和更高收入的机会;第三,从城市、优质学校派出的教师会受到各种政策性奖励或补偿,而流入地区、学校的在任教师却没有任何机会获得。 这些都加剧了校际、城乡间教师的不平等,也限制乃至剥夺了教师实现自我发展理想的自由选择权利,于是便会借助"怠工"等方式消极地应对教师交流政策,即使采取"补偿""奖励"等措施也难以对教师群体产生激励作用和提升工作积极性、责任心。

② 当前我国各地教师交流政策实施中,"津贴补偿"是绝大多数地区的一项重要的政策保障措施。 所谓"津贴补偿"即是对参与交流的教师进行一定程度的金钱补贴。 近年来,随着绩效工资的推行,各省份纷纷对在农村或薄弱地区学校任教的教师发放津贴,使其收入高于同期城镇教师水平。 到这些农村或薄弱地区学校交流的教师不但能享受到这些津贴,有些省份还额外规定了奖励措施,例如天津市在《关于进一步推进义务教育阶段学校教师合理流动工作的意见》中规定:凡选派到农村学校的人员每月享受 300 元的生活补助和 200 元的交通补贴。

③ 当前我国各地教师交流政策实施中,对城市学校教师在评聘高级职称和评比荣誉奖励方面提出"必须参与教师交流"或"优先考虑"的要求,也是普遍采取的两种政策措施。 第一,职称评聘要求,例如福建省在《关于推进县域内义务教育学校教师校际交流试点工作的指导意见》中要求进行教师流动试点的地区"城镇义务教育学校 40 周岁以下(含 40 周岁)教师评聘高级教师职务应有农村学校任(支)教 2 年以上的经历"。 第二,荣誉奖励评比的"优先"规定,即在各种专业称谓或名誉称号评比上,对具有流动经历的教师给予优先照顾(也有些省份规定在农村地区的任教经历是获得这些称号的必备条件),例如甘肃省在《甘肃省人民政府关于加强教师队伍建设的意见》中规定评选特级教师、"陇原名师"、省级学科带头人、骨干教师等省级专业称谓或荣誉称号,应有 2 年以上在农村学校任教经历。

第六章
教师交流:正义挑战与制度完善

通过寻求更多的教育资源和上级政府的转移支付,提高本地教师的社会福利水平,并吸引城市学校或优质学校的教师回流,从而实现区域内义务教育教师资源的均衡配置。

再次,充分考虑教师群体的特殊需要,完善各项配套政策,以契约保障教师和学校的权利与义务。教师交流政策规定必须考虑到教师群体的实际需求和特殊需要,不但要正面引导教师认识教师交流对教育公平的意义,还要尽可能消除教师交流的各种障碍,满足教师的基本需要。例如,建立校车制度,解决教师上下班的通勤困难;加大对交流教师及流入地教师的津贴补偿,调动教师前往农村、薄弱地区从事教育工作的积极性;要求教师与学校之间通过签订聘任合同的方式,以契约精神规范教师交流并保障学校及其在校学生的应有权利,督促交流教师承担相应义务。

最后,鼓励探索多样化的教师交流轮岗实施方案。近年来,某些县域采取的"教育联盟"①"名师资源共享"②"临聘教师"以及乡镇范围内教师"巡回走教"等县域内部教师资源共享方式,值得肯定。但鉴于目前各地教师交流轮岗方案中所涉及人员范围基本上都是公办学校聘用的在编人员,尚未将全体教职员工纳入其中,更没有涉及民办学校教师,今后还可以探索部分教师不完全隶属于学校的教师交流管理办法,比如,周课时相对较少的科目教师以及某些有特殊专长的教师,可以由县教育局统一管理,也可以被两三个学校分别聘为"非全职教师",在县域内部若干学校流动上课,以缓解学校教师编制较少与教学科目需求教师类别较多的矛盾。

总之,"只有敏感于个体的生命体验、生活感受以及意义赋予,学会平等换位的思考,新教育公平的理论建构才有可能"③。完善教师交流制度需要真正树立以人为本的理念,尊重所有教师的劳动,切实提升所有教师的专业素质,特别是承认身份的多样性并消除制度性羞辱和污名化倾向,尊重和保障教师参与流动的自由权利,通过制定、实施倾斜性政策,以市场化手段诱导教师主动流向教育薄弱地区和学校;为底层弱势教师打开通向更高发展空间

---

① 教育联盟即由两个或两个以上的学校结成教育联盟,联盟内部实现人员流动。例如,四川省成都市建立了形式多样的教育联盟形式,力争使更多学校受惠,从而促进教育质量的整体提高。

② 名师资源共享即特级教师等各类名师通过各种形式,如名师工作室、导师团、名师讲座、跨校送课、跨校拜师、师徒结对、"青蓝工程"等影响和帮助其他学校,实现优质教师资源共享。

③ 贺晓星.聋教育改革与新教育公平的理论建构[J].教育发展研究,2017(2).

的阶梯；重视教师生活待遇提高，更注重改善和提高教师专业发展、进修培训的条件以及精神生活质量和工作满意度，激励教师不断学习和提升专业发展水平，使每一位教师都能够爱岗敬业、专心于教书育人、专注于进修学习、自觉提升精神修养。在阿马蒂亚·森看来，正义就是要求"可行能力"（即"实现各种可能的功能性活动组合的实质自由"）平等，正义的制度即有利于人们实现自己的功能性活动、做自己认为值得做的事，增进人们"选择有理由珍视的生活的实质自由"①。

---

① ［印度］阿马蒂亚·森.以自由看待发展［M］.任赜，于真，译.北京：中国人民大学出版社，2002：62.

三

教师教育人才培养：目标·模式·公平使命

第七章
为多元文化社会培养教师：教师教育新公平目标

为适应中小学课堂的文化多样性、实现教育平等和社会正义而培养合格教师，是当代多元文化教师教育的核心议题。英美国家的教师教育改革在招收更多具有多元文化背景的师范生、丰富多元文化教师教育课程体系、增加教育实践场所的文化多样性以及教师教育者自觉示范等方面开拓、创新。我国教师教育改革也应树立"为多元文化社会培养教师"的新公平目标，并在组织与管理、课程与教学、研究与学科建设等方面，全方位地加强多元文化教师教育变革。

20世纪70年代后，伴随移民人口的增加，美国公立中小学课堂越来越充满异质性，学生因种族、性别、家庭经济社会地位等差异而表现出明显的文化多样性，而教师仍以中产阶层出身、英语为单一语言的白人女性为主体。更多出身中产阶层的白人教师与更多来自少数族群、具有语言和文化多样性的学生之间存在文化鸿沟成为当代美国乃至世界教师教育面临的巨大挑战。[①]20世纪90年代以来，世界范围内，多元文化教师教育的研究与实践蓬勃发展。当今时代，社会急剧转型，个人与社会之间的关系虽日渐模糊却非疏远、固化，人与人之间的关系亦更为复杂、流变。"多元教育公平理应成为新教育公平无法绕开的应有之义。"[②]为多元文化社会培养教师亦应成为我国教师教育谋求新公平的发展目标。

[①] Gay, G. & Howard, T. Multicultural Teacher Education for the 21st Century [J]. Teacher Educator, 2000, 36 (1). Darling-Hammond, L., Chung, R., & Frelow, F. Variation in Teacher Preparation: How Well Do Different Pathways Prepare Teachers to Teach? [J]. Journal of Teacher Education, 2002 (53). Zeintek, L. R. Preparing High Quality Teachers: Views from the Classroom [J]. American Educational Research Journal, 2007, 44 (4).

[②] 李金刚. 多元教育公平观：新教育公平的题中之义——基于涂尔干社会团结思想的分析 [J]. 教育发展研究，2017 (2).

一、多元文化教师教育的意义和价值

关注文化多样性为何对教师教育——特别是对公平、正义的教师教育——至关重要？这是多元文化教师教育研究首先需要回答的问题。

（一）西方国家多元文化教师教育兴起的背景

西方学者对多元文化教师教育主要有三种不同的研究取向，从中可见其对多元文化教师教育意义和价值的不同回答。

1. 多元文化教师教育有利于提高城市薄弱学校教育质量

秉持关注城市学校（urban school）的教育质量及其学生发展这一研究取向的研究者们认为，美国中小学校存在的种族歧视现象、贫困人群的生存状态、城市学校物质资源的匮乏、城市学区中心化和官僚化的管理、"街区文化（street culture）"的大量涌现以及城市学校教师居高不下的离职率等，都显示出城市学校的弱势处境，也表明传统教师教育并没有为促进城市学校学生的学业发展发挥应有作用；为提高城市学校的教育质量、促进城市学校学生的发展，必须致力于变革和探索多元文化教师教育。①

2. 多元文化教师教育有利于为少数族群学生培养优质教师

秉持关注为少数族群学生培养优质教师这一研究取向的研究者们认为，要成功教育具有文化多样性却又被边缘化的学生群体，教师必须接受专门培养而具有不同的信念、个性倾向和知识、技能，理解"文化如何影响学生学习""少数族群文化如何被学校教育所忽视"。变革教师教育需要寻求与传统教师教育完全不同的理念、模式、方法等，帮助未来教师具备多元文化知识，自觉抵制"文化缺失（cultural deficit）"观念，即认为薄弱学生的学业失败源于其

---

① Valli, L. Facing the Urban, Diversity Challenge: Teacher Education in the United States [M] // Scott, A. & Freeman-Moir, J. (Eds.). Tomorrow's Teachers: International and Critical Perspectives on Teacher Education. Christchurch, New Zealand: Canterbury University Press, 2000: 123-142.

第七章
为多元文化社会培养教师：教师教育新公平目标

自身的文化缺失。①

3. 多元文化教师教育有利于推动社会正义

秉持关注社会正义这一研究取向的研究者们继承了批判教育学(critical pedagogy)和社会重建教育传统(the social reconstruction tradition)，批评"技术至上"的工具主义教师教育思想，强调培养具有社会正义感与批判性思考力以及为社会正义开展多元文化教育之意识和能力的教师是教师教育义不容辞的责任，教师教育应注入多元文化价值观、丰富多元文化实践、培育投身社会正义的情智。研究超越对"人口压力""人口差异"的表层关注，深刻拷问"学校教育究竟服务于谁""学校教育在多元社会中的目标究竟为何""教师教育如何为建立更加仁爱、公平、正义的社会秩序做出自己的努力"等问题。②

通常意义下，"公平"是指"衡量标准的同一尺度，用以防止社会对待中的双重标准或多重标准"，即指"平等地对待每一个利益相关者"。③ 因此，相比于"教育平等""教育机会均等"等概念侧重于受教育机会相等④，"教育公平"这一概念更强调尊重个体多样性和差异性，特别针对当代社会中弱势群体在"形式平等"的表面下，其个体间差异与特质被掩盖的"实质不平等"状况，强调应该将"教育平等"的思想观念从注重"形式上的平等"转向重视"实质上的平等"，通过"对每个人的平等关心和尊重"，使每个个体在教育机会面前都能选择适合自我的教育方式。简言之，公平的教育应该充分尊重每个人的自由选择、充分发挥每个人的内在潜能。显然，为多元文化社会培养教师成为世界教师教育的发展目标正是体现了时代所诉求的新教育公平理念。

---

① King, J. Culture-centered Knowledge: Black Studies, Curriculum Transformation, and Social Action [M] // Banks, J. & Banks, C. (Eds.). Handbook of Research on Multicultural Education (2nd ed.). San Francisco: Jossey-Bass, 2004: 349-378.

② Cochran-Smith, M., Davis, D. & Fries, K. Multicultural Teacher Education: Research, Practice, and Policy [M] // Banks, J. & Banks, C. (Eds.). Handbook of Research on Multicultural Education (2nd ed.). San Francisco: Jossey-Bass, 2004: 931-975.

③ 李金刚. 多元教育公平观：新教育公平的题中之义——基于涂尔干社会团结思想的分析 [J]. 教育发展研究, 2017(2).

④ 1968年，詹姆斯·科尔曼在《教育机会均等的观念》报告中提出教育机会均等的四项内容：进入教育系统的机会均等、参与教育的机会均等、教育结果的均等、教育对生活情景机会的影响均等。

（二）当下中国多元文化教师教育的时代使命

生活在当下中国社会多元文化世界中的每一位教师都会面临多元文化及社会价值教育的挑战；培养能够与不同文化背景和特质的学生进行有效沟通的教师成为教师教育的重要使命。有学者通过研究我国少数民族师资培养工作，指出我国多元文化教师教育从理论到实践都还缺乏一整套行之有效的办法。① 其实，在我国各类教师教育中，多元文化教育的理念熏染、知识传授、方法示范及能力锻炼等都相对不足。在当前中国社会文化多元性特点突显的时代背景下，探讨多元文化教师教育课程建构是重要而且紧迫的教师教育新公平使命。

1. 多元文化教育的核心理念

由于族群、文化背景、价值观念、宗教信仰、社会阶层等差异的存在是一个客观的社会事实，文化多样性成为现代民族国家的基本社会特征。这种社会特征使学校教育及学校中的教师不可避免地面临着多元文化的教学情境，需要具备多元文化知识并能在不同文化间建立积极的交流、处理不同文化背景下出现的教育、教学问题。20世纪70年代以来，西方国家为在多民族文化并存的社会背景下，允许和保障各民族文化共同平等发展、丰富整个国家文化而积极倡导多元文化教育理念。在多元文化教育的积极倡导者们看来，"这个世界最大的问题并非源于人们不能阅读和书写，而是源于来自不同的文化、种族、信仰和国家的人们无法一起合作解决世界性的难题，如全球变暖、艾滋病、贫穷、种族主义、性别歧视和战争"；而"在多元民主社会中，有文化的公民应该是在普遍联系的世界中具有反思能力、有道德的和活跃的公民"②。因此，多元文化教育不仅限于学校课程改革，而且涉及对整个学校或教育环境的改革，强调使具有不同政治、经济、社会、文化属性（如种族、性别、阶层等）的学生都享有均等的学校教育机会，并且在学校中都能够享有均等

---

① 白亮.多元文化视野中的教师教育[J].民族教育研究，2008（5）.孟凡丽，于海波.国外多元文化背景下教师教学能力培养的探索及启示[J].高等教育研究，2008（2）.靳淑梅.多元文化教育理念下教师的培养目标及其启示[J].外国教育研究，2009（3）.

② [美]班克斯.文化多样性与教育：第5版[M].荀渊，等译.上海：华东师范大学出版社，2010：23.

的学习成就机会。从这个意义上说,多元文化教育是民主国家为回应多元文化社会、导向社会重建、促进教育机会均等与社会公平而拓展的教育理念。

与一味强调主流文化、强调知识的科学性和真理性的传统教育不同,多元文化教育重视各族群或各群体亚文化的价值,强调以尊重、宽容、平等与公正代替偏见、压制、歧视与排斥;主张学校教育不仅传递社会共同的文化和价值取向,而且应通过呈现多元文化来帮助学生消除对其他文化的误解、歧视及对文化冲突的恐惧,不仅能够很好地适应"己文化"和主流文化,而且能够了解、尊重、包容、欣赏各种异文化,成为具有民主价值观念并善于沟通和化解文化冲突的未来公民。"当我们教导学生如何去批判世界的不公正时,我们也应帮助他们确立一种通过行动改变世界使之更民主、更公正的可能性。没有希望的批判可能会置学生于幻灭的境地并丧失意志力。"①

2. 当代中国社会的多元文化特质

正如多元文化教育所强调的,"文化群体并非铁板一块,而是动态、复杂的……文化身份在群体成员中也是复杂和变化的"②;"文化多元性"不仅指种族、民族的多样性,而且包含社会阶层文化的多样性。当代中国社会的多元文化特质与美国、英国、加拿大、澳大利亚、新西兰等西方国家"大熔炉"、"色彩斑斓的镶嵌工艺品"式的、主要由移民导致文化迁徙而形成的多元文化最大的不同在于,历史的生成、地域的广大及长期不平等的封建社会职业与行业分工使得阶层文化及其冲突成为当代中国社会多元文化的主要表现。

俗话说"隔行如隔山",不同职业与行业各有其独特的价值观、道德评价标准、交往与生活方式等文化特质,甚至相互间界限明显、缺少沟通、难以替代。同时,不平等的社会分工又使不同职业者"物以类聚、人以群分"般地形成不同的社会阶层群体。这种所谓"三教九流"的社会分工延续几千年,所形成的社会职业阶层文化体系对国人的心理束缚极为严重。伴随改革开放和市场经济发展,当代中国社会结构也发生深刻变化,阶层文化的多元性成为重要的社会背景及其核心价值观念。但随着改革的深入,社会各阶层的利益也不断分化与整合,改革初期社会各阶层普遍受惠的格局受到挑战,大批城

---

① [美]班克斯.文化多样性与教育:第5版[M].荀渊,等译.上海:华东师范大学出版社,2010:23.
② [美]班克斯.文化多样性与教育:第5版[M].荀渊,等译.上海:华东师范大学出版社,2010:129-130.

市职工失业下岗、农业发展边际效益下降、贫富差距拉大、教育资源分配不均、利益集团跨越潜伏期等不公平利益格局日益显现,也使得社会各阶层矛盾愈发突出,逐渐增多的劳资矛盾、干群矛盾、城乡矛盾等都对社会政治经济生活产生前所未有的影响。

面对新阶层的出现、阶层文化的凸显乃至冲突的加剧,学校教育如何让不同阶层的人都能够过上有尊严的美好生活,发挥在阶层流动及其利益格局调整中的积极作用,乃至协调各社会阶层关系,规避社会结构固化的发展风险,稳定社会阶层的分化秩序,凝聚力量、实现社会和谐发展?这对教育及教师教育都提出了严峻挑战。比如,出身于不同阶层家庭的学生会自觉不自觉地将从家庭、社区等社会化媒介中熏染的本阶层文化带进校园;多元异质文化的碰撞、交汇要求广大教师不仅具备必要的学科专业和教育专业知识,还需秉持多元文化教育理念,以建立多元、平等、和谐的学校文化为己任。"有效的教育计划应该帮助学生审视和澄清他们的文化身份",而教师对不同文化群体的态度直接且深刻地影响着学生,因此,"教师必须对课堂中复杂的学生文化身份与特征有所认识并敏锐而熟练地做出回应","教师应学习如何促进学生对自身文化身份的探求,帮助他们成为共同的公民和国家文化的有效参与者"①。美国北卡罗纳大学特殊教育问题研究专家史密斯(Robert W. Smith)教授对不同文化背景教师的研究发现,具有多元文化理念与意识的教师不仅特别关注班级情境中不同性别、种族的学生,还善于从多元视角出发为学生提供各种知识和观点,在实施各项教学前也会对学生进行有关学习态度的测试,使用最大限度促进不同文化学生发挥学习潜力的教学策略;他们的学生也更习惯于公开讨论自己与种族、阶层、性别等相关的价值议题,在教室布置、同伴期待、师生互动等各方面都更能坦诚相见,表现出对多元文化的尊重、理解并拒绝由种族、性别偏见等引起的歧视行为等。②

当代中国社会,教育及教师教育都面临着有效开展多元文化教育的使命,为不同民族、社会阶层等文化群体的学生创造平等的教育机会,帮助全体

---

① [美]班克斯.文化多样性与教育:第5版[M].荀渊,等译.上海:华东师范大学出版社,2010:129-133.

② Robert W. Smith. The Influence of Teacher Background on the Inclusion of Multicultural Education: A Case Study of Two Contrasts [J]. The Urban Review,2000,32(2). 转引自靳淑梅.多元文化教育理念下教师的培养目标及其启示[J].外国教育研究,2009(3).

第七章
为多元文化社会培养教师:教师教育新公平目标

学生获取知识、态度、技能以满足在多元文化社会进行交往的需要,最终创造一个利益共享的公民道德社会。

二、西方国家多元文化教师教育的实践举措

多元文化教师教育理念渐获共识,但亦需面对诸如"教师教育是否真的能够改变未来教师的文化信念和倾向""多元文化课程的学习是否真的能够注入文化的态度和视野""教师教育是否真的能够帮助来自主流阶层的教师成功地教育所有学生"等质疑。① 对"这些差异能够跨越吗"的质疑促使"如何才能跨越这些差异"成为21世纪以来西方国家多元文化教师教育研究与实践创新的核心议题。

(一) 贯彻全纳教育思想,加强少数族群教师培养

西方国家在多元文化教师教育实践中,积极贯彻全纳教育思想,专辟特别项目,加大少数族群教师的培养力度。

1. 招收更多具有多元文化背景的师范生

为提高多元文化教师教育的成效,首先要从招生这一教师教育源头做起,通过录取更多来自少数族群的师范生而丰富中小学教师团体的文化多样性。Haberman认为,少数族群师范生拥有贫困生活的亲身体验、对暴力等社会不公正行为有切肤感受、怀有对社会正义的强烈吁求和对多元文化课程的心向等,这对跨越师生文化差异、成功开展多元文化教师教育至关重要。②

---

① 例如,Haberman研究指出,旨在提供有关教育不平等、文化多样性等知识的课程学习往往最后结果是强化而非挑战刻板印象[Haberman, M. Can Cultural Awareness Be Taught in Teacher Education Programs? [J]. Teaching Education, 1991, 4 (1).];Weiner研究发现,教师的阶层、种族、性别等深刻影响其教育信念和行为,出身背景、生活经验、意识形态和文化规范等差异的存在意味着不同个体生活在不同的"现存世界"中[Weiner, L. Preparing Teachers for Urban Schools: Lessons from Thirty Years of School Reform [M]. New York: Teachers College Press, 1993.]。

② Haberman, M. & Post, L. Teachers for Multicultural Schools: The Power of Selection [J]. Theory into Practice, 1998, 37 (2).

Villegas 认为,教师教育注入的文化意识、培养的文化性情、寄予的文化承诺离不开师范生已有的信念和生活经验,师范生与未来学生之间文化经历相融将有利于彼此分享经验、知识、价值。① 对非洲裔美国教师的研究证实:有色人种教师在课堂上能更好地开展"文化特定性教学(culturally specific pedagogy)""文化转译性教学(pedagogy of cultural translation)"和"关怀性教学(pedagogy of caring)"。如今,美国很多大学教师教育项目考察申请人时,不仅坚持学术标准(即对申请者的学科专业课程学分绩点有严格要求),而且重点考察是否具有"所有学生都能取得好成绩"的教育信念、具备跨文化交际能力和文化敏感性并掌握多种语言,是否参与过公共社群服务以及个性是否有利于在未来工作中更好地融入多元文化社群等,尽可能多地招募具有多元文化背景的申请人修读教师教育专业。②

2. 专辟特别项目,大力培养少数族群教师

农村、民族地区以及双语学科、薄弱学科等弱势群体教师的培养力度不够、供给量不足是制约当代西方国家教师教育公平发展、影响中小学教育质量均衡的"短板"所在。为了解决这一难题,美国教师专业组织和教师教育机构为了改善职前教师教育的公平问题,通过持续开展特别项目在全国范围内大力支持弱势中小学教师的培养。例如,美国国家教育协会(NEA,National Education Association)举办"招募少数民族教师项目",通过招募并留住少数民族教师来适应美国学校学生类型日益多样化的需要,并且于 1998 年出台并在全国发行了《成功招募并留住少数民族教师策略的国家方案》。又如,美国伊利诺伊大学芝加哥分校开设"双语教师培养项目",主要针对已经获得教师资格证而不能满足当前发展要求的双语教师进行离岗培训,其做法是让实习教师去学校顶岗任教,以此强化预备教师的教学实习环节,同时为其量身定制课程,适应每个双语教师的特殊要求;明尼苏达州市区卓越教学中心开

---

① Villegas, A. & Lucas, T. Diversifying the Teacher Workforce: A Retrospective and Prospective Analysis [M] // Smylie, M. & Miretzky, D. (Eds). Developing the Teacher Workforce. Chicago: University of Chicago Press, 2004: 70 - 104. Villegas, A. Dispositions in Teacher Education: A Look at Social Justice [J]. Journal of Teacher Education, 2007, 58 (5).

② 当然,也有学者对此提出质疑,认为保持师范生的文化多样性固然重要,但对"理想师范生"的依赖会成为教师教育者推卸责任的一个借口,单纯强调招生环节会导致教师教育者放弃自己全力以赴地培养眼前师范生的责任。参见 Valli, L. The Dilemma of Race: Learning to Be Colorblind and Color Conscious [J]. Journal of Teacher Education, 1995, 46 (2).

设"少数民族教师培养项目",招收少数民族大学生进入项目,帮助其学会开展市区教学工作;俄亥俄州立大学开设"暑期研究院入门项目",招收少数民族毕业生参加为期6周的暑期教师培养项目,其中58%的师范生是非裔美国人,23%是西班牙、拉美后裔美国人;俄亥俄州托莱多大学举办"教师辅助专业人员奖学金项目",主要招收来自议员代表不足州的辅助教师专业人员开展专业学习活动等。这些举措加大了对弱势教师的培养力度,有利于实现基础教育质量均衡发展,提高对"特殊儿童"的培养水平。有研究者概括出面向弱势群体教师培养的四种类型特别项目:选择性教师资格证书项目、自主成长项目、早期拓展项目以及传统教师培养模式与各地区合作新模式项目。这些项目"成为美国职前教师培养体系改革的亮点之一"①。

(二) 变革教师教育机构,丰富教师教育团队文化

大学教师教育者面对职业升迁的巨大压力而无法全身心投入教师教育实践是多元文化教师教育遭遇的又一困境,教师教育者自身缺少多元文化的成长和教育经历更是多元文化教师教育的致命"软肋"。面临能否获得终身教职(tenure)压力的大学教师教育者会担心将精力过多投入多元文化教育会影响自己的学术研究,不得已而采取消极抵制策略、放弃多元文化教育追求;已经获得终身教职的教授们也会出于工作安全、学术自由等因素的考虑而消极对待课堂教学变革。研究者们忧心忡忡于教师教育机构变革的严重滞后,如果教师教育机构自身都无法做到"欢迎各种交流方式、促进异质性文化间的广泛交流和团队合作",何谈对文化多样性和文化差异的尊重呢?②

为此,Gay指出,多元文化教师教育应成为教师、教学领导者、校长、教师教育者、社区活动家等所有以促进学习为己任的人在谋求专业发展时置于首位的任务,这需要具备社会和政治勇气,将增进教育平等和文化多样性作为教师教育的核心要务,建构新的教师教育范式。这种新范式包含组织、课程

---

① 龙宝新.论当代美国职前教师教育改革的动向[J].扬州大学学报(高教研究版),2016(2).
② Pang. V. O., Anderson, M. & Martuza, V. Removing the Mask of Academia: Institutions Collaborating in the Struggle for Equity [M] // King, J. E., Hollins, E. & Hayman, W. C. (Eds). Preparing Teachers for Culturally Diversity. New York: Teachers College Press, 1997: 53-70.

和个体三个层面的变革,特别是组织维度。①

近年来西方国家教师教育机构主动在政策和组织结构层面,对多元文化教师教育的各个环节给予强有力的行政支持,积极营造平等、开放的对话环境,加强与中小学校、学生家庭及其社区的联系,丰富教师教育团队的文化多样性,努力将教师教育机构建设成为"学习共同体",真正融入多元文化教师教育。

(三) 创新教师教育课程体系,探索"文化关联性教学"

多元文化教师教育并非增加一门名为"多元文化教育"的课程,而是将多元文化教育思想贯穿教师教育课程体系,坚持教师教育的目的不是灌输客观的知识,而是培育特定的"心智惯习(habits of mind)",促进师范生主动将文化知识、社会情境知识、学科内容知识、教学方法等融为一体。因此,西方国家教师教育界还将研究重心逐渐转向了教师教育课程实践,通过丰富多元文化教师教育课程体系,帮助师范生提高利用学生背景的文化多样性来进行课程规划、实施与评价的"文化关联性教学(culturally relevant pedagogy)"②能力,不仅培养未来教师具备多元文化教育信念,而且切实提高师范生开展多元文化教育的知识、技能。

1. 倡导开展"文化关联性教学"

为提高弱势群体教师的培养质量,秉持公平、正义理念的教师教育工作者特别注重在课程教学的微观层面,持续不断地探索系统化、综合性的解决方案,以主张培养未来教师的文化胜任力(cultural competence)和社会政治批判性(socio-political critique)。多元文化教育背景下,教师必须能够在文化上显示出一定的胜任力,即能够从根源上有效理解与运用某种文化,才可

---

① Gay, G. Politics of Multicultural Education [J]. Journal of Teacher Education, 2005, 53(2).

② 美国威斯康星-麦迪逊大学的 Gloria Ladson-Billings 教授研究发现,与学生有着同样文化背景的教师在课堂上的"教"与学生的"学"是生动有趣而且教学相长,虽然也需要课堂纪律和教学常规,但课堂并不因此而显得沉闷,由此她提出了"文化关联性教学(culturally relevant pedagogy)"[又称"文化反应性教学(culturally responsive teaching)"]的思想。参见 Ladson-Billings, G. Toward a Theory of Culturally Relevant Pedagogy [J]. American Educational Research Journal, 1995(32).

第七章
为多元文化社会培养教师：教师教育新公平目标

能使他们的学生满意他们的教学并帮助学生在学业上取得成就（academic achievement）。比如，鼓励来自弱势族群的师范生阅读和撰写传记作品。通过阅读传记作品，来自弱势族群的师范生丰富了批判性审视不同人生经历的机会；教师教育者鼓励这些貌似"微不足道"的个体也能够发出自己的声音、成为讲述的主角，能够"为自己代言"，从而反省自身在多元化课堂中的经历与体验，帮助职前教师在他们遭遇与传记人相似或相异的经历与体验时能够有意识地重新审视自身的主体性、自觉地体现自我的主体性，促进职前教师学会在未来的文化多元课堂中不断地审视自己。积极开展"文化关联性教学"，旨在使未来教师能够充分认识到社会结构存在的不公平，并且通过自己的教育、教学工作帮助学生理解弱势群体被系统性地排除在社会利益与福利之外是不公平的。

2. 增加教育实践场所的文化多样性

当代美国越来越多的教师教育项目注重仔细规划、严格督导师范生教育实践，并将教育实践从学校拓展到社区，在课程教学中增强多元文化背景下的教育实践体验。比如，选择积极开展多元文化教育的中小学校作为实习学校，要求师范生参加社区实践、"服务学习（service learning）"①等各种旨在推进社会正义的活动，促使师范生完全浸泡在充满异质性的文化社区中，探索学校和社区情境中的社会文化多样性并开展教学及反思，切实提升多元文化教育能力。又如，为了帮助职前教师将来能够适应在贫弱地区任教的工作要求，越来越多的美国教师教育项目改变之前师范生的教育实习大多被安排在中产阶级白人社区的传统做法，注重在多元文化社区中开展教育实践活动，提供更多进入以黑人学生为主的学校和课堂开展教育见习、实习活动的机会，强调师范生浸入性经历的重要性，帮助师范生在多元文化社区中亲身体验并理解少数族群学生的日常生活，认识少数族群社区的文化优势，学习"如何教与自己不一样的学生"。

---

① 比如，师范生每个月必须开展不少于 6 小时的"服务学习"，且内容广泛（可为当地社区成员进行健康与安全知识普及、为英语为第二语言者提供英语学习帮助、为家长学校开设教育讲座，以及开展其他学术性、政治性、娱乐性服务活动），帮助和促进师范生深刻检视自己的文化立场、信念和潜隐假设等，进而提高文化关联性教学能力。参见 Kenneth M. Zeichner & Ryan Flessner. Educating Teachers for Social Justice [M] // Kenneth M. Zeichner. Teacher Education and the Struggle for Social Justice. New York：Routledge, 2009：24-43.

3. 将"文化关联性教学"和多元文化教育实践贯串于每一门教师教育课程

教授社会、文化知识的根本目的在于帮助师范生学会将文化知识运用于特定课堂和学生,深刻理解"没有放之四海而皆准的教学处方",任何教学都具有情境特定性(context-specific),任何课堂都具有文化关联性(culturally relevant);而每个人都会基于自己的种族、民族、性别、阶层、语言、宗教、能力等形成多重身份。因此,西方国家教师教育强调在每一门教师教育课程中都要努力实施"文化关联性教学"并开展教育实践。例如,每一门教师教育课程都可以运用生活史回溯、自传叙事、文化浸润等教学方法,帮助师范生重新审视自我及他人的多元、交互身份;都可以将"自我检视与反思"作为重要的支架式教学方法,坚持不断地培养师范生自觉审视自己的伦理、文化特质,理解自己所属阶层认为的"正当规范"很可能是一种优势文化的自我优越感,从而学会主动探索文化对学习的复杂影响。

此外,为帮助师范生学会了解每一位学生及其家庭、社区,懂得"了解学生"对教育、教学的重要性,特别是"了解学生"并不局限于了解学生的学习成绩、在校表现,而必须了解学生在社区中的生活方式,比如他们如何与人相处、在课外如何运用和展示学校所学知识等,才能使自己的课堂文化真正包容全体学生,每一门教师教育课程都会组织实践活动,要求师范生开展家访、与家长交谈、观察儿童校内外表现等大量实践活动,从中学习如何了解和关注学生个体差异,思考如何选择和使用与学生校外经验相匹配的教学材料,如何设计与学生个性及其文化属性相关联的教学活动,如何利用学生日常生活经验开展学习,如何在课堂管理中充分考虑师生间、生生间交往互动的差异性,如何利用各种评价策略最大限度地给予学生展示自我的机会等问题。大多数教师教育项目都面向师范生开设"学校与社会(School and Society)"这门课程,注重让师范生了解异文化、了解自我、了解学校教育的社会情境等。

相应地,教师教育课程评价则强调考察师范生课程讨论、探究性研究项目等活动表现,运用专业成长档案袋记录师范生在交流对话、观点分享、反思实践等学习过程中的成长,鼓励师范生采取书面和口头作业、个人和小组活动、课堂讨论、在线会议、沙龙汇报等多种形式,自觉成为反思性实践者。

第七章
为多元文化社会培养教师：教师教育新公平目标

（四）开展多元文化教育研究，促进教师教育学科建设

在西方教师教育学者看来，教师教育是关涉平等和社会正义的政治问题。[①] 为使多元文化教师教育这一新兴学科更好地赢得学界和大众的信任，西方教师教育界不仅注重培养具有文化、语言多样性背景且能切实开展多元文化教师教育的教师教育者，而且积极开展高水平的多元文化教师教育研究、夯实多元文化教师教育学科基础。

1. 教师教育者身体力行、自觉示范

范例教学是最有力的教学方式，面对多元文化背景的师范生，教师教育者努力将多元文化教育理念渗透于课程、教学、评价及课堂管理等各个环节，将自己的课堂作为多元文化教育的实验室，与师范生分享权力，身体力行"赋权"等民主教育思想，并广泛参与各种社群服务，自觉开展多元文化教师教育。比如，指导师范生批判性地阅读和分析学术作品，理解语言的力量，体验语言在被理解的过程中是如何产生出权力、不被理解时又是怎样被压抑和被边缘化的。又如，在课程教学过程中赋予师范生选择的权力，教师教育者邀请学生一起设计教学计划或选择阅读材料，而不是每个人都阅读同一本参考读物。再如，利用多种类型的教育资源，将专家教师、学校成员、当地社区成员甚至商业机构成员等都纳入教师教育，充分体现对实践性知识的尊重，而不是仅仅关注和承认学术性知识。[②]

2. 开展高水平研究，建设多元文化教师教育学科

多年来，全美教师教育院校联合会（AACTE，American Association of Colleges for Teacher Education）、全美教师教育者联合会（Association of Teacher Educators）、全美多元文化教育协会（National Association for Multicultural Education）等各类组织都一直致力于培养多元文化教育教师、推动社会公正的发展。例如，在政策研究方面，AACTE 先后开展了"少数族

[①] Marilyn Cochran-Smith. Walking the Road: Race, Diversity, and Social Justice in Teacher Education [M]. New York: Teachers College Press, 2004.

[②] Kenneth M. Zeichner & Ryan Flessner. Educating Teachers for Social Justice [M] // Kenneth M. Zeichner. Teacher Education and the Struggle for Social Justice. New York: Routledge, 2009: 24-43.

群教师匮乏的成因与对策研究""少数族群都市生活中文化反应性实践研究"等多项福特基金项目或实践研究项目,呼吁政府出台有多元文化教师教育针对性的政策,直接影响了美国职前教师教育政策,并有效地改善了少数族群教师培养不足的现实状况。在个人维度上,研究者主张,教师教育专业学院的每一位教师(教师教育者)都应致力于在自己所教授的课程及日常生活中体现多元文化教育思想,自觉反思自己的教学、教育机构及整个社会文化中所隐含的偏见、歧视等,开展高水平的跨学科研究和教师教育者自我研究,加强多元文化教师教育学科建设。①

一方面,多元文化教师教育研究需加强跨学科研究。跨学科性是多元文化教师教育最核心的特点,多元文化教师教育者需要具备人类学、生物学、生态学、历史学、古生物学、心理学、社会学等学科知识,了解当代社会政治研究、种族研究等最新成果,涉猎各种教育哲学思想,特别是进步主义教育思想、社会重建教育传统、批判理论以及学习的社会文化理论、语言习得理论、关怀伦理思想等,并将自己的教育哲学理念体现在课堂教学中。多元文化教师教育研究还应超越"意见表达",更多地开展科学、严谨的实证研究和因素分析。Zeichner指出,应充分认识到教师教育实践是复杂的生态系统,诸多因素影响师范生的学习。首先,师范生接受教师教育前已拥有特定的知识、技能、个性倾向、态度、信念等,这些都会影响其在教师教育课堂的表现(其中,有些特征可能会在教师教育过程中改变,有些则难以改变)。研究要真正理解教师教育实践对师范生的影响,则必须准确评估师范生的先前经验。比如,要研究为期10周的教育实习是否提高了师范生的文化反应性教学能力,必须调查师范生在实习之初开展文化反应性教学的真实能力并将其作为研究设计时充分考虑的重要变量。其次,教师教育实效受教师教育机构乃至社会环境的影响,在不同性质和类型的高等教育机构中,如文理学院、研究型大学、地区性大学等,教师教育实践及其效果存在巨大差异,研究者应对教师教育机构的特征及整个社会的宏观环境(如地区教育政策等)进行细致分析。再次,实习学校及班级的性质(比如,班级学生的语言、社会经济、种族、民族等背景因素是同质性的还是充满异质性的,师范生进入班级之前班级已经形成的文化、组织特征等)、指导教师及学校其他人员对文化反应性教学的态

---

① Goodwin, A. Lin. Multicultural Stories: Preservice Teacher's Conceptions of and Reponses to Issues of Diversity [J]. Urban Education, 1997, 32 (1).

第七章
为多元文化社会培养教师:教师教育新公平目标

度、他们对大学教师教育项目中有关文化反应性教学的课程内容是否熟悉、师范生在实习过程中就开展文化反应性教学受到的指导程度以及教育实习与其他课程学习的关系等,都是在研究多元文化教师教育成效时需要加以考虑的因素。①

另一方面,多元文化教师教育研究需加强教师教育者的自我研究。自我研究自1990年代被引入教师教育领域后发展迅猛,教师教育者以自身的教育实践为研究旨趣,通过批判性审视自我及其角色、身份,发现自我并重构角色、身份,进而重新认知教学和提高教学水平;这种聚焦于和他者相关联的自我、对自己的教育教学实践开展研究的作用不仅在于理解、改善教学和提升教育质量,还在于发现自我、改变认知,在多元文化教师教育中备受青睐。教师教育者通过自我研究,重新审视自己在教师教育工作实践中所遭遇的非预期的冲突、紧张、困惑、震荡、矛盾、不确定性等,使长期潜隐在自我思想认知深处的内隐观念、假设等外显出来,运用传记、叙事、行动研究、教学日志、网络博客等方法,在教学实践进程中研究教学实践、反思教学实践;并且在反思与澄清中,既深刻体验自己的示范者角色、通过发出自己的声音而增进自己的文化主体性,又通过与师范生和在职教师共同探寻自我身份认同、建立彼此尊重和相互欣赏的专业共同体而彰显多元文化教师教育的力量。教师教育者自我研究的主题广泛(如自我教师教育的观念形成、实践体验、专业学习与合作以及对教师教育改革行动的反思等)、方法多样(如教育叙事、教师传记、教学日志、网络博客、行动研究、田野日记等质性研究方法,搜集、分析大学教师教育者的教案、课堂教学录像、现场观察记录、课程网络帖子、课程中期和末期评论、批判性反馈问卷调查、课后学生访谈、研究反思日志,中小学指导教师的课堂活动录音、访谈录音、非正式讨论与汇报录音、来往邮件,师范生的作业、学习日志、书面评论等各种各样的第一手实证研究资料)。例如,美国加利福尼亚州立大学的 Ann Katherine Schulte 所著《探寻教师教育的完整性:改变师范生、改变自我》一书即为致力于探讨如何培养本科师范生成为具有文化反应性教学能力、从容面对多元文化的中小学教师的一项高质

---

① Kenneth Zeichner. Embracing Complexity and Community in Research on Multicultural Teacher Education [M] // Arnetha F. Ball & Cynthia A. Tyson (Eds). Studying Diversity in Teacher Education. Lanham (US): Rowman & Littlefield Publishers, Inc., 2011: 329-337.

量自我研究成果。①

多元文化教师教育研究需要进一步聚焦"如何评估高质量的多元文化教师教育""成功的多元文化教师教育项目具有哪些特征""从致力于多元文化和平等的全球性、跨国性教师教育项目中,我们可以获取哪些经验"等问题,突破单兵作战式的个人研究,加强长时段、大规模的实证性合作研究及研究共同体建设,在理论架构、研究范式及方法、工具等方面积累研究成果,更多地开展深层次的教师教育者自我研究和外部评价研究。②

三、指向新教育公平的中国特色多元文化教师教育

在当代中国社会多元文化世界中,培养能够与不同文化背景和特质的学生进行有效沟通的教师成为教师教育的重大使命。教师作为多元文化教育中的关键一环,是实施多元文化教育的重要条件。为应对社会日益凸显的文化多样性,更好地促使职前教师认识到自己在面对中国社会阶层分化、教育与社会流动关系等问题时所担当的角色,把握他们可能遭遇的学校场域中的文化多样性,教师教育应吸纳多元文化教育理念,建构渗透多元文化教育意识与能力培养的课程体系,积极探索中国特色多元文化教师教育,担负起教师教育新公平使命。

(一)课程目标:增强文化敏感性、培养社会正义感

现代民族国家的文化多样性特征使学生面对的社会环境既非单一文化亦非单一价值观所主导。多元文化环境中,教师需要考虑不同文化背景学生的需求,积极适应学生文化背景的多样性,并采取措施丰富学生的学习体验

---

① Ann Katherine Schulte. Seeking Integrity in Teacher Education: Transforming Students, Transforming My Self [M]. Berlin: Springer Science+Business Media,2009.
② Arnetha F. Ball & Cynthia A. Tyson. Preparing Teachers for Diversity in the Twenty-first Century [M] // Arnetha F. Ball & Cynthia A. Tyson (Eds.). Studying Diversity in Teacher Education. Lanham (US): Rowman & Littlefield Publishers, Inc,2011: 399-416.

与学校生活,使其能够与不同民族、语言、阶层等文化背景的人友好相处。这要求教师在面对来自不同文化背景的学生时首先具备敏锐的文化敏感性,能够从不同文化的视角来合理地诠释个体及其所属群体的经验并恰当地采取教育行动。具有文化敏感性的教师能够了解并依据不同文化族群和社会阶层学生的知识、能力、个性、特长、文化经验等来发展课程、设计教材、实施教学、开展评价,并将多元文化议题融入课程。比如,课堂教学中,教师在内容解释与举例时能否顾及文化的多样性与差异性,避免呈现、传递对异文化的负面信息,能否给不同背景学生以平等参与的机会,是否经常反思自己对待不同文化背景学生的言行是否有差异等,这些都体现出教师的文化敏感性程度。

为此,教师教育课程目标不能仅仅停留在传递和掌握相关学科领域的知识、技能,而应拓展到文化(特别是学科文化)本身的特征、作用及发展过程,使学习者在学习语言、数学、人文、社会及自然科学等各个领域的知识与价值过程中,体验文化差异并学会从文化多样性视角来理解和解释不同文化群体的生活经验,在认知结构中形成西方学者所说的"多元文化的内置"①,这种"内置"有助于未来教师敏感于不同文化背景学生的需要与反应,更能理解、欣赏不同文化差异的合理性,消弭和避免文化刻板印象,生发社会正义感。

(二) 课程内容:深进学科文化内核、凸显社会公正

我国教师教育课程内容多从主流文化传统出发,缺乏对多元文化的关怀与尊重,较少考量如何培养具有多元文化视野、能够尊重不同文化并具有跨文化教学能力的教师。培养出的教师也就因未能形成多元文化视野而容易忽视甚至漠视不同文化群体的差异,难以胜任多元文化时代的教育使命。有研究者指出,少数民族学校的教材只是简单翻译汉族地区教材,完全没有顾及少数民族文化传统,许多汉族教师进入少数民族地区学校接触少数民族学生时无法辨别学生的行为模式,不能使用学生熟悉的教学模式,也无法依据

---

① Joseph M. Larkin & Christine E. Sleeter. Developing Multicultural Teacher Education Curricula [M]. New York: State University of New York Press,1995: 3-12. 转引自靳淑梅. 多元文化教育理念下教师的培养目标及其启示 [J]. 外国教育研究,2009(3).

不同文化背景学生的学习特点来提高学生的学业成绩。① 其实,教师教育课程内容中对学校教育存在的城市化倾向、性别角色刻板印象等现象同样缺少必要的揭示和探讨。

敏锐的文化认知离不开丰富的多文化知识。为了有助于教师正确、全面地看待和理解社会多样性,教师教育课程首先需要帮助学习者形成关于教育、学校及课程与教学文化的基础知识。职前教师关于学校教育的知识多来源于个人经验,但以直接经验为基础的知识在分析、理解多元文化学校时的视角非常有限,明显受限于种族、阶层、语言、性别等。为此,教师教育课程内容需要加强历史学、人类学、社会学、语言学、心理学、哲学、政治学、经济学等多领域的知识,这些知识有助于未来教师理解影响教与学的背景因素,理解语言、文化等众多因素对学生认知、学习、发展的影响;需要注重与特定文化团体及其形成、发展相关联的知识学习,虽然要求教师具备所有文化团体的背景知识几乎是不可能的,但应倡导和鼓励师范生以多种途径关注和了解某些特殊社会群体的亚文化特质,获取跨文化知识。

当然,课程内容不能仅局限于知识本身,而应关注知识的文化基础与内核。美国始于 20 世纪 60 年代的多元文化教师教育项目(Multicultural Teacher Education,简称 MCTE)进入 90 年代中期后,开始从添加多元文化教育知识转向加深学习者对多元文化公平性、正义性的理解,要求所有教师能够理解文化多样性与公平性在教学中的作用,能够设计体现文化多样性和教育公平性的教学;将"社会公正"作为多元文化教师教育的核心,强调教师教育目标和概念框架应有勇气面对社会正义、社会政治、平等、种族主义等"艰难话题(hard talk)",使未来教师意识到每一个教学行为就是一个政治行为,通过挑战不公正的教育来对社会负责,致力于社会民主改革,比如,教师应对各族群学生持相同期望水平、不应对学生有性别角色刻板印象等。教育是社会道德文化的重要组成部分,教师必须从道义和法律上为建设更加正义的世界而努力;教师教育也由此更加重视设置社会正义价值转向的课程(如"为平等和社会正义而教"),为学习者提供深入探索教育公平问题的机会,帮助未来教师了解教育如何加剧或缓和社会不公平,发展其质疑教育公平与社会正义的批判性反思能力。

---

① 白亮.多元文化视野中的教师教育[J].民族教育研究,2008(5).

(三)课程实施:渗透情感于知识中、反思教育公平

相比于传统师范教育方法单一、手段陈旧等弊端,近年来教师教育课程改革在改善教学方式上取得可喜突破,但知识本位倾向仍然依稀可见。未来教师能否具有开展多元文化教学实践的能力,并非单纯取决于知识(哪怕是多元文化知识)的多寡,是否拥有正确对待不同社会亚群体文化特质的态度和情感更为重要。为此,教师教育课程实施中应注重渗透对待不同文化群体的情感、态度、价值观教育,并加强学习者的体验与反思。

首先,理论学习中注重渗透多元文化的情感、态度、价值观。教师教育理论课程可以借鉴英美等国在培养教师多元文化教学能力时采用的单独学程模式和整合模式。前者是单独开设旨在增进学习者多元文化知识与能力的课程,如民族艺术、区域地理、专门史、跨文化心理与学习风格等课程,帮助学习者了解相应地区的历史发展、地理环境、生计方式、文化形态以及不同文化背景学生的学习心理特点等,促进学习者认同、接纳多元文化,并发展相应的文化适应性教学能力。后者即不改变已有教师教育课程框架,只是将多元文化经验材料整合、融入相关课程,如在社会学、历史学等课堂上介绍不同民族、种族团体的经验知识,使学生检视自己对于族群多样性的态度并思考应采取的行动。① 无论哪种模式都要求教师教育者应随时反省自己的课程意识与教学过程,发自内心地尊重由于文化多样性而表现出的不同学习行为及其特点,避免因自己的意识形态偏见而忽略对异文化的尊重,注重渗透多元文化的情感、态度与价值观,从而潜移默化地熏陶师范生的多元文化理念与意识。唯此,才能真正地促进未来教师将多元文化理念融入自己的教学情境,使未来教师耳濡目染地感受和学习如何与不同文化背景学生建立良好的师生关系、如何恰当地运用公平、正义的课堂教学策略与方法,进而有效地服务于多元文化社会。

其次,实践锻炼中加强对多元文化体验与反思的指导与要求。研究表明,个体丰富多样的文化经验对于形成多元文化观念与态度、提高针对不同文化背景学生开展多元文化教育的能力以及对于文化多样性问题的批判反

---

① 孟凡丽,于海波.国外多元文化背景下教师教学能力培养的探索及启示[J].高等教育研究,2008(2).

思等具有重要作用。师范生的多元文化经验除来自日常生活接触①外,主要来自以教育实习为主的实践性课程。教育实习是教师教育课程的重要组成部分,但多局限于课堂上的学科知识教学,很少引导实习生感受和思考学生文化背景对其学业、个性及社会性等发展的影响。事实上,教育实习不仅为师范生演练和改进教学技能,增加教师职业认识、了解自我职业兴趣、特长与不足以更好地规划自我职业发展方向而开放真实的教育现场,更要为增强其多元文化敏感性和理解力、提升其社会责任感创设环境。有目的、有组织地提供跨文化教育实习机会,让实习生全面了解不同文化背景学生的需求,体察不同文化对学生认知和思维方式的影响以及自己与学生、家长的文化差异,并在实际教学中检视自己已有的教育信念等,将有助于师范生学习思考、反省自己对异文化的态度,增强对异文化的包容与适应,注意规避自己对不同阶层文化的偏见和刻板印象,锻炼、提高自己尊重、理解、欣赏和沟通不同文化的能力,进而促进师范生日常生活中自觉增加不同文化的接触体验,提高文化敏感性。为此,教育实习应注重增加实习生与文化多样性学生的交往机会,提供尽可能广泛的实践使其体验和理解多元文化。美国在多元文化教师教育中采取的实地实习(field experiences)、服务性学习(service learning)、现实性途径(realistic approach)等多种方式以增加职前教师与少数群体接触的机会,可资借鉴。② 此外,教师教育课程在形式与结构上还应注重拓展通识教育课程、丰富教育类选修课程,并探索合作、探究等多种有效学习方式。

总之,将公平、正义的教育理念及内容、方式等融入教师教育绝非轻而易举,更非一蹴而就之事,西方国家多元文化教师教育在发展过程中亦遭遇种种困难,但其在组织管理、课程教学和学科建设等方面积极给予有力支持,通过螺旋式课程设计将多元文化教育理念、知识、态度、技能等渗透、贯通于包括教育专业课程和学科专业课程在内的所有教师教育课程及其教学、评价、社会实践等全部环节,推动教师教育者发挥跨学科知识的价值,促进师范生在不同场景中感受多元文化教育的价值,拓展师范生对社会平等、正义等议

---

① 日常生活中的多元文化接触经验需要渗透在教师教育各门课程的教学实施中,可以通过正式课程、活动课程等多种课程形式的安排乃至潜在课程的营造,使师范生及中小学教师有机会接触不同文化,增加多元文化经验,为培养文化敏感性及正确的文化认知奠定经验基础。

② 靳淑梅,孙启林.美国多元文化背景下中小学教师教育实习方式述评[J].外国中小学教育,2008(9).

题之复杂性的理解,以及通过教师教育者的身体力行、自觉示范,促进师范生自觉树立"社会变革能动者"的角色意识等实践努力值得我们在推进中国特色多元文化教师教育中学习和借鉴。指向新教育公平的中国特色多元文化教师教育在课程目标上应突出文化敏感性与文化理解力的培养,课程内容上需深进学科知识文化内核、转向社会公正,课程实施中更需要超越知识、渗透情感并加强体验与反思,为实现公平、正义的基础教育而做出教师教育应有的贡献。

第八章
"师范专业"项目制改造:教师教育新公平模式

"师范专业"是我国特殊的大学本科专业类型,却一直遭遇着"双学科专业性"与"专业实体化体制局限"之间的矛盾。面对当前国家教师资格证书制度改革的现实挑战,传统师范专业迫切需要探索项目制改造,系统创新以学科为依托、以课程为纽带的教师教育新模式,高质量开展多种多样的"教师教育项目",在教师教育领域实现"为了每一个人都享有适合于自己的优质教育"的新教育公平理想;培养未来教师对教育公平实践的自觉意识和反思能力,这是实现多元教育公平的有效路径。

近年来,我国教师教育改革实践及理论研究都呈现出蓬勃发展的良好势头。但不能不承认,一方面,在我国高等师范院校内部的教师教育改革实践中,一些改革创新举措不同程度地面临困境、遭遇质疑甚至反对,实际运作与文本畅想尚有不小差距;另一方面,面对新教育公平的时代诉求,专业化教育改革思路对包括师范生在内的大学生享有适合于自己的优质高等教育,获得人格自由、充分而完满的成长,也可能造成未曾预期的风险和代价。教师专业人才培养如何有效规避现行"师范专业实体化"存在的弊端并从容应对国家教师资格证书制度改革的现实挑战,促进师范生在"自由人"和"社会(职业)人"双重意义上的全面而可持续发展?这是深化教师教育综合改革、促进教师教育内涵式发展必须思考和回答的问题。借鉴"敏捷高等教育"①的思路,在"专业(major)即课程组合(program)"②的意涵上,依托高水平教师教育学科群、课程群及其教学团队,实现并加强教师教育项目的实体化建设,或许是教师专业人才培养新公平模式的一种有益探索。

① 叶飞帆.敏捷高等教育初探——基于学科与专业的视角[J].高等教育研究,2011(12).
② 卢晓东,陈孝戴.高等学校"专业"内涵研究[J].教育研究,2002(7).

第八章
"师范专业"项目制改造:教师教育新公平模式

一、"师范专业"面临的困境与挑战

在我国现行高等教育制度中,旨在培养中学教师的本科专业①名称,除了"体育教育专业""思想政治教育专业"等少数几个明确带有"教育"二字的专业外,绝大多数是"某某文理专业(师范方向)",如"汉语言文学专业(师范方向)""数学与应用数学专业(师范方向)""音乐学专业(师范方向)"。"(师范方向)"只是文理专业的"后缀",教师培养工作不再作为一个独立专业而是变成文理专业的附属。② 这些本科专业在高等师范院校的管理实践中一直被统称为"师范专业"(或"师范类专业"),修读这些专业的大学生则被统称为"师范生"。长期以来,在高师院校中,各个文理学科方向的师范生由相关文理学院负责招生和管理,从事"学科教育(含学科课程与教学论)"教学与研究工作的师资力量(俗称"学科教学法老师")也归属于相关文理学院,从事师范生"公共教育学""公共心理学"类课程教学工作的师资力量(俗称"公共课老师")则归属于名称不一的教育、心理院系。21世纪以来,在我国教师教育开放化、大学化、专业化、一体化的改革进程中,高师院校在综合化发展背景下,为突显自身教师教育传统、特色及优势,进行了一系列校内教师教育资源整合的改革探索,比如将"师范生""学科教学法老师""公共课老师"全部纳入专门成立的、名称不一的专业教育机构(如"教师教育学院"),致力于集中力量加强教师专业人才培养。然而,这些新模式并没有能够有效地摆脱传统"师

---

① 在我国,作为学校人才培养基本单位的"专业"是中华人民共和国成立后学习苏联经验的产物,意指学校根据社会分工需要而划分的学业门类,大体相当于《国际教育标准分类》中的"课程计划(program)"或美国高等教育中的"主修(major)"。 在我国现行高等教育制度中,尚无专门致力于培养大学教师的本科专业。 旨在培养幼儿教师和小学教师的本科专业名称分别为"学前教育专业"和"小学教育专业"。 本章着重针对中学教师教育展开分析。

② 在我国1993年颁布实施的《普通高等学校本科专业目录》中,"历史教育""数学教育""汉语言文学教育"等都是作为独立专业而存在的,师范教育特征明显,与综合性大学相关文理专业的区别也十分醒目。 1998年颁布实施的《普通高等学校本科专业目录》因需要解决专业设置过细偏窄的问题并增强毕业生的适应能力,旨在培养教师的专业,除体育教育、教育学、学前教育、特殊教育等外,大部分并入文理专业,在"某某专业"后加括号注明"师范方向",如"汉语言文学专业(师范方向)"。

范专业"的内在困境,在新的时代发展情境下又遭遇新的挑战。

(一) 困境:师范专业双学科专业性与专业实体化壁垒间的矛盾

我国高等教育的学科专业制度肇始于20世纪50年代初期,是计划经济体制下的产物。1952年开始的新中国第一次高校院系调整模仿苏联教育,按照专业目录中的一级分类设立单科高校,在高校内部按照二级分类设置系,再按照专业或课程设置教研室。这种与学科专业目录保持高度一致的高校组织格局维持至今,即便经历了1990年代开始的高校合并和综合化改革热潮后,高校专业实体化的特征依然显明。虽然具体学科、专业60多年来经历了多次调整,但学科专业制度的基本精神(即"绝对分类逻辑下的专业设置"和"政府权威下的目录管理")一直没有改变。学科专业制度的绝对权威、高度统一、运行封闭等造成诸多弊端,如高校学科专业设置普遍趋同、与现实需求脱节,人才培养规格雷同、特色不明,目录内容缺少灵活、开放不足[①];特别是由此产生的专业实体化,即"专业"成为一个拥有师资、学生、设备、经费等各种资源的"独立王国",对高校人才培养的影响极为深远。"专业"不仅是人才培养的根本载体,更是资源使用、管理与分配的基本单位,其背后至少存在"由同一专业的学生组成的班级""教师组成的教研室"以及"与此相连的经费、实验室、仪器设备、图书资料、实习场所等"三大类实体。[②] 学生入学即进入某一确定的专业接受教育,高校内部的教学经费、教师编制核定等都主要根据专业拥有学生的数量来计算和分配,专业调整会因牵涉各方利益而困难重重,而专业教师心理上形成的"我们的学生、实验室"等认知惯习对大学文化产生的影响潜隐而巨大。

虽然一些旨在同步提升师范生的学科素养和教育素养,以提高教师人才培养质量的人才培养模式创新改革的初衷良好,但在很大程度上,正是由于我国大学的实体性专业建制及其资源配置模式根深蒂固,而创新模式中实体性院系的"诞生"既非知识学意义上学科分化的产物,亦非依循"首先有一个

---

① 卢晓东,陈孝戴.高等学校"专业"内涵研究[J].教育研究,2002(7).
② 刘小强.高等教育学科专业制度:回顾、反思与方向[J].学位与研究生教育,2010(1).
刘小强,王锋.关于60年来我国专业制度的反思[J].高等工程教育研究,2010(1).

第八章
"师范专业"项目制改造：教师教育新公平模式

学科,然后才有一个专业,有一个系,有一个学院"①的大学学科制度化的传统路径,更未能在高师院校内部治理机制上真正突破专业实体化在院系之间造成的利益壁垒,使得师范生培养仍然屡屡会因"我的（老师、实验室……）""你的（学生、编制……）"而发生"意料之外的后果"。虽然尚无科学、规范的实证研究数据能够揭示改革前后不同人才培养模式的培养质量究竟孰高孰低,而且影响人才培养质量的因素错综复杂,但改革过程中无论是"局内人"的情绪体验还是"局外人"的质疑与担忧,都足以让人清醒地认识到,由于在我国高师院校的管理实践中,与教师专业人才培养紧密关联的师资、学生、设备、经费等各种资源始终依托在一个独立的实体性建制机构,因而,新、旧不同模式在本质上都没有能够跳出"实体化专业"的窠臼。

虽然实体化专业建制并非师范专业所独有,但正是由于师范专业的双学科专业性质,在高校专业人才培养中普遍存在的专业实体化弊端对教师教育改革的影响尤甚,甚至使得教师教育改革在一定程度上陷入"内卷化"②困境。由于牵涉错综复杂的利益关系,专业实体化不仅导致专业调整困难、成本高昂,而且严重制约了跨学科人才的培养③,而教师恰恰是具有明显多学科性和跨学科性的复合型专业人才。教师不仅需要懂得"教什么",而且必须懂得"怎么教",这似乎早已成为众所周知的常识。但事实上,这种同时关涉学科专业与教育（教学）专业的"双学科专业型教育"是教师教育的特殊性所在,也是师范专业实体化造成的最大困局,更是教师教育改革亟待突围的"瓶颈"所系。

欧美国家在教师专业化教育中大多采取分离式教师教育体制,即学科专业与教育专业剥离,学习者取得相关学科的三年或四年本科学历资格并经测试后进入教育学院接受一至两年的教育教学理论学习与实践锻炼,成绩合格并取得教师资格证书后方有可能被中小学校录用;至于学科专业与教育专业分离后的教师教育模式则因学校办学水平与层次、服务区域及学

---

① 孟宪范.学科制度建设研讨会综述[J].开放时代,2002（2）.
② "内卷化"指一种文化模式达到某种最终形态后,既无法稳定下来也无法转变到新的形态,即在外部扩张条件受到严格约束的条件下,内部不断精细化和复杂化而出现惰性,导致"没有发展的增长"。参见黄宗智.华北的小农经济与社会变迁[M].北京:中华书局,1986.黄宗智.长江三角洲小农家庭与乡村发展[M].北京:中华书局,1992.[美]杜赞奇.文化、权力与国家:1900—1942年的华北农村[M].王福明,译.南京:江苏人民出版社,1996.
③ 刘亚敏,胡甲刚.跨学科人才培养的制约因素探讨[J].中国高教研究,2004（3）.

生培养规格等不同而没有统一做法。国内近年来的改革即意在借鉴国际经验,将教师教育职能与资源集中,通过学科专业与教育专业在机构、人员、资源等方面的分离,将教师教育从被学科专业教育所漠视的边缘状态中解放出来,打破不同学科方向师范生及教师教育者之间的疏离与隔阂,从而突出和强化教师教育的专业性与重要性。然而,这里需要澄清两点:第一,西方国家中未来教师培养的最主要载体是大学教育学院负责实施的教师教育项目(teacher education program),而教师教育项目与文理学科专业及相关文理学院之间几乎不发生关联,而且西方国家大学普遍实行完全学分制,所以,修读教师教育项目的学生大多不会触及学院归属问题。第二,西方国家这种学科专业教育与教育(教学)专业教育相分离的人才培养模式并非完美无缺。因为教师专业知识并非学科知识和教育知识的简单相加,特别是在与"非师范专业"修业年限相等的有限学时内,如何既优化教育专业又深化学科专业并契合教师知识的整合性特征,真正实现学科专业知识与教育专业知识的融合,进而提升教育学术能力?可以说,这是一个世界性难题,无论西方国家的现行模式还是我国近年来的创新模式都没有能够很好地解决这个根本性的两难困境。学科专业知识与教育专业知识在组织机构、课程内容、教学方式等方面依然缺少沟通和互动,"准教师"在课堂上习得的学科知识并没有随教育知识的丰富而更加适宜教学,教育知识也难以在学科知识学习中彰显魅力,"准教师"的专业知识结构仍是分散的。因此,我们必须冷静地思考如何从这种因专业实体化建制而导致院系间利益壁垒森严的体制性困局中突围。

(二)挑战:教师资格证书"国考"后师范专业名存实亡的危机

我国教育部根据《国家中长期教育改革和发展规划纲要》精神,从2011年起首先在浙江、湖北两省启动了全国中小学和幼儿园教师资格证书全国统一考试(以下简称"国考")的改革试点工作;2013年8月出台的《中小学教师资格考试暂行办法》《中小学教师资格定期注册暂行办法》明确指出,从2015年开始正式全面实行教师资格证书全国统考。在教师资格新制度的诸多亮点(如将"省考"变"国考"、提高入职门槛、破除教师资格终身制等)中,突破最大、最引人注目、与"师范专业"关系最密切的就是关于取消师范生免试资格

第八章
"师范专业"项目制改造:教师教育新公平模式

的规定,即师范专业毕业生不再自动获得资格证书,也必须参加并通过"国考"才能获得教师资格证书。虽然有研究者担心"师范专业按照中小学幼儿园教师培养目标、培养方案开展教师培养,经过教育实习,最终还要通过考试获得资格证书,而非师范专业只经过心理学、教育学考试和教育教学能力测试,不经过教育实习,就可以获得资格证书"①;但已有省份就规范非师范生申请教师资格做出了严格的补充规定,如山东省2013年9月明确提出"自2015年起,非师范类专业毕业生报考教师资格考试笔试必须有在省级教师教育基地学校修习规定的教师教育类必修课程的经历,并考核合格,获得规定的学分;非师范类专业毕业生报考教师资格考试面试的,必须有在省级教师教育基地学校确定的教师专业发展学校进行教育实践(包括教育见习和教育实习)的经历,并考核合格,获得规定的学分"②。

无论如何,这项制度改革对现行师范专业培养模式和师范专业实体化建制提出了巨大挑战,在高师院校也已产生不同程度的震荡。"如果师范生'国考'通不过,师范专业还有没有存在的必要?""高师院校是继续招收师范生并继续实行'文理学科专业教育+教师专业化教育'的培养方案,还是取消师范专业,改而实行'文理学科专业教育+教师资格证书考试培训辅导'?"……事实上,建立国家教师资格考试标准,改进教师资格考试内容(如强化职业道德、心理素养、教育教学能力和教师专业发展潜质),加强考试管理、完善考试评价(如由"双轨"转变为"单轨"的"并轨"规定)的根本目的在于提高教师入职门槛并严把教师入职关、切实引导教师教育改革甚至"倒逼"师范院校提高师范生培养质量,而非鼓励将教师专业化教育倒退为考证辅导。新形势下能否保持教师教育特色、保证教师人才培养质量,既是师范院校面临的严峻挑战,也是师范院校深化教师教育改革、谋求教师教育内涵式发展的极好机遇;关键则在于切实进行师范专业改造、真正提高师范生培养质量。

---

① 张海钟.教师资格证书考试制度改革与教师教育专业的培养模式改革[J].教育文化论坛,2014(6).

② 刘信阳.试论"国考"教师资格证书制度改革的问题与出路[J].教师教育论坛,2014(9).

二、改造"师范专业"的可能探索

面对挑战,"师范专业"何去何从?对愿意接受专门培养、将来成为中小学教师的大学生究竟采取什么样的组织方式才能更好、更高效地培养教师人才?这是教师教育改革的关键。有研究者建议"撤销师范专业(教师教育专业)"、实行"4年学科专业教育+1至2年教师职业教育"①。以下构想的"教师教育项目"在本质上并非取消师范专业,更非主张未来教师不需要接受专门培养(包括课程修读及教育实践等)而只需通过辅导班突击学习相关知识技能、凭借天赋就可以获得教师资格证书(这实际上是对"教师教育"作为专业人才培养实践的彻底否定),而是认为在教师资格证书国家统一考试的改革情势下,可以在"'专业'即有一定逻辑关系的课程组织"或曰"专业(major)即课程组合(program)"的意涵上,借鉴并优化西方国家"教师教育项目(teacher education program)"的组织方式,通过加强教师教育项目的实体化建设,克服师范专业教育长期以来存在的学科专业与教育专业相割裂的弊端,切实提高教师人才培养质量。

(一)落实专门的教师教育项目管理机构

致力于开展教师人才培养的高校(特别是具有优良师范教育传统、特色和优势的高师院校)可以"教师教育项目"为抓手,成立实体性的项目管理机构,比如"教育学部(或学院)"下设的"教师教育学院"(或"教师教育办公室")。这种实体性管理机构是大学秉持管理重心下移原则设立的基层行政管理机构,承担教师人才培养中各项具体工作的管理权,比如组织、制定教师教育项目方案,统筹、管理项目修读学生的申请、招录、管理等工作,组织、落实项目方案中各门课程(包括教育实践活动)的师资、教学、评价等,以及项目所涉及的其他人事、财务、学生工作、外事、党务等各方面管理事项;与负责教

---

① 张海钟.教师资格证书考试制度改革与教师教育专业的培养模式改革[J].教育文化论坛,2014(6).

师教育学科与课程建设的基层学术组织之间,如下文所述的实体性教师教育学科群、课程群及教学团队等,在行政权力和学术权力上各司其职并保持必要的均衡。

(二) 探索多样化的高质量教师教育项目

严格地说,未来教师在学习相关文理学科课程时就应开始树立"师范"意识,在学习文理学科专业知识时就应努力将文理学科知识与教育知识相融合,学习养成和提升自己的"学科教学法知识(PCK)"。因此,创新教师专业人才培养模式的关键在于真正突破文理学科与教育学科"两张皮"的顽疾,而非简单照搬西方国家的"4+1""4+2"等模式。如果说"要实现'每一个人都享有适合于自己的优质教育'必须突破学校教育的思维定式,力求回归教育本身"①,那么也可以说,要实现"每一位有志成为教师的大学生都享有适合于自己的优质教师教育",则必须突破"师范专业"的思维定式和办学藩篱,顺应未来教育系统性变革对教师角色重塑与专业成长提出的新要求。根据我国目前的大学管理体制及文化传统,高师院校可以根据具体校情及市场需求状况,以多种"教师教育项目"为载体,探索多元化的教师专业人才培养新公平模式。

第一,大学本科层次的"教师教育项目"。该项目在学生大一结束前进行并完成学生申请、考核、招录等工作,修读年限原则上为3年;项目招收的大学生从大二开始进行包括文理学科专业和教育学科专业在内的教师教育课程修读(学生在大一期间可以主要修读公共基础课程及博雅通识教育课程),修读合格者获得学校颁发的"教师教育项目"合格证书,并参加教师资格证书国家统一考试;项目设立并完善相应的退出、淘汰、奖励等机制。

第二,本硕贯通的"卓越教师教育项目"。该项目面向已进入本科层次教师教育项目的修读学生,根据学生自愿申请的原则,在大三结束前依据相关标准,考核、选拔、招录一定数量的学生接受教育专业学位硕士研究生培养;该项目修读年限亦为3年,亦设立并完善相应的退出、淘汰、奖励等机制;修读合格者获得学校颁发的"卓越教师教育项目"合格证书,并依据国家相关规

---

① 王建华.新教育公平的旨趣[J].教育发展研究,2017(2).

定和要求申请"教育硕士"专业学位证书;自愿退出或被淘汰者则既可以根据第一种模式的"教师教育项目"要求,申请项目合格证书并参加教师资格证书"国考",亦可放弃申请项目合格证书及"国考"。

目前,高师院校可重点探索上述两种模式,而且在这两种项目形式中,师范生需要修读的文理学科专业课程及教育学科专业课程均通过教师教育学科群、课程群及教学团队实体化建设的方式来保证质量;下述两种模式则可作为过渡时期的"权宜之计"进行尝试。

第三,"学士后1年制教师教育项目"。该项目面向有志于成为中小学教师并已获得某一文理学科专业学士学位者,修读年限为1年,即在完成本科教育后接受1年的教师专业化教育(包括遵循国家《教师教育课程标准》制定的全部课程及教育实践计划),修读合格者获得相应的项目修读合格证书,并可参加教师资格证书国家统一考试。

第四,"学士后2年制教师教育项目"。该项目亦面向有志于成为中小学教师并已获得某一文理学科专业学士学位者,但修读年限为2年,即在完成本科教育后,除接受与"学士后1年制教师教育项目"相同的1年教师专业化教育外,再接受1年旨在提高教育研究能力的课程学习及实践,修读合格者获得相应的项目修读合格证书,并可参加教师资格证书"国考";其中,通过全国教育硕士专业学位研究生考试合格并经过论文答辩合格的学生,还可获得"教育硕士"专业学位。

这两种模式的缺憾在于本科阶段的文理学科专业教育与教师专业化教育相分离,只能在1年或2年的极有限时间内,培养和促进学生将文理学科知识与教育知识相融合,进而提升自己的"学科教学法知识(PCK)"和教育实践智慧。虽不易但亦值得探索。

三、"教师教育项目"的支持系统

上述不同模式的"教师教育项目"欲真正达到高水平、确保教师人才培养的高质量,需要从教师教育学科群建设入手,加强教师教育项目的课程及其教学团队建设,创新高师院校师范专业人才培养的组织制度和体制、机制。

第八章 "师范专业"项目制改造:教师教育新公平模式

(一)加强教师教育学科群实体化建设

在高等教育体系中,"学科"与"本科专业"是两个具有明显内涵和性质差异的概念,建立在不同的逻辑基础上、遵循着不同的发展演变规律。学科是独立而分门别类的知识体系,随着知识生产领域的劳动分工而产生和发展,在不同知识领域中按照知识的逻辑横向拓展或纵向深入;本科专业则不仅按照知识的逻辑,更按照社会职业和教育的逻辑而发生、发展。二者又紧密关联,表现出"源"与"流"的关系,处于不平衡、不等量的动态发展中。一个学科可应用于不同的本科专业领域,一个本科专业则往往要求多个学科的综合才能适应多种社会职业岗位的需求。没有学科,专业就成为无本之木、无源之水;没有专业,学科则成为无生命的知识体系而失去社会价值和发展动力。①

就教师人才培养实践而言,在我国封闭的师范教育体制中,虽然师范院校内部一直存在众多的文理学科,但并未出现"师范教育学科"的话语实践;而在教师培养不再是师范院校唯一任务的师范院校综合化进程中,伴随"学科建设"这一极具中国特色的高等教育主流政策话语的兴起,"学科"成为特定知识领域及其研究群体学术地位的重要考量指标。"教师教育学科建设"的议题被提出,"教师教育专业"的话语实践也初现端倪;但迄今为止,不仅"教师教育专业"尚未获得合法的独立专业代码,而且对"教师教育专业"的学科基础及学科组织建设等问题依然见仁见智。② 笔者认为,无论在知识学意义上还是在教师教育实践中,致力于教师人才培养的本科师范专业拥有众多支撑性学科,绝非某一门学科(如所谓"教师教育学"),而是能够为教师教育实践服务的一切知识体系所组成的"复数形式的教师教育科学",即由主干学科和支撑学科构成的"教师教育学科群"。其中,主干学科包括针对特定年龄教育对象的"中学(或小学、学前)教育学"和"青少年(或儿童、幼儿)发展与学习心理学",以及各文理学科领域的"学科教育学"(如含"语文课程与教学论"

---

① 陆军,宋筱平,陆叔云.关于学科、学科建设等相关概念的讨论[J].清华大学教育研究,2004(6).叶志明,等.对学科、专业和课程及其在高校发展中作用的再认识[J].中国大学教学,2010(1).

② 李学农.教师专业化实践的困境与教师教育学科理论的生长[J].教育理论与实践,2007(4).朱旭东,周钧.论我国教师教育学科制度建设——教师教育大学化的必然选择[J].教师教育研究,2007(1).陈永明,王健."教师教育学"学科建立之思考[J].教育研究,2009(1).

在内的"语文教育学"等);支撑学科包括各文理学科①,教育科学分支学科(如教育哲学、教育社会学、教育史学、课程与教学论、教育评价学、教育统计学、教育传播学等),心理科学分支学科(如发展心理学、教育心理学、社会心理学、心理测量学、青少年心理辅导等),以及新兴的综合性学科(如儿童学、教师学、教师教育学等)。构成教师教育学科群的各门学科是致力于在不同的研究层面上、从不同的研究角度出发,认识和改进教师教育实践活动。

就像"教师教育"既不能被泛化为"教育"也不能被窄化为"学科教育"一样,"教师教育学科群"也不能完全等同于"教育学科群"或者"学科教育群"。教师教育学科群建设是一项系统工程,涉及学科群的要素、结构、层次,各学科知识的选择标准,各层次知识间的相互关系及整体系统性,以及学科群的组织建制等一系列理论和实践问题。教师教育学科群的实体化建设是就学科群的组织建制而言,指打破现有学院壁垒,遵循教师教育内在规律,合理规划学科群的布局,以学科为依托组建教师教育实体性基层学术组织,力争实现"举全校之力兴教师教育"。近年来一些高校针对学术组织规模小、学科设置分散等现实问题,秉持"管理重心下移""实行扁平化管理"等原则而进行的"大部制"改革即一种学科实体化的探索;教师教育学科群建设可以借鉴,但任务显然更为艰巨,因为教师教育同时涉及文理学科和教育、心理学科。无论是探索"学部制"还是沿袭"学院制",教师教育学科群建设的关键在于,为教师教育(教师人才培养)服务的各个子学科能够作为实体性的学术机构而真正成为大学学术资源的载体和学术人员及学术活动(包括人才培养、科学研究和社会服务)的基础,从而真正提高教师教育质量。这种新型基层学术组织负责承担"教师教育项目"开设的、面向师范生的相关课程的开发、实施(教学)与评价以及研究任务,共同为师范专业(教师教育项目)建设尽职尽责;名称上,既可以沿用传统的"系"或"研究所",也可以命名为"某学科组"(以区别于传统上依循实体化专业逻辑所建立的"系",并避免"研究所"给人"专门治学而无涉人才培养工作"的误导)。

在当前一些高师院校(特别是同时存在"教师教育学院"与"教育科学学院"或"初等教育学院"及"心理学院")的"教师教育学院实体化改革"中,由于

---

① 学理上说,师范生学习的文理学科课程应该是与非师范生学习的同名课程不完全相同的,能否真正做到这一点是教师教育课程改革的关键,也正是教师教育改革实践的瓶颈所在。参见林樟杰.教师教育体制机制问题研究[M].北京:中国人民大学出版社,2009.

心理误识而造成的"意外后果"实际上正是由于文理学科院系及其师资被游离于"教师教育"之外所致。所以,举全校之力将教师教育学科群中尚处于分散状态的各学科资源进行实质性的整合与集成,在全校范围内实现和推进"教师教育学科群"的实体化建设,是深化教师教育改革的紧要任务。

(二) 优化教师教育课程群及教学团队

教师教育学科群的实体化建设要达到在充分利用学科整合性资源基础上提高教师人才培养质量和教师教育学术研究品质的双重目标,需要加强教师教育课程群及其教学团队的实体化建设,这是在教师教育学科和师范专业人才培养之间建立起实质性联系的必不可少的"桥梁"。基于学科组建的实体性新型基层学术组织以提供课程教学的方式实现对师范专业人才培养的支撑,即负责向进入教师教育项目的师范生提供本学科领域,包括必修课和选修课在内的全部相关课程;在条件允许的情况下,这些课程还可以向全校所有愿意修读的本科生开放,教学科研人员按照学科相近原则而非专业相近原则集聚,并根据课程教学的需要进一步组建不同的课程组,即课程教学团队,承担相关课程的教学与研究任务。

这种基于学科组建的课程教学团队不同于"教研室"这一传统基层教学组织。根据苏联模式建立的、本应以教学和教研为主要职责的教研室组织,囿于专业实体化的特征,因组织功能重叠、任务指向不明、科研导向偏差及大学教师工作特点等,在我国高等教育发展过程中逐渐暴露出"有教无研""有室无聚""有职无权""有群无主"等弊端。[1] 新型教师教育课程教学团队(可简称"某课程组")的组建是依据师范专业(教师教育项目)人才培养方案中的课程设置要求并参照师范生培养规模等因素,在相应的学科组中遵循教师自愿申请与学院(或学部)统筹安排相结合的原则来确定具体人数及人选。课程组在由学校及学部(或学院)的学术治理机构做出的师范专业(教师教育项目)建设及人才培养方案的框架内,负责承担相应的课程教学及教研工作,并接受学校对教师教育课程的统一管理。课程组是在学科组下按照课程教学任务组建的团队,不是行政机构,成员相对稳定

---

[1] 步社民.高校基层教学组织的重构[J].教育发展研究,2010(17).

又允许一定的流动性(教师个人可以参与多个课程组、承担多门课程教学工作)。课程组可以实行"首席教师负责制",由在相应学科领域研究及课程教学上有一定造诣的教师担任课程组首席教师,在本课程建设中发挥领导、协调作用,还可作为指导教师担负一定的青年教师培养责任。课程组全体教师则围绕本课程建设和有效教学的目标,共同开展课程研究与教学研讨。学校行政管理部门通过切实加大对本科教学的投入力度及引入竞争机制,吸引最优秀的教师投身本科师范人才培养;通过完善激励和约束机制,鼓励教师发挥学术特长,以课程教学促进学科建设、以科学研究支持人才培养,增强教师提高教学质量的主动性和创造性,充分挖掘和彰显高师院校人才资源的个体潜能与集体智慧。

本质上,专业的特色与质量是由课程组合的特色与质量决定的,而课程的特色与质量又有赖于学科的特色与研究水平。因此,在"教师教育课程群"的意涵上,"教师教育项目"的实体化建设正是基于教师教育学科群下的课程群及其教学团队建设,通过建立、健全激励与约束、合作与竞争等机制,切实提高课程教学质量、真正将师范专业办出特色和水平,同时促进大学教师在科学研究、课程开发和教学创新等方面获得可持续专业发展。

(三) 强化师范生的教育实习反思指导

教师职业的实践性很强,教育实习一直是重要的教师教育课程内容,近年来各级各类师范院校蓬勃开展的教师教育改革更是在包括教育见习、实习在内的教育实践课程中克服困难、积极探索,如增加教育实践的学分、学时(从6—8周延长到10—14周),将近乎放任自流的学生自行联系实习单位改变为学校有序组织、专业教师带队指导等,取得可喜成效。但时间延长及带队指导等改革举措似乎并没能有效地提升师范生的教育实践能力。研究表明,时间对教育实习而言"只是让师范生或教师较有可能朝向与教育经验对话的一个必要条件而已",而非充分条件,"充分的条件存乎实务经验的呈现形式(form of practical experience)或从这种形式中彰显出来的经验的'质'(the quality of the experience)","教育实习能否发挥教育功效并不在于其经验时间的长短,而是要问是什么样的经验,要用什么样的方式运用这些经验

第八章
"师范专业"项目制改造：教师教育新公平模式

才可能使经验产生拓展教育智慧与引导合理的实施方法的价值"①。全面认识、清晰阐释教育实习目标，明确要求、全面示范、切实指导师范生进行包括技术性反思、实践性反思和批判性反思在内的多层次教育反思，并加强对指导教师的选拔、培训和考核，是师范生教育实习能够得到优质、高效指导的重要保证，需要师范院校和中小学校共同努力。

1. 多层次的教育反思

教育反思作为教师捕捉教育教学经验并赋予意义的过程，是教师"做中学"的重要环节和专业成长的重要途径。然而，并非简单地命令一个人"反思"，他就能学会"反思"并进而改善自己的教育行动。职前教师教育中，教育实习是引导和协助师范生"学会反思"的最佳契机。若缺少有效指导下的教育反思，实习经历只能停留在"直觉"或"普通常识"的意义上，师范生还是容易将教师实际教学能力诉诸个人的天赋才能，错误地认为通过观察、模仿和多次重复练习就可以习得教学技能，"实践经验越多，自己的教学能力就会越强"及"学理论没用"等误识会愈发顽固。事实上，单纯的实践经验并不必然形成教师实际的教学品质、风格和能力，专业实践能力的形成与提高离不开理性思考与理论指导。凯米斯（Kemmis. S）、范梅南（Van Manen）等人依据哈贝马斯的三类人类认识旨趣，归纳出技术性反思、实践性反思和批判性反思三种教育反思形式。② 以"反思性实践"为核心理念，切实指导师范生在教育实习中开展多层次反思并在反思中批判、修正自己的理论知识，才能有效帮助其克服"学徒观察"的不足，促进其教育敏感性及教育理论与实践整合、融通能力的发展。

第一，技术性反思。教师的教学工作中存在有关学科、学习、学科教学与学习等方面的律则性知识，也普遍存在课程开发的技术性步骤，思考如何理解课程标准规定的教学目标、如何利用教科书内容或根据目标稍作调整、如何使教学方法取得最佳效果、如何评价学生的学习成果是否符合预定教学目标等问题即属于技术性反思，比如，实习生在课前或课后以扪心自问或小组

---

① 王秋绒.教师专业社会化理论在教育实习设计上的蕴义[M].台北：师大书苑有限公司，1991：64.转引自杨秀玉.实践中的学习：教师教育实习理念探析[J].首都师范大学学报（社会科学版），2009（5）.

② Carr, W. & Kemmis, S. Becoming Critical [M]. Lewis：The Falmer Press,1966.转引自张贵新,饶从满.反思型教师教育的模式述评[J].东北师大学报（哲学社会科学版），2002（1）.

交流的形式,就"这节课的教学设计有无疏漏""组织教学是否适当""师生关系是否正常""因材施教是否做好""教学目标是否实现""学生学习兴趣是否调动起来"等问题所进行的思考和剖析。这种对有效教学的追求是人类基本的认知旨趣,师范生在实习中首先需要体验和磨炼,但仅此又远远不够,因为技术性反思以经济、效能和效率为原则,重点是寻找更经济、有效的途径达到预期目的,反思教学手段、策略的合理性,但并不质疑既定的目标、教学脉络和已有理论,对手段的精雕细琢远远超过对结果的价值追问。

第二,实践性反思。实践性反思更关注学习者及社会、学校和班级等情境特征对于实践的意义,着力于检讨目的、手段及其假设以及实际结果,是对学习的本质、学生的学习意向与动机以及社会、学校和班级环境的反思和对自身经验和行动意义的追问与阐释。比如,思考和探究"如何与学生之间建立起学习共同体""如何通过与学生形成良好的专业关系来发挥教师的领导作用""如何根据周围环境和学生需要来选择、组织教学内容""自己的教学及评价如何才能使学生获得全面成长"等问题,便是作为知识生产者的教师在深度诊断和诠释自身的实践经验。具有实践性反思意识的教师能够认识到技术性反思中的每次选择都是在具有价值承诺的诠释性框架中进行的,教师不仅需要反思如何将外在于自己的知识有效运用于实践,而且需要分析和澄清自己教育教学行动中的经验、意义和假设。这对教师转变教育理念至关重要。

第三,批判性反思。批判性反思则在实践性反思基础上进一步强调教育的伦理性、社会性和政治性,以公平、正义等道德、伦理标准来评判专业实践;强调教育实践不仅负载价值,而且这些价值由于社会、政治、文化和历史等原因会被扭曲而具有压迫性;主张教育反思应对意识形态保持必要的距离,深入检视和阐释价值系统及其公平程度,揭示和批判具有压迫性、支配性的教育事实,并努力将批判性意识付诸教育行动。阿普尔概括了批判性反思的四个代表性问题,即"这是谁的知识""知识是由谁来选择的""为什么要这样组织知识并以这种方式施教""这对某个特定的群体是否有利"。① 教师只有具备关注教育实践之文化政治意涵,进行政治、道德、伦理反思的意识和能力,才能积极重构自己的教师意象及"习以为常"的教学假定,才能根本规避将技

---

① 施良方.课程理论:课程的基础、原理与问题[M].北京:教育科学出版社,1996:223.

第八章
"师范专业"项目制改造:教师教育新公平模式

术理性模式不加区分地机械应用而产生的、手段与目的相分离的"控制性的技术性反思",才能认识到权力与意识形态对课程与教学的影响,也才能在提高教学技能的同时跳出可能存在的个人偏见、利益偏好及错误观念,自觉改善弱势群体的教育生活质量,尊重学生追求自主与负责的权力,成为促进社会公正的教育变革行动者。

教育、教学实践是复杂的工作系统,要求从业者具备在实践中综合把握现实真相并提出解决方略的能力,这需要在职前教师教育中打下坚实基础。然而,师范生由于缺乏教育敏感性,不能发现或提出问题,也不善分析和解释问题,在实习中很少反思或者"想反思,但不知从何下手"。无论实习时间多长,实习如果仅仅是让师范生熟悉常规工作方式、锻炼备课上课等一系列教学技能,而依然不能或很少能有意识、有目地对学校教育真相做出自己的分析和阐释,那么,师范生仍然难以从实习经历中体验和生发属于自己的教育实践智慧。教育实践智慧不同于只关注方法或手段的技术性知识,它蕴含着对目的合理性的省察和对现实行动富含道德性的洞察,具有"洞识与理解力""反思与批判力""沟通协调与执行力"及"审美与创造力"等重要内涵①。杜威(J. Dewey)在强调"能够引发深思熟虑的行动(reflective action)的经验才具有教育价值"时也主张对经验进行批判性反思应持有开放(open mindedness)、负责(attitude of responsibility)和全心全意的态度(whole heartedness)②。

2. 指导师范生的教育实习反思

虽然"教师应具备反思能力"早已成为学界共识,但师范生培养中对教育反思的强调充其量停留在技术性反思层次,教育实习中更少有对实践性反思和批判性反思的要求与指导。而转型中的当今中国社会,教育对社会流动、阶层分化的影响日益深刻,教师作为专业人员,对教育实践的技术性反思、实践性反思与批判性反思都愈显重要。

首先,全面认识、清晰阐释教育实习目标。

在"理论指导实践"的思维惯习下,教育实习被视为师范生将所学理论知识应用于教育实践从而演练、提高教育教学技能的过程;近年来在"教师

---

① 于泽元.教师专业发展视野中的高师课程改革[J].高等师范教育,2004(3).
② 杨秀玉.实践中的学习:教师教育实习理念探析[J].首都师范大学学报(社会科学版),2009(5).

职业需要实践智慧"的学术思想影响下,人们认识到教育实习不能狭隘地理解为以训练动作技能为任务,而应以发展师范生的实践智慧与实践能力为主要任务,致力于培养具有实践智慧的问题解决者、反思型的教育研究者、具有专业精神的敬业者和具有持续专业发展能力的教育者。① 显然,教育实习目标应与教师教育目标相一致,而"培养什么样的教师"又与基础教育目的紧密关联。如果说"学校不能仅仅提供最低工资水平工作所需要的基本读写能力训练,而是要有一个更高的目标:把学生培养成为负责任的社会成员",那么,"教学和教师教育最重要的目标是社会责任、社会变革和社会公正";"如果一个社会中所有自由、平等的公民都要得到民主教育的益处,那么所有的教师必须教授学生接近民主理想的知识、技能和意向。尤其在今天这样快速变化和日益多样化的社会中,所有的教师都需要有关对教育的社会文化背景有影响的知识和有关协调学习(mediating learning)中文化和语言的角色的知识"。② 只有当教师在形成个人观点和专业身份的过程中融入对社会公正的信奉,意识到学校中的社会不公正与结构性不平等,以及自己对社会公正的价值并对减少不公正做出道德承诺,教师才可能成为社会进步的推动者。

从这个意义上说,教育实习不仅仅是为师范生演练和改进教学技能提供现场机会,也不仅仅是为师范生增加对教师职业的感性认识、了解自己的职业兴趣、特长与不足以更好地规划自己的职业发展方向而开放真实的教育现场;更重要的是要为增强师范生对社会文化多样性的敏感性和理解力,为提升师范生的社会责任感创设环境。为此,教育实习工作有必要融入"服务学习(service learning)"的思想理念,探索、构建有教师教育专业特色的实践教学模式,充分发挥教育实习的综合教育价值,有效提升师范生的就业能力并培养其职业道德和公民责任感,促进其对自身的教育教学行动进行实践性反思和批判性反思。

服务学习是20世纪80年代在美国兴起并迅速发展成为声势浩大的教育改革运动的教育哲学理念,旨在将社区服务与课程学习相结合,通过有计划的服务活动及反思,让学生参与到有组织的社会服务行动中,促进学生知

---

① 殷晓静.师范教育实践性课程的思考[J].教师教育研究,2004(1).
② [美]尼古拉斯·M.米凯利,[美]戴维·李·凯泽.为了民主和社会公正的教师教育[M].任友群,等译.上海:华东师范大学出版社,2009:48-57.

识、技能的获得和能力的提高,并使其在关注社会、服务他人中增强公民意识和合作精神,成长为富有社会责任感并有能力服务于社会的人。① 这一实践教学取向非常强调服务活动的学习价值,关注学生的责任感、正义感等社会性品质的发展,很快成为大、中、小学课程改革的重要走向。鉴于职前教师需要在未来的教学生涯中有效运用并指导中小学生开展服务学习,美国教师教育中通过独立设计、融入教育实习或其他课程之中、设置辅修专业、纳入社团活动等课程形式,开展以中小学服务为主、社区服务为辅的专业性服务学习(academic service learning)蔚然成风②。但"发展和执行服务学习计划的一个关键挑战是,清晰地说出并培养这种共同的关于服务学习目的的理解。参与者可能有着非常不同的观点,如把服务学习看成职业发展、慈善行为、履行公民义务或促社会公正的一种方法。调查显示,服务学习的默认观点即它是慈善行为。如果不对服务学习的目标进行清楚的讨论,大多数年轻人(包括许多成年人)会把他们的服务学习活动看成是'一群较幸运的人'在帮助'一群不太幸运的人'"③。同样,师范生教育实习要能真正促进面对不同文化背景学生的未来教师们发展其社会公正的观念,需要实习组织者和指导教师向师范生们清晰阐释这一教育实习目标,使其正确认识并积极投身教育实习。为了有助于增强师范生对社会文化多样性的敏感性和理解力,可以扩大师范生教育实习学校的选择范围,而不仅仅局限于重点或星级中学;还可以带领师范生在走进基础教育的同时,有组织、有计划地走出中小学校园,接触、关怀流动人口、下岗工人、单亲家庭子女及少数民族学生等社会弱势群体,在社会情境中体验贫穷、健康、公平、正义等人类本质问题。这将促进师范生个人德性及教师职业道德的升华,增进他们对文化差异的理解与包容,并从中反思自己的价值观,在未来教育工作中秉持民主、平等、正义的责任意识。"未来教师通过在社会和学校中获得的直接经验,使他们能对社会、教师和学生都很重要的问题更加敏感。那些花时间在种族、民族和社会经济条件异于自身的学校和社会的未来教师,有机会增强他们对社会文化多样性的理

---

① 赵希斌,邹泓.美国服务学习实践及研究综述[J].比较教育研究,2001(8).
② 李广平,苏敏.美国教师教育中的服务学习[J].外国教育研究,2006(6).
③ [美]尼古拉斯·M.米凯利,[美]戴维·李·凯泽.为了民主和社会公正的教师教育[M].任友群,等译.上海:华东师范大学出版社,2009:157-158.

解和敏感性,并能学会欣赏其他不同背景的人们的生活。"①

虽然存在诸多现实困难,但教育实习应努力使师范生与中小学教育乃至社会文化情境产生直接接触并充分互动,才能有助于师范生通过实习更加了解真实的教育和社会,了解教育改革的背景与过程,发现教育和社会的问题与不足,自觉开展实践性和批判性反思,在建构教育知识、锻炼教学技能的同时,积极参与教育和社会变革,因为"在培养未来教师对社会公正的信奉的过程中,认识到不公平仅是其中的一步。如果这样的认识只能让他们焦急伤心无望的话,这对他们未来的学生是没有好处的。教师还必须把自身看成是处在促进社会公正斗争中的参与者,有能力和权利批评社会和教育实践,并带来社会和教育的变革"②。

其次,明确要求、全面示范多层次教育反思。

反思性实践作为教育实习的重要指导原则,能否落到实处是保证质量的关键。研究表明,教育实践是模糊、复杂又不断变化的,从实践情境中抽离出来的抽象、概括性知识对教师帮助甚微,教师需要为教育行动提供情境化的特殊知识。因此,只有当教师教育中通过理论学习获得的是更多关照教育实践情境的理性知识,开展的实践又是重视理性思考并带有批判性反思的实践时,学习者才能真正学习"如何像教师一样思维"并初步体验教育实践智慧。然而,当前师范生实习中,绝大多数高师院校会对实习生的听课记录、备课教案、班主任工作计划、班会设计、教育调查等有明确具体的要求,却很少要求通过撰写日志等方式开展教育反思。很多院校实习网站上的稿件也大多属于新闻报道或个人心情体会,少见具有鲜明反思性的文章。明确要求、全面示范多层次的教育反思是提高教育实习质量的重要环节。

第一,要对师范生在实习工作中开展实习反思有明确、具体的要求。可以通过编撰《教育实习反思指南》,为实习生提供反思框架与建议,指导师范生实习反思。比如,针对师范生缺少问题意识,可以通过提出诸如"我以怎样的'开场白'吸引学生注意""我怎样提问才能使学生思维更有条理""这节课是否需要开展小组学习、何时开展、如何开展""我如何评价学生在这节课的

---

① [美]尼古拉斯·M.米凯利,[美]戴维·李·凯泽.为了民主和社会公正的教师教育[M].任友群,等译.上海:华东师范大学出版社,2009:159.
② [美]尼古拉斯·M.米凯利,[美]戴维·李·凯泽.为了民主和社会公正的教师教育[M].任友群,等译.上海:华东师范大学出版社,2009:163-164.

学习成果和进步"等一系列具体、细致的问题,引发师范生对自己实习中的教学设计思想、策略及能力进行反思,从而逐渐增强其反思意识。还需要明确要求实习生通过观察课堂、学生、学校、社区等,完成一定数量的专业反思记录(包括撰写反思日记或周记),建立网络系统,支持和促进师范生与实习小组伙伴及指导教师们进行合作反思。只有通过写作来记录和展现真实经历的教育生活事件,通过开展团体交流、讨论等教研活动来敞亮自己对教育教学事件、问题及自我的认识、困惑与分析,师范生理性审视自己教育、教学行动的意识、能力和习惯才能不断增强。

第二,教育、教学反思是高度个人化的思维活动,是对个体所经历的独特教育、教学情境加以重构的过程,要使实习生真正体会和理解"反思",还需要指导教师密切关注实习生在实习现场的经验与困惑,通过提供由理论转化为实践的明晰范例(包括案例、日志、自传、专业教学档案袋等)进行反思性实践的示范,并详细指导实习生如何搜集、留存录音、录像、照片、文档、信件等各种"实习档案袋资料",如何撰写反思日志、课例分析、个人总结及研究报告等反思性教研文章,指导实习生如何开展小组讨论、集体评课等。

第三,指导教师要对实习生的反思活动给予督促和反馈,引导师范生在分析、解决教育教学问题的过程中审视并检讨自己的教育教学理念乃至学校教育的社会文化情境,从而促进其技术性、实践性、批判性反思能力的发展及教育实践智慧的生长,建构良好的专业素养。

最后,反思并不止于实习期间,实习结束后师范生还应带着困惑和疑难问题继续跟进专业理论的深入研修,寻找问题解决的可能路径,指导教师也继续提供资源、提示线索,促进师范生对理论与实践互嵌关系的体认,锻炼将经验性实践提升为专业性实践的能力。

3. 加强对指导教师的选拔、培训和考核

以反思为导向的师范生教育实习对指导教师的要求相当高,"当未来教师得到具有文化敏感性和有资格的成人的监督和指导时,他们的经验就可以作为反思及批判检验的沃土。这个过程能明显地促使他们发展成为具有社会意识和文化敏感性的教师"[①]。师范院校和实习中小学校的指导教师是缺一不可的两支重要力量,其整体素质举足轻重。然而,大学科研考评体制和

---

① [美]尼古拉斯·M. 米凯利,[美]戴维·李·凯泽. 为了民主和社会公正的教师教育[M]. 任友群,等译. 上海:华东师范大学出版社,2009:158.

教学工作强度等使高师带队教师无心也无暇深入驻扎中小学校,甚至因未能认识反思性实践对准教师发展的价值而使"指导"更多停留于关心生活、严明纪律,工作大多侧重协调、沟通、后勤管理等;中小学指导教师则因很少接受专业的指导教师岗位培训,大多缺少教育实践指导的专业知识,主要从习俗化、无意识的自我成长经验出发,较少理性地剖析主宰自己教育行动的"使用的理论"(而非"信奉的理论"),而这种未经反思、批判和有意识评价与改造的经验甚至会束缚师范生成长。此外,两类指导教师都会出于对师范生教育实践的鼓励,而对其实际工作给予肯定、褒扬或谦虚、客套的评价,而少有对其弱点、缺点的及时反馈、提醒和指导。为此,师范院校需要更加细致地进行教育实习组织工作,特别是应明确指导教师职责,严格选拔、规范考核。

首先,对教育实习目标达成共识,明确指导教师职责。笔者认为,实习指导中专业精神的引领远比教育教学技能的打磨更为重要,因为专业精神、态度是教师个体对自身职业的理智性价值判断与情感性体验,是教师专业发展的题中要义,更是教师专业发展的成熟标志。可惜的是,现实中时常会有实习指导教师出于真诚的关心"告诫"实习生"能不当教师就不要当教师""还是争取考研吧"。我们不能指责甚至应该尊重这些教师的个人职业体验,但若是因为自己找不到教师职业的幸福而在年轻大学生面前贬低教师职业的价值,就不是指导教师应该的作为了。因此,实习工作组织应明晰实习指导教师的职责,比如,帮助实习生认识到自己的学习需要,发现并详细反思有价值的经验或经历,引导实习生了解社会、关注不同教育群体(特别是弱势群体),勇于承担青年人应有的社会责任等。

其次,建立指导教师资格认证制度,加强指导教师队伍建设与管理的科学化、规范化、制度化。西方国家教师教育中的门特制度(mentoring)就要求指导教师必须经过专门培训,以确保对实习教师和初任教师的有效指导;而我国在这方面的制度欠缺导致教育实习监控不力,严重影响师范教育质量。为此,需要设定科学、合理的指导教师任职资格标准(如具有强烈的教育责任感与职业道德,扎实、丰富的教育理论素养与实践经验,卓越的语言表达与人际沟通能力等),规范选拔程序,明确指导职责,加强专业培训,完善考核评价标准,以及实质性地推进大学与中小学的深度合作。

再次,高师院校和中小学校的实习指导教师都应身体力行地开展反思性教学实践,为师范生学习反思提供范例和榜样。正如迈克·阿普尔提醒我们

第八章
"师范专业"项目制改造:教师教育新公平模式

的,教师教育课程教学中关涉"谁的知识最有价值"的课程知识价值问题,在当今多元文化及价值观时代,尤其应该成为广大中小学教师及教师教育工作者自觉的问题意识。课程知识价值的取舍取决于从事课程实务的人(包括课程决策者、编制者、实施者、评价者等),他们决定了课程的界定以及所传递的合法性知识选择。同时,课程文本又是开放的多元读本,首先需要教师教育工作者带领未来教师、教会未来教师批判反思性地(而非不加质疑地)解读课程文本,未来教师才可能学会带领和教会未来中小学生批判反思性地阅读文本;这也是教师教育者及中小学教师面对"赋权"增进专业知能、提升专业精神的成长新空间。如果说,课程不可避免会成为特定话语和权力的代言人,那么,教师教育课程教学更应该着力于培养所有师范生(未来教师)的批判思考能力,使其能够辨别课程知识价值的取舍和课程决策权力的合法行使;使未来教师充分认识到保障所有中小学生受教育权利和教育机会、培养中小学生批判思考能力的重要性。在这个意义上,高师院校和中小学校的实习指导教师应率先垂范地撰写实习指导日志、开展教学课例研究等,才能有效熏陶师范生的反思意识、锻炼和提高师范生的反思能力与习惯。

    教育实习中,师范生不仅需要学习如何对各种教育教学技能的有效性、策略使用的合理性等进行技术性反思以锻炼教学能力,而且需要学习如何缜密地审视和探究自身实践背后的个人信念以跳出可能存在的错误观念、价值观偏见及利益偏好等,更需要对学校教育现实与社会正义的关系秉持批判性反思的开放态度,致力于成为促进社会公正的教育变革行动者。诚如研究者分析指出的,在机械团结的社会,教育公平观实质上是"一元教育公平观";而有机团结的社会则需要"多元教育公平观"。所谓"多元教育公平观"即指"尊重差异,承认多元;促进不同教育公平观的视域融合,减少彼此观点之间的歧视与偏见";这种具有开放性、多样性和包容性的多元教育公平观正是新教育公平的应有之义,培养反思公平的能力和养成公平自觉则是实现多元教育公平的有效路径。[①] 因此,教育实习改革并非"多长时间适宜"或"集中与分散,孰优孰劣"那么简单,需要包括教育学、心理学、学科课程与教学论等教育类课程乃至学科类课程在内的整个课程体系的科学建构与有机配合,需要包括高师院校与中小学全体指导教师在内的教师教育者自身的卓越发展,需要全

---

① 李金刚.多元教育公平观:新教育公平的题中之义——基于涂尔干社会团结思想的分析[J].教育发展研究,2017(2).

方位的制度建设乃至文化改造,特别是需要适合中国国情、具有中国特色的多元文化教师教育课程建设。

总之,面对师范专业自身双学科专业性的内在困境以及当前国家教师资格制度改革的现实挑战,我国高师院校迫切需要以学科为依托、以课程为纽带,将"师范专业"理解为"教师教育课程的组织形式",积极探索破解师范专业实体化体制窠臼之路,在教师教育管理体制、运行机制、人才培养模式及教学科研人员聘任与管理等方面系统创新,从教师教育学科群、课程群及教学团队建设等方面,全方位地为高质量教师教育项目提供强有力的支持。这对于深化和推进教师教育改革,实现"宽口径、厚基础与专业化并重"的教师人才培养目标,并促进这一目标实现路径的多元化和动态化,具有重大而强烈的现实意义。

当然,在综合性高师院校中要实现教师教育的敏捷化,显然非"教育学部(或学院)"自身改革所能为,必须有全校范围内包括院系组织架构、运行机制等在内的基层学术组织治理制度的整体转型作为保障;甚至基于"专业"概念的重构,诸如《高等学校本科专业设置规定》等重要文件都需要重新修订。而这样的改革注定矛盾重重、阻力多多,时任北师大校长的钟秉林教授就说过:"(北京师范大学组建教育学部)是一项涉及面很广的变革,需要打破现有的管理格局,涉及观念的变革以及人、财、物等方方面面资源的重新组合和调整,难免会遇到这样那样的障碍和阻力。"①深化教师教育改革不仅需要决策者的视野和智慧,更需要各方利益相关者的胸怀和操守。

---

① 钟秉林.强化办学特色推进教育创新——组建北京师范大学教育学部的若干思考[J].中国高教研究,2009(12).

四

教师教育课程改革：知识・美德・制度正义

第九章
教师教育课程改革的知识困境：
基于教育编码理论的分析

依据巴兹尔·伯恩斯坦提出的教育编码理论，不难发现当前我国教师教育课程改革面临的主要困境在于"强分类-强架构"的课程现实与"弱分类-弱架构"的理想吁求之间存在巨大差距。深化教师教育课程改革、践行新教育公平理念应强化知识融合的课程理念目标、探索隐性教学的课程实施方式、突显能力为本的课程评价导向。

国家教育部于 2011 年 10 月和 2012 年 2 月先后颁布、印发了我国幼儿园和中小学《教师教育课程标准（试行）》和《教师专业标准》，从国家层面对幼儿园、小学和中学合格教师专业素质提出基本要求，也对教师培养、准入、培训、考核等工作做出具体规定；2013 年教师资格证书国家统一考试（以下简称"国考"）制度从试点转为全面开展，教师资格"双轨制"结束，师范生自然获得教师资格证的传统被消解。在"标准"和"国考"的双重驱动下，教师教育机构调整教师人才培养方案、加强教育类课程改革，在课程目标、结构、内容以及实施、评价等方面积极探索，但改革成效依然难如人意，人们甚至开始担忧"国考"是否会削弱新世纪以来我国教师教育课程改革取得的探索成就。深化教师教育课程改革的困境何在，又如何突围？本章借鉴英国教育社会学家巴兹尔·伯恩斯坦（Basil Bernstein）的教育编码理论，分析我国教师教育课程改革的知识困境及应对之策。

一、当前我国教师教育课程改革的困境

伯恩斯坦在对"教育符号及其实践模式"的理论分析中，用"模式"一词"描述所有教学机构里的组织、话语和传递的实践"并"揭示选择性学习所发

生的过程";将"教学实践(pedagogic practice)"视为"一种基础的社会语境，文化再生产与生产也在其中发生"，关注"教学话语社会建构的基本规则及其不同的实践"，力求通过具体描述"模式何以产生"从而"理解知识体系如何变成意识的一部分"①；将"符号"视为一种默会习得的、具有调控性的规则，这一规则选择并统整了意义及其实现方式与唤起脉络(evoking contexts)；"分类(classification)"和"架构(framing)"则是两个重要的分析概念："分类"探讨的是一种结构关系，意指不同范畴在空间上的相对位置，这些范畴可指代不同的行动体、行动者、话语(discourse)或实践；"架构"探讨的则是一种互动关系，关注不同范畴之间合法性的沟通形式。基于此，可以发现，当前我国教师教育课程改革面临的主要困境在于"强分类-强架构"的课程现实与"弱分类-弱架构"的理想吁求之间存在巨大差距。

（一）强分类课程设置与教师知识弱分类诉求的差距

伯恩斯坦提出的"分类(classification)"不是指课程内容的类别，而是指塑造课程这一信息系统基本结构的不同内容之间的联结关系，即不同课程内容之间界限维持的程度；分类的强弱表征着不同范畴之间的区隔程度，从而承载着不同社会范畴之间的权力关系。"试图改变隔离程度的努力，揭示了分类所依赖的权力关系以及分类所要再造的权力关系。"②不同课程内容之间界限清晰、分明且相互隔离、封闭，不同课程的地位差别显著，知识内容分化、专门化的特征鲜明，即为强分类；弱分类则体现开放的知识结构关系，不同内容之间界限模糊且严格的地位差别被打破。

1. 教师知识性质的弱分类诉求

在教师教育研究中，舒尔曼等人于20世纪80年代提出的包括学科知识、一般教学法知识、课程知识、学科教学法知识（Pedagogical Content Knowledge，简称PCK）、关于学习者及其特征的知识、关于教育境脉的知识以及关于教育的目的、目标、价值及其哲学与历史渊源的知识等在内的教师

---

① ［英］巴兹尔·伯恩斯坦.教育、符号控制与认同［M］.王小凤，王聪聪，等译.北京：中国人民大学出版社，2016：3.

② ［英］巴兹尔·伯恩斯坦.教育、符号控制与认同［M］.王小凤，王聪聪，等译.北京：中国人民大学出版社，2016：7.

第九章
教师教育课程改革的知识困境：基于教育编码理论的分析

知识分类受到普遍认同；与此同时，人们也强烈认识到，教师专业的知识与能力基础并非各类知识的简单相加，教师所特有的、区别于学科专家等社会其他人员的、真正的专业知识基础——无论是舒尔曼提出的"学科教学法知识（PCK）"还是艾尔贝兹等人提出的"教师实践性知识（teacher's practical knowledge）"——只有在真正地将各类知识融合、贯通后才可能形成。因此，为未来教师习得和提升教师专业知识基础提供经验的教师教育课程就需要充分体现融通性（即伯恩斯坦所说的"弱分类"教育符码），这已经成为世界各国教师教育课程改革的基本共识①。当前我国教师资格证书"国考"所依循的《教师专业标准》和《教师教育课程标准》，在理念和基本要求等方面均显示出了一定程度的弱分类特点。

以《中学教师专业标准》为例，在"师德为先、学生为本、能力为重、终身学习"的理念下，该《标准》对中学教师提出三大基本要求："专业理念与师德"（包括"职业理解与认识""对中学生的态度与行为""教育教学的态度与行为"和"个人修养与行动"），"专业知识"（包括"教育知识""学科知识""学科教学知识"和"通识性知识"）及"专业能力"（包括"教学设计""教学实施""班级管理与教育活动""教育教学评价""沟通与合作"以及"反思与发展"）。

《教师教育课程标准》对教师教育机构设置教育类课程提出了"育人为本""实践取向"和"终身学习"三大理念以及相应的具体要求②，也显示出弱分类的特点；在其确立的"课程目标"（包括目标领域、目标、基本要求）上也体

---

① 例如，为应对国家实施中小学统整课程对教师素养的挑战，21世纪初瑞典即启动了"整合编码"的教师教育课程改革，强调所授学位的科际整合以培养师范生形成教育整合的新理念，充分授权师范教育课程的自由度、加强教师教育内容的整合化，特别提出师范生的成长主要不是依赖原先各自为政的各科教学法，而是突出学习的统整性、倡导主题整合和科际整合，强调将以往相割裂的学科内容相统整。 参见姜勇. 瑞典"整合编码"的教师教育课程改革述评[J]. 外国中小学教育，2013（1）.

② 例如"应引导未来教师树立正确的儿童观、学生观、教师观与教育观，掌握必备的教育知识与能力，参与教育实践，丰富专业体验；引导未来教师因材施教，关心和帮助每个幼儿、中小学学生逐步树立正确的世界观、人生观、价值观，培养社会责任感、创新精神和实践能力"；"应强化实践意识，关注现实问题，体现教育改革与发展对教师的新要求……应引导未来教师参与和研究基础教育改革，主动建构教育知识，发展实践能力；引导未来教师发现和解决实际问题，创新教育教学模式，形成个人的教学风格和实践智慧"；"应实现职前教育与在职教育的一体化，增强适应性和开放性，体现学习型社会对个体的新要求……应引导未来教师树立正确的专业理想，掌握必备的知识与技能，养成独立思考和自主学习的习惯；引导教师加深专业理解，更新知识结构，形成终身学习和应对挑战的能力"。

现出知识融合、能力融通的目标要求①,课程设置标准也力图打破传统教育类课程分科设置的局限,弱化学科边界,提出了"一个都不能少"的六大"学习领域"(儿童发展与学习、中学教育基础、中学学科教育与活动指导、心理健康与道德教育、职业道德与专业发展以及教育实践)及其"建议模块"。

2. 现行课程设置的强分类特点

在教师人才培养中,教育类课程主要涉及教育学、心理学、学科教育等三大主要学科领域知识,三类课程的目标都是为师范生的教师专业发展奠定基本教育素养。长期以来一直分科设置的传统教育类课程(所谓"老三门":教育学、心理学、学科教学论)就是典型的强分类。然而,教师在职场面对真实教育场景、开展教育实践活动时所运用的知识、能力则是典型的弱分类,与分科设置的课程所传递出来的、结构清晰的知识之间无法一一对应,对教师实践性知识所具有的缄默性、情境性、个体性等特征的揭示正说明了这一点。这也是传统教育类课程屡遭诟病的真正根源。即使貌似可以不涉及语数外等文理学科内容的教育学类课程与心理学类课程,如此分科设置也是与教师在教书育人的实践活动中所需拥有、调用的教育知识与能力具有不可分割性相冲突的。

虽然完全取消分科课程并不可取,不同课程的具体目标和内容也理应有不同侧重,但弱化边界、加强衔接依然不可或缺。近十多年来,致力于改变"老三门"痼疾的教师教育课程改革如火如荼,取得可喜成就;然而,教师教育机构在现实的教育类课程设置及实施中,要想真正体现出教师专业标准和教师教育课程标准所期待的课程(教师知识)融合是非常不易的,无论是由于主观认识不足还是出于客观条件所限。有研究指出,"课程体系层阶分明,课程结构条块切割"仍是教育类课程设置的"顽疾"②。透过研究者对某省 14 所高

---

① 以《中学教师教育课程标准》为例,"课程目标"表述如下:"中学职前教师教育课程要引导未来教师理解青春期的特点及其对中学生生活的影响,学习指导他们安全度过青春期;理解中学生的认知特点与学习方式,学会创建学习环境,鼓励独立思考,指导他们用多种方式探究学科知识;理解中学生的人格与文化特点,学会尊重他们的自我意识,指导他们规划自己的人生,在多样化的活动中发展社会实践能力。"所含三个"目标领域"分别是"教育信念与责任""教育知识与能力"和"教育实践与体验"。

② 袁强.教师教育类课程模块化设计与实施——基于卓越教师培养的视角[J].课程·教材·教法,2015(6).

第九章
教师教育课程改革的知识困境:基于教育编码理论的分析

师院校不同师范类专业开设的教育类课程的整理与分析①,不难发现,在当前教师教育机构的教育类课程设置中,"教育学(原理、概论、基础)""心理学(基础)""普通心理学""教育心理学""学习心理学""学科教学论""学科课程与教学论"等学科边界分明、封闭的课程依然占据主导地位;即使课程名称遵循课程标准的要求或建议而拟定为"儿童发展与学习""中学教育基础"等,在课程内容的选择与组织以及具体实施中,诸如"发展心理学"与"学习心理学"之间的边界抑或教育学知识体系的框架等,依然清晰而坚固。若欲打破教育学与心理学之间的边界、实现教育学知识与心理学知识的融合——比如,"中学生品德发展与道德教育"课程即明显要求将传统做法总是置于教育学课程中讲授、学习的"德育"内容与传统做法总是置于心理学课程中讲授、学习的"品德心理发展"贯通起来;"教师专业发展""课程设计与评价""有效教学""班级管理""中学综合实践活动"等课程亦都需要加强教育学(教育哲学、课程与教学论等)、心理学(发展心理学、学习心理学等)乃至管理学、社会学等诸多学科门类知识之间的联系——更是难上加难。

此外,有研究发现目前高师院校教育类课程安排基本上都是采取"由理论到实践、由基础的教育理论到学科教学理论"再到教育实践(教育见习、实习)的顺序②。这种将理论与实践二元对立的课程设置逻辑亦属强分类。事实上,理论与实践是天然统一的;专业实践不是理论先于且高于实践的"理论的实践化"过程,实践亦非将理论原封不动地自上而下实施③。

(二) 强架构课程实施与教师学习弱架构诉求的差距

在伯恩斯坦的理论概念中,"分类"涉及课程知识的组织,用以控制类别划分的合法裁定权;贯串课程实施(即教学实践、知识传递过程)中的"架构(framing)"则涉及教学过程中师生所拥有的对于知识传递与接受的选择、组织、进度与时程的控制程度(即知识传递与接受的法定形式),决定教学信息

---

① 成映洁.江苏省高师院校中学教师教育类课程设置调查研究[D].南京:南京师范大学,2017.
② 成映洁.江苏省高师院校中学教师教育类课程设置调查研究[D].南京:南京师范大学,2017.
③ [美]唐纳德.A.舍恩.反映的实践者:专业工作者如何在行动中思考[M].夏林清,译.北京:教育科学出版社,2007:124.

系统的结构。具体而言,用以调控信息传递规则的"架构"包含规约性话语(regulative discourse)和教导性话语(instructional discourse)两种调控规则系统。前者传递社会秩序的支配性规则,"指在教学关系里的阶层性关系形式,以及有关行为、品格和举止上的期望";后者传递特定技能与话语的规则,深深根植于前者,"指知识的选择、排序、进度和评价标准"[①]。在强架构课程实施中,教师与学生的选择范围小;弱架构课程实施则给予师生更多的自由。

1. 教师学习方式的弱架构诉求

教师学习具有自身的规律和独特的性质,经验和研究均表明,理论与实践的互嵌式学习、深度学习、具身化学习才是真正有效的教师学习方式,这就要求"为了专业实践的教师教育"必须开展具有界限模糊特征的弱架构教学。

首先,"理论与实践的互嵌式学习"不仅要求弱分类的课程设置(而非前述"从理论到实践""理论学习与教育实习分段式"的强分类课程设置),而且要求教师教育课程实施必须跳出"理论指导实践"的线性思维窠臼,树立"理论与实践互嵌(即理论中融入实践、实践中提升理论)"的课程意识,开展弱架构的课程实施。教师教育课程实施既不能将理论凌驾于实践,也不能以实践僭越理论,更不能以单纯的实践操作取缔理智研习,而应为师范生搭建理论与实践相互渗透、交融的学习平台,促进其自主建构教师专业知识基础,充分体现弱架构教学特征。不得不分科设置的课程在理论性知识、原理的教学中紧密联系实际,教育实践性课程(包括教育见习、演习、实习、研习等)则在走进教育现场的同时确保"理论在场"、能用理论解读现实。

其次,只有基于理解、探究、寻求意义、学以致用和注重反思的深度学习才可能是真正有意义的教师学习,这要求教师教育课程实施中应鼓励和培养学习者批判性地检视事实,在概念、原理之间以及与已有认知结构之间建立起丰富的联系,进而能够将习得的教育原理用于解决新情境中的真实问题;指导师范生深刻认识到依靠不求理解的机械记忆并以复述式再现为最终目的的表层学习根本无益于促进自身教育实践能力的可持续发展,只有源于好奇心、求知欲等内在动机,为了内在需要和自我实现,并且积极采取阅读、分析、整合、交流、多元视角、问题解决等多种学习策略的学习者,才可能获得愉快的学习体验和身体、智力、情感、审美、道德、精神全面成长的高学习成就。

---

① [英]巴兹尔·伯恩斯坦.教育、符号控制与认同[M].王小凤,王聪聪,等译.北京:中国人民大学出版社,2016:14.

再次,具身学习是教师有效学习的核心表征,它是一种身体和心智兼具的学习方式,强调学习者的心智、身体与客观环境是一个有机联系、相互作用的整体,学习者通过身体与环境的互动而不断丰富和完善心智;它又是一种极具情境性和文化性的个性化学习方式,强调教师学习是学习者在特定文化和情境中的认识行为,受一定的文化习惯、特定场域和认知方式的制约。这就要求教师教育课程实施中应该更加注重师范生的个体经验、学习风格以及身体和心智的参与,注重为师范生在学习过程中的身体嵌入、经验注入和精神投入而创设多样化学习情境,凸显学习者身体体验、经历与经验等在课程学习中的基础作用,积极开展小组合作学习、自主探究学习、体验性学习、反思性学习等多种学习活动,充分体现教师学习的多样性、互动性、情境性、开放性等特征;注重引导师范生感受教育理论与实践相互型塑的反身关系以及镶嵌于理论与实践的教师专业成长,认识到教育理论(教育学、心理学、学科教育)知识不是"教育处方"或"教学说明书",理论的有用性"可学而不可教",需要将外在知识转化为内在信念,又将内在信念转化为外显行动。

2. 现行课程实施的强架构特点

以讲授法为主要教学方式的传统教育类课程实施属于典型的强架构,其弊端早已被揭示。21世纪以来,我国教师教育工作者在课程改革中亦着重改进教学方法、创新课程实施与评价,以更好地体现弱架构特点,从而促进师范生的教师专业素养提升。① 然而,在师范生必须参加"国考"的现实需求和压力面前,目前大多数教师教育机构及其教师的基本立场和认识是:采用"鸵鸟政策"、对"国考"完全置之不理是对师范生未来发展不负责任,必须加强"应对国考"的课程教学。具体做法不一:有严格对照国考大纲对课程内容进行删减或扩展,适当增加教育类课程的授课时间;也有"借鉴高中应对高考的

---

① 比如,课程设计着眼于建构与积累实践性知识,以主题(专题)为线索选择和组织课程内容;课程实施注重联系学习者经验、突出探究取向并综合运用多种探究教学策略、运用小组合作学习及学习成果报告展示、问题驱动式学习、案例分析、观评课及师生共同磨课等多种教学方法开展研究性教学,从而加强课程内容与教育实践的联系;课程资源建设着力提供课程资源导航、配套资料库等学习支持系统;课程评价则注重加强"教育对策/行动之原理分析"类作业的过程性评价,教师以平等的身份、协商的方式与师范生沟通、交流,发挥学生的学习主动性和创造性,在"文化反哺"的时代教学相长、师生共同学习"如何做教师";等等。参见王艳玲,苟顺明.基于《教师教育课程标准(试行)》的高师教育学课程开发[J].课程·教材·教法,2013(3).单玲.从《教师教育课程标准(试行)》看教师教育课程改革——以心理类课程为例[J].当代教师教育,2012(3).

做法",将教育类课程实施分两段进行,前半段开展"素质教育",后半段开展应试教学,以满足学生的不同需求、取得"两全其美"的效果;甚至还有公开组织考试培训或与社会培训机构"合谋"(暗示师范生参加考试培训)。当然,也仍有教师坚持认为教育类课程若完全按照大纲考点进行教学将背离高等教育本质、削弱大学精神、导致人"异化",但明显势单力薄。

在"国考"大纲驱动下,教育类课程教学在知识的传递与接受中,可传递与不可传递之间、可接受与不可接受之间的界限会越来越明显,依据"国考"大纲开展强架构的课程教学(即由教师主控教学知识的选择、顺序和进程,教学方式和评价标准明确、具体),虽然学习者的选择空间小,但可以保证学习效率高、学习结果(考试成绩)不差;而若遵循教师学习规律开展界限模糊的弱架构教学,虽然学习者的选择空间大(自主控制知识的选择、顺序和进程,评价标准多元、分散、不易严格量化),但由于教师实践性知识(实践智慧)的养成非一日之功,有限学习时间内往往难以"立竿见影"地收到预期成效,甚至会因挤占学习时间而从一开始就被排斥。如果初衷良善的教师资格"国考"不能在考试内容、形式等方面有实质性突破而迫使教师教育课程实施"重返"(退回)强架构教学模式,那么,不仅近十年来已经取得的教师教育课程教学改革成果有可能会付之东流,而且师范生在从基础教育到高等教育的近二十年教育生涯中始终接触和体验的都是强架构教学实践(按照既定的顺序和节奏学习给定的内容并以严格的标准化测试为准则,习得相当明确而固化的辨识和实现规则),成为中小学教师后恐怕很难适应基础教育课程改革要求、开展弱架构的课程教学与评价,我国基础教育课程改革将愈发艰难。

二、深化我国教师教育课程改革的对策

教育符号既是一种潜藏的内部结构,也是一种潜藏于教育实践形态背后隐蔽运行的调控机制,主要通过塑造教育知识的三个信息系统,即课程、教学和评价,将权力关系和控制原则在学校场域进行传递和再制,从而以"暗箱操作"的不可见形式对教育实践形态和个体认知、行为方式等进行规约;在三个信息系统中,课程规定了什么是有效的知识,教学规定了知识的有效传递方

式,评价则规定了教学作为知识的有效实现方式的必需条件。① 从当前我国教师教育课程改革困境中已清晰可见教育符号潜隐而巨大的影响力,因此,从课程、教学与评价三个信息系统出发,探寻应对之策,必然成为当前深化教师教育课程改革的紧迫任务。

(一) 强化知识融合的课程理念目标,开发综合课程、丰富学习资源

课程理念是课程的灵魂,体现课程的基本价值观和基本规范要求;课程目标则是直接指导课程体系及内容建构的重要依据。教师专业标准所要求、教师资格"国考"所力求考察的准教师所应具备的教师专业理念、知识、能力等素养品质,需要通过强化知识融合的优质教师教育课程学习而养成。有研究者通过综合分析现代教育新理论、结合社会与教育发展趋势以及学习、比较西方国家教师教育课程理念,探讨了我国教师教育课程应该秉持的理念(如师范性与学术性融合,体现多元文化特色,尊重学生差异、增加课程的包容性等)和应该确立的目标(如专业化导向、能力导向、实践导向以及全面性等原则),指出教师教育课程设置必须多层面、多领域,致力于促进教师学科专业知识与教育教学知识的整合。②

当前,深化我国教师教育课程改革,除了必须坚持"育人为本""实践取向""终身学习"这三大课程理念外,还需要致力于学术性与师范性、学科化与专业化、理论性与实践性相融合的改革,特别需要在"知识融合""课程整合"的理念、目标导向下,调整课程结构、丰富课程类型、整合课程内容,增强课程的选择性、衔接性和融合性,淡化学科边界、突出"融会贯通""学以致用",这是优化教育类课程的关键。比如,开设"班级管理""课程设计与评价""教育改革论纲""课堂观察与评价""学习评价与指导"等综合课程;在强化实践教学环节、改善实践教学条件、加强实践教学管理、建立多元化的实践教学评价体系等改革过程中,除了要从思想、观念、模式、操作等层面保障师范生的教育实践能够贯串于教师教育的全程,更需要通过有计划的课程安排加强课程

---

① [英]巴兹尔·伯恩斯坦.阶级、符码与控制(第3卷):教育传递理论之建构[M].王瑞贤,译.台北:联经出版社,2007:16.
② 崔允漷.职前教师教育课程目标框架[J].教育发展研究,2012(10).

衔接①,引导师范生循序渐进地介入不同教育实践场景,并且在见习、实习的全过程,不断加强和深化师范生对教育学、心理学原理性知识的理解,提升其主动将原理性知识融入教育行动、寻求教育实践问题解决之策和对教育实践进行理性反思的意识及能力(比如,要求师范生在撰写教育见习、实习日志、总结时必须运用原理性知识进行教育教学反思),从而使"全程全景"的教育实践课程真正有效地促进师范生专业素质的养成。

此外,在教师教育课程资源(包括教师教育精品课程建设、系列新课标教材等)建设和教学改革中,需要突破学科藩篱、加强教师教育者的交流与合作,积极营造"教学学术"的良好文化氛围,鼓励和信任课程评价创新。比如,将优秀中小学教学案例作为重要的学习资源,通过建设高水平中小幼名师教学影像资源库、教师教育网络综合平台等优质资源共享平台,为师范生提供更多优质学习资源,为学生自主创新学习创造条件。

(二) 探索隐性教学的课程实施方式,整合教学内容、注重学习指导

深化教师教育课程改革,不仅需要在有限的课时内,通过加强课程内容的精选、整合及相互衔接的合理编排,帮助师范生建构起具有一定广度、深度及较高兼容度和延展度的教师知识体系,更需要在课程实施(教学)与评价中,丰富教师教育课程实施形式,加强"隐性教学",为未来教师提供范例,帮助和促进师范生体验、认识并适应多种教学实践形态,从而促进师范生"融会贯通"的学习意识与能力提升。

伯恩斯坦在重点考察教学话语、力图透过教学话语自身的社会特质来解释社会结构和权力对课程实施的影响机制时,提出决定教学话语的三种规则:第一,分配规则,主要从外部决定教学话语的合法性和空间,"将知识形式、意识形式和实践形式专门化分配给社会群体","通过分配不同知识形式来分配不同的意识形式",从而"调控权力、社会群体、实践和意识形式直接的关系";第二,再语境化规则,规定了教学话语传递的一般原则,教学话语借助这些专门交流的原则选择和组建教学科目,用以调控特定的教学话语形式,任何一种知识话语只有经过再语境化才可能转化为教学话语;第三,评价规

---

① 杨跃.教师教育课程衔接:不容忽视的改革视域[J].南京师大学报(社会科学版),2017(2).

则,"任何特定的教学实践都有一个目的:传递标准。事实上,教学实践是产生意识尺度的一个层次"。① 据此,伯恩斯坦将教学实践分为显性教学(visible pedagogy)和隐性教学(invisible pedagogy)两种类型,二者差异很大。前者具有明确的等级、顺序和进度标准,强调知识基本结构、专门化的系统知识及学业成绩;后者则等级、顺序和进度标准不明确,强调获得知识的方法及能力培养。教学实践直接影响教学内容的选择和组织,进而对接受这些内容的人产生不同的影响。

教师专业标准所要求、教师资格"国考"所力求考察的准教师所应具备的教师专业理念、知识、能力等素养品质,只有靠平时扎实的教学培养和训练才可能形成,绝不可能靠短期的"刷题"应试来铸就。因此,教师教育课程改革特别需要在教学实施环节下大功夫,充分调动任课教师的积极性、创造性,在拓展课程内容的广度和深度时,注重将学科前沿知识、教育改革和教育研究最新成果充实到教学内容中,及时吸收儿童研究、学习科学、心理科学、信息技术的新成果;遵循教师学习的规律,大力改进教学方式、手段,规避显性教学的弊端,探索隐性教学的有效策略,丰富教学形式,提倡自主、探究、合作学习等新型学习方式,如开展模拟课堂、现场教学、情境教学、案例分析、混合学习等,充分发挥学生的主体性,并指导师范生自觉提升学习能力、实践能力、创新能力。比如,在有关"教学原则和方法"的教学中,首先向师范生阐释诸多教学原则和方法的学习心理学依据,然后引导师范生归纳、总结各原则、方法的教育意义及教学步骤、要求、注意事项等。师范生只有不仅"知其然"而且"知其所以然",才可能在未来工作中有效运用教学原则和方法。

(三) 突显能力为本的课程评价导向,创新测评形式、发挥引导作用

根据伯恩斯坦的教育编码理论,我国教师教育课程教学属于"强分类-强架构"。课程设置分科取向及课程内容选择与组织的学科倾向明显,注重学科知识的系统性、逻辑性,科目专门化程度高;课堂教学中由教师主控教学的组织方式、顺序和进程,以授受式教学为主,评价方式以客观、标准化测试为主,学生在学习方式、顺序和进程中的选择机会较少;而教师知识习得与教师

---

① [英]巴兹尔·伯恩斯坦.教育、符号控制与认同[M].王小凤,王聪聪,等译.北京:中国人民大学出版社,2016:30-31.

专业发展的规律要求教师教育课程逐渐转向"弱分类-弱架构"(弱化学科边界,加强课程衔接与整合,注重理论知识与实践能力的融会贯通;教学强调综合实践能力的养成与锻炼等),这又离不开"评价"环节的导向。

伯恩斯坦在后期研究中将教育实践类型进一步归纳为"表现模式"(performance model)和"能力模式(competence model)"①:表现模式"更多关注学习者的特定输出,学习者预期建构的特定文本,以及产生这些特定输出、文本或产品的专门技能"②,教学的空间、时间、话语属于强分类,控制明确、评价属于未来取向、教学文本倚重学习者的表现(作品)、学生自主性较小、教育成本也较低;而在能力模式中,教学的空间、时间、话语都是弱分类,控制因人而异、以隐含的方式呈现,评价属于当前取向,教学文本很少是学习者的作品而是学习者自身,"未来对于学习者来说是不可见的(只有老师知道),而现在是持续可见的"③,学生自主性较大,教育成本则较高。

目前,至少从教师教育机构应对"国考"的策略和行动看,防范和避免初衷良善的"国考"摧毁改革成效已是紧迫任务,必须通过创新"国考"内容、形式,促进教师教育课程实践向培养师范生教育实践能力的方向调整,真正"倒逼"教师教育机构深化改革、提高师范生培养质量。比如,教师资格"国考"在考试内容上,应重点考查考生的综合素质和教育实践能力,克服"重知识轻能力"的传统弊端,加强不同学科知识的融合,加大知识应用类考试内容的权重;在考试题型及其构成比例上,应努力设计更加灵活多样的题型,力求题型多样化(如增加概念辨析、材料分析、案例分析、课例点评、问题诊断、教学情景分析、教学设计、活动设计、写作等题型)、强化能力考核(如即使常规的选择、简答、论述等题型,亦重在考查原理性知识的分析、综合及运用能力,而不是单纯的知识再现),还可以利用计算机考试的优势,开发"视频题"(考生看完一段视频后回答问题)等题型。这些都不仅要求命题人员动脑筋,而且需要行政管理部门恪守保护命题人员知识产权的职责,否则,《中小学教师资格考试暂行办法》所规定的"考试坚持育人导向、能力导向、实践导向和专业化

---

① [英]巴兹尔·伯恩斯坦.教育、符号控制与认同[M].王小凤,王聪聪,等译.北京:中国人民大学出版社,2016:47-52.
② [英]巴兹尔·伯恩斯坦.教育、符号控制与认同[M].王小凤,王聪聪,等译.北京:中国人民大学出版社,2016:47.
③ [英]巴兹尔·伯恩斯坦.教育、符号控制与认同[M].王小凤,王聪聪,等译.北京:中国人民大学出版社,2016:50.

第九章
教师教育课程改革的知识困境：基于教育编码理论的分析

导向"，"突出考查申请教师资格人员从事教师职业所必需的职业道德、专业知识与基本能力"等很可能仅仅停留在文本上。

总之，教师教育课程改革注定是一项艰巨的系统工程。如果说，传统学科本位课程由于忽视教育知识进入教师职场需要"再语境化"的问题而不可避免地造成面向师范生的教育类课程成为教育学、心理学学科专业课程的简化版，那么，试图通过国家教师专业标准、教师教育课程标准以及教师职业资格统一考试标准（大纲）等来提高教师培养质量的标准本位课程，是否也会因"标准"无法反映教师显性知识与默会知识的相互关系而存在悖论？依然以考查知识复现能力为主的教师入职测试是否会存在更大风险？伯恩斯坦的教育编码理论提醒我们，"强分类-强架构"的教师教育课程、教学及评价的现实状况必须转向"弱分类-弱架构"；当然，这种改革走向只能在逐步完善相关条件的基础上，不断探索和推广，因为无论是课程融合还是隐性教学抑或能力模式的教育实践，对思想与理念、资源与成本（如个别学习时间、高水平师资、教师同侪及师生间的互动等）、组织管理与制度等的要求都很高，在条件不具备或不充分的情况下强力推行则会造成师范生教育知识碎片化，而师范生培养质量未见提高的现实又很容易诱发和加剧改革阻抗。因此，在现阶段，面对"国考"，既不能置之不理，又不能"头痛医头，脚痛医脚"、采取权宜之计，更不能沦为市场利益的"帮凶"，从而使得大学教师教育也陷入应试化教学的深渊。教师教育机构必须坚定课程改革的决心和信心，将教师资格"国考"作为契机而不是羁绊，大胆探索、深入探究。教师教育者们则需要自觉提升课程素养和能力。管理部门也应积极提供支持与保障，力争通过课程设计、实施及评价改革，切实将课程理念转变为课程行动，提高师范生培养质量。

第十章
教师教育课程改革的美德诉求：
基于委托-代理理论的分析

在委托-代理理论视野中,我国教师教育课程管理涉及多层级委托-代理关系链,各级委托人和代理人之间目标不一致与信息不对称带来的逆向选择、道德风险等直接危及课程质量,课程改革也因此陷入困境之中。教师教育课程治理的关键在于既要优化激励机制、增进制度正义,又要强化责任意识、倡扬个人美德。

课程是人才培养的最重要载体。师范教育兴起伊始,课程设置即备受关注;发展历程中课程改革从未停止;新世纪以来,各级各类教师教育机构调整课程目标、创新课程体系、优化课程内容、变革教学与评价方法的改革更是如火如荼;课程改革研究成果也与日俱增。然而,课程实施现状与理论、政策要求之间存在明显偏差,其成因错综复杂。本章试从委托-代理理论的视角出发,分析教师教育课程改革中的委托-代理问题及其成因,并借鉴新教育公平理论资源,尝试在制度正义与个人美德需要相辅相成的意涵上,提出困境突围的可能之策,以期有助于理性思考教师教育课程改革。

一、教师教育课程改革中的委托-代理关系与问题

委托-代理理论是现代经济学在研究特定经济关系双方之间动态博弈问题时提出的,它是建立在非对称信息博弈论基础上的契约理论。该理论认为在现代生活各领域中广泛存在着委托-代理关系,即在两个或两个以上主体的合作性活动中,一方或多方(即委托人)委托、指定另一方(即代理人)根据委托人的利益从事某些活动、为其提供服务,同时授予代理人一定的决策权并根据所提供服务的状况支付代理人相应报酬所形成的契约关系。

第十章
教师教育课程改革的美德诉求：基于委托-代理理论的分析

（一）教师教育课程改革中的"委托-代理链"

由于教师人才培养过程中教育主体的替代与分割性安排，作为高等教育重要组成部分的教师教育领域也存在多重委托-代理关系。教师教育课程事务中至少有以下几重关系：

第一，国民（公民）与国家（政府）之间的委托-代理关系。包括大学生（师范生）及其家长在内的社会公众作为委托人（初始委托人）将教师培养所需接受的正规高等教育任务委托给国家（政府）。我国教育部发布《关于大力推进教师教育课程改革的意见》、颁布《教师教育课程标准（试行）》、制定《教师专业标准》等都可视为国家（政府）作为代理人的履职行为。

第二，国家（政府）与高校（师范院校等）之间的委托-代理关系。作为国民代理人的国家（政府）又作为委托人将教师教育任务委托给高校（综合性大学或师范院校），由其具体承担教师培养之责，开展课程教学是其中的重要职责。《关于大力推进教师教育课程改革的意见》从"创新教师教育课程理念""优化教师教育课程结构""改革课程教学内容""开发优质课程资源""改进教学方法和手段""强化教育实践环节""加强教师养成教育""建设高水平师资队伍""建立课程管理和质量评估制度""加强组织领导和条件保障"等十个方面提出了全面而具体的改革意见。高校即负责承担这些具体任务。

第三，高校（综合性大学或师范院校）与高校内部教师教育机构（包括文理学院和教育、教师教育学院）之间的委托-代理关系。作为国家（政府）代理人的高校（包括综合化发展程度日趋提高的高师院校）又作为委托人进一步将教师教育任务委托给高校内部的二级学院。由于教师职业养成的双学科专业性（教师既要懂得"教什么"又要懂得"怎么教"，未来教师既要接受文理学科专业教育又要接受教育学科专业教育），高校内部承担广义教师教育课程与教学之责的二级学院至少包括文理学科学院和教育（教师教育）学院。

第四，作为二级学院的教师教育机构与其内部系所、教研室等之间的委托-代理关系。无论高校内部"教师教育亚环境"意义上的教师职前教育模式①怎样,在文理学院和教育学院内部,主要是系所、教研室负责承担广义的教师教育课程(包括文理学科专业课程和教育学科专业课程),于是又出现新一层委托-代理关系,即学院作为委托人将教师教育课程教学任务委托给作为代理人的系所、教研室。

第五,系所、教研室与教师个人之间的委托-代理关系。系所、教研室作为委托人最终将教师教育课程教学任务委托给教师个人,教师教育课程教学任务最终由每一位教师承担和完成,教师个人成为终端代理人。

可见,我国教师教育课程管理中存在复杂的多层级委托-代理关系,教师教育课程改革也至少涉及上述委托-代理关系链:社会公众委托政府、政府委托高校、高校委托内部二级学院及其教学单位、教学单位委托教师。委托人依次为社会公众(包括师范生)、国家(政府)、高校(包括管理者)、教师教育机构(二级学院)及其下属的系所、教研室等教学科研单位;代理人则依次为受社会公众委托的国家(政府)、受国家(政府)委托的高校(包括管理者)、受高校委托的教师教育机构(二级学院)、受二级学院委托的教学单位(系所、教研室等)以及受教学单位委托的教师个人。彼此间相互联系,构成多重"委托-代理链"和多层级管理链。

(二)教师教育课程改革中的委托-代理问题

委托-代理问题的出现主要源于委托人和代理人之间存在目标不一致与信息不对称。

1. 委托人与代理人的目标追求不一致

人才培养是高校的重要职能,作为国民代理人的国家(政府)将教师教育任务委托给高校,即希望高校通过课程教学培养合格乃至优秀的基础教育教师;而对高校(代理人)来说,人才培养并非唯一职能,科学研究和社会服务亦

---

① "高校内部教师教育亚环境意义上的教师职前教育模式"指在高校内部主要承担教师职前教育之责(包括师范生及教师教育者的管理、课程的设计与实施等)的教育机构的构成形态。传统模式是文理学院负责各文理学科方向师范生和学科教育领域教师教育者的管理和师范生的学科专业方向课程教学,教育专业院系则负责师范生的教育类课程教学;新型模式则指近年来一些师范大学探索实施的"教师教育学院实体化"模式,即文理学科专业师范方向的师范生以及教育学、心理学、学科教育的教师均由教师教育学院负责管理。

第十章
教师教育课程改革的美德诉求:基于委托-代理理论的分析

是重要职能。很大程度上来说,教师教育课程质量及其改革成败取决于高校将教师人才培养职能置于何种地位。"在非教师教育专业的数量与规模已远远超过教师教育专业的一些正朝向综合性大学转型的师范院校里,我们可以发现一个普遍现象,即学校的主要精力及人力、财力、物力等各种重要资源的配置与重要机会的分配都日益向那些可望为提高学校学术水平与综合实力增砖添瓦的强势学科集中,而原本在这些学校的工作中占据中心地位的教师教育则不断被弱化,甚至在相当程度上被边缘化",而综合性大学新设立的教育学科(学院)"在学校的学科结构中本来就多半只是一种点缀,一种近乎可有可无的边缘性存在"且大多没有介入本科学历层次的教师人才培养;更严峻的是,"从事教师教育工作的教师在学校组织中的地位也相应地不断弱化以及被边缘化"。① 结果便是大学教师普遍不愿意从事教师教育工作,已经从事的则只要有可能就"跳槽"转行。

同样,在高校与其内部的教师教育机构(包括文理学院和教育/教师教育学院)之间,如果说高校及其管理者(如教务处等职能部门)显然是要求二级学院不断优化管理机制、充分调动教师积极性,重视和加强课程教学改革、提高课程教学质量,为教师人才培养提供优质的课程教学。但是,随着高师院校的综合化发展以及各级教育行政主管部门以"学科"为主要甚至唯一标杆的评价及资源配置方式日渐主导,"教师人才培养"和"教师教育学科建设"都非高校内部二级学院的唯一目标,甚至都不是主要目标。

再进一步说,在作为二级学院的教师教育机构与其内部系所、教研室等教学单位以及教师个人之间,承担教师教育课程教学任务的系所、教研室还需要与其他系所、教研室竞争资源,在系所、教研室内部,教师个人之间也会出现资源竞争、利益冲突;而教师个人的工作任务和发展目标更是涵盖科研、教学、育人、社会服务等众多内容,面对目标多元与个人时间精力有限的矛盾,教师不得不权衡和选择。在当前高校普遍存在的"重科研轻教学"评价导向下,作为理性人的教师个人将工作重心置于科研、"课程教学完全凭良心"便不难想象。

可见,各级教师教育代理人(高校、高校内部二级学院以及教学单位及其

---

① 吴康宁.地位与利益:教师教育改革的两大制约因素[J].当代教师教育,2009(3).

成员——高校教师)与其委托人的目标追求都远非一致。

2. 委托人与代理人的信息不对称

在委托-代理关系中,委托人与代理人之间所掌握和拥有的信息往往处于非对称状态;当代理人为了自己利益通过握有的信息优势而做出有损委托人目标利益的行为时,便给委托人对代理人的监督、管理和控制带来困难,委托人需要增大管理、监督、评估等成本以应对"非效率""低绩效"现象,才能知晓代理人的努力程度。委托人与代理人之间信息不对称导致交易成本较大是委托-代理问题产生的根本原因。具体地,交易双方"事前的信息不对称"会导致交易者的"逆向选择"(adverse selection,即交易一方由于不知晓另一方所掌握的信息而且验证信息的成本昂贵从而出现"柠檬市场"、使得市场运作无效率);"事后的信息不对称"则会产生"道德风险"(moral hazard,即在交易契约生效后,交易一方为了追求自身效用最大化而做出偷懒、"搭便车"、隐瞒真相、疏于管理等机会主义行为而使另一方利益受损)①。教师教育课程改革中,各类委托人和代理人之间均会存在信息不对称,由此产生的"逆向选择"和"道德风险"对教师教育课程质量产生巨大影响。

首先,逆向选择产生"柠檬市场"。课程教学质量主要与任课教师的教学态度和能力这两个因素紧密相关。教学态度包括教师对教学工作的认同与投入程度;教师是认为"本科教学意义重大"从而愿意投入较多时间和精力钻研和改进本科教学,还是认为"本科教学性价比最低"从而尽可能应付,抑或仅仅是"为了完成工作量"而"不得不为之",结果必是大相径庭。教学能力则包括教师在课程内容相关学术领域的研究水平和课程实施(包括课程资源开发与利用、课堂教学、学习评价等)能力。然而,在教师教育课程实施中,只有教师自己最清楚自己的教学态度和能力付出究竟如何,教学单位管理者(系所、教研室主任等)事先很难掌握完全信息。同样,对教学单位及二级学院选派的任课教师的教学态度和能力如何,其委托人也都难以事先完全掌握相关信息。由此,二级学院、教学单位等各层委托人都只能依据某些易于观测的信息(如学历、职称、科研成果、以往教学状况等)来遴选任课教师(甚至常常根本谈不上"遴选",有教师愿意或最终同意

---

① [美]约瑟夫·斯蒂格利茨.信息经济学:基本原理[M].纪沫,陈工文,李飞跃,译.北京:中国金融出版社,2009:166-185.

第十章
教师教育课程改革的美德诉求:基于委托-代理理论的分析

承担教学任务已是"阿弥陀佛"了),难以如实掌握教师的教学态度和能力;教师在有"教学工作量"、职称评定等现实需求时,更是会掩盖"主动"要求承担课程教学的真实动机,这种"事前隐藏信息博弈"使得委托人更加难以辨别信息的真实性。特别是面向全体师范生的教育类课程(俗称"公共课",包括教育学和心理学类的必修课和选修课),师范生人数多、师资需求量大、吸引高水平教师任教的管理措施和激励机制不力等因素进一步加剧信息不对称所导致的"逆向选择";师范生学习积极性、主动性不足等因素又使得教师难以从教学中获得学术成长和成就感,从而在教学态度、能力等方面陷入令人痛心和无奈的"恶性循环",教师教育课程改革沦为"柠檬市场"。

其次,道德风险危及课程质量。在委托-代理关系中,由于交易双方信息不对称和监督不完全,委托人在达成协议后却无法准确获知代理人是否按协议办事、是否降低努力程度或采取机会主义行为来损害委托人利益,便会出现"道德风险"。教师教育课程改革中,由于各级委托人难以准确把握各级代理人的教学工作真实信息,教学绩效考核相比科研成果又更难精确量化,教学约束也相对"软化";因此,围绕课程改革控制权(特别是剩余控制权,即当组织契约中未予明确规定的状态出现时的相机处理权、决策权)的争夺便极易发生利益冲突和"道德风险"。比如,在我国高教管理体制下,国家(政府)与高校之间的委托-代理关系更多地表现为管制与被管制关系,政府部门集人事权、资源配置权、评估权于一身,而高校又总是寻找一切可能的机会挑战束缚。国家(政府)制定《教师教育课程标准》等文件,要求作为代理人的高校切实履行教师教育课程教学之责。但政策文本的法律约束力不足,高校在政策执行中往往根据自身的现实情况来设置和实施课程。"教育实习不少于1个学期"的委托任务在现实中很难真正落实以及不同程度地存在"因人设课"情形等都不啻为例证。又如,高校二级学院及其下属的系所、教研室等教学单位作为代理人在完成选派任课教师这一代理任务时,也会因教师教育课程理念、课程价值认知等不同,或出于"本位主义"的利益考量,而难以确保选派最优秀教师承担教师教育课程教学任务。再如,教学单位聘请教师承担课程教学任务便是与教师个人达成事实协议,教师理应认真履行代理合同,按照契约要求尽职尽责完成课程教学任务。但由于教学工作在过程和结果上的特殊性，上级管理者（委托人）即使付出较高成本（如聘请教学督导听课检查、组织学生评教打分等）也很难全面、细致地掌握教师教学投入信息（如备课、学生作业布置与批改、课后答疑及辅导等的时间、频次、程度、效果等）；而教师作为"经济人"或"有限理性人"，在教学中也会进行"事后隐藏行动博弈"，当向回报率低的教学投入越多则意味着只能向其他回报率高的科研、社会服务等投入越少时，出于追求自身效用最大化的动机，教师在教学工作中便会出现投机、偷懒等行为。

可见，在教师教育课程改革形成的具有强制性、多级性的"委托-代理链"中，作为代理人的政府、高校、二级学院、教学单位、教师个人等都会基于"有限理性人"而寻求自身利益最大化。由于"委托-代理链"长且复杂，委托-代理双方信息不对称、监督成本和难度都较大，多重博弈的结果便是作为初始委托人的社会公众（包括师范生）的利益目标（优质的教师教育课程）往往由于代理人的不努力而无法实现；教师个人的"出工不出活"、教学单位或二级学院的"阳奉阴违"（"换汤不换药"式的"被动改革"）、二级学院或高校的"泡沫式改革"乃至国家（政府）层面的"运动式改革"等，都未能真正提升教师教育课程质量。

于是，我们便无法回避公民美德与制度伦理的关系问题。"公民美德"（或曰"个人德性"）是社会个体在参与社会公共生活的实践过程中所应具备的伦理品质与社会美德；公共制度①作为一种社会治理工具，是对社会利益的权威分配，"制度正义"即制度在规定、分配和保障各有关主体的权利和义务、利益和负担、权力和责任等时"不偏不倚"②，包括制度本身的正义与制度

---

① "制度"是在特定条件下，经济、政治、文化等领域为规定、分配和保障各有关主体的权利和义务、利益和负担、权力和责任等而演进的一定组织机构体系，以及人们在此体系中必须遵守的规则、程序（"游戏规则"），"是为决定人们的相互关系而人为设定的一些约束，制度构造了人们在政治、社会或经济方面发生交换的激励结构，制度变迁则决定了社会演进的方式，因此，它是理解历史变迁的关键"。参见［美］道格拉斯.B.诺斯.制度、制度变迁与经济绩效［M］.刘守英，译.上海：上海三联书店，1994：3.

② 一方面，不同主体之间公平，每个主体得其应得；另一方面，同一主体自身公平，得其所应得，担其所必担。约翰·罗尔斯在《正义论》中提出并系统论述了制度正义思想，认为当"制度"这个人们行为的规范体系中的规范能够使各种利益要求达到恰当的平衡时，制度就是正义的。罗尔斯制度正义理论主要包括以下几个方面：第一，正义理论立足社会的基本结构即制度。第二，制度正义的标准在于利益调整的平衡。第三，制度是一个公开的规范体系，确定职务和地位及它们的权利、义务、权力、豁免等。［美］约翰·罗尔斯.政治自由主义［M］.万俊人，译.南京：译林出版社，2001.

第十章
教师教育课程改革的美德诉求:基于委托-代理理论的分析

运行的正义两个层次。一方面,制度正义是公民美德形成的前提和保障。制度安排是否正义直接影响社会公民的个人德性,社会中制度安排合理,社会整体氛围呈现出公平正义,通过制度的强制性约束力的发挥,为公民美德养成提供良好的生态环境与制度平台,将正义观念和价值深入人心,引导公民美德的发展方向,使公民在潜移默化的行为养成中提升自身的德性与修养,促成公民美德的养成;公民美德的形成和提升"绝不简单地只是一个舆论宣传教育的问题,更是一个生活实践、制度化了的规范力量引导的问题,是一个价值引导与通过制度安排所呈现的利益诱导的一致性问题"。① 另一方面,公民美德又是制度正义得以实现并持续发展的动力资源。所有社会约束系统功能的充分发挥最终都有赖于一个基本的主体条件,即作为社会公民的个体美德资源。只有得到具有美德的公民的支撑社会公平正义才能得以持续发展和有效的运作。在和谐社会的构建中,不仅要重视制度公平正义的建设,也要培育和发展公民美德。于是,似乎便有了"鸡和蛋的问题"。假如社会缺失正义精神和制度伦理,公民美德实践的外部制度环境受到破坏和践行个人美德的成本提高,那么,其他各种培育和养成公民美德的方式(比如德育)都将失去力量之源;假如个体缺乏正义制度运作中所需的个人道德品性,所谓"制度正义"则充其量只能停留在文本层面。②

---

① 高兆明.制度伦理与制度"善"[J].中国社会科学,2007(6).

② 事实上,前述那种认为"制度"是正式的、权威的、稳定的外在规则范畴的理解容易将规则静态化。 静态化的规则再完美也只能是一种美好的摆设,规则必须付诸行动。 这也可能是一些学者把规则定位为"行为模式"的原因。 如果制度仅仅停留在静态的规则上不去实施,就没有实质性的意义,就等于没有制度。 甚至有了制度不实施,比没有制度给社会造成的秩序危机更严重。 所以,研究"制度"应该同时关注"规则"和"行为"。 前者是一种抽象的制度,是一种理想的可能状态;后者是一种实施了的制度,是一种按照这种规范所表现的行为方式,二者紧密相连、共同构成制度的完整内涵。 "制度是一定历史条件下形成的正式规范体系及与之适应的通过某种权威机构来维系的社会活动模式。"[参见彭定光.论制度正义的两个层次[J].道德与文明,2002(1).]如果我们将"制度"理解为"一定社会特定时期存在的,处理社会行为主体间公共生活的正式规则体系以及建立在这种规则基础上,由权威机构来维系的社会主体的互动方式",那么,这个"鸡和蛋的问题"是不是原本就是一个问题? 也就是说,无所谓"鸡和蛋"?

二、教师教育课程改革的委托-代理困境

在委托-代理关系中,为最大限度地避免逆向选择、防范道德风险,委托人应采用完全契约来约束代理人并设计合理的激励机制以激发代理人的积极性,促使其切实履行职责、高质量地完成代理任务。然而,在当前高校管理体制及文化生态中,契约不完备、激励机制不合理、约束条件不满足等因素使得教师教育课程与教学改革步履维艰。

(一)契约不完备导致委托人监督虚置

作为委托人的社会公众有享用高质量教师教育产品(即高素质基础教育师资)的需要,作为委托人的师范生有接受高质量教师教育服务的需要,这就要求政府和高校为公众提供高质量的教师教育课程。在社会契约论看来,政府权力来源于全体民众的让渡,政府接受民众委托行使对教师教育课程的管理权限,然后将权力委托给下级政府及高校(教师人才培养单位),高校又层层授权,最终形成"委托-代理链"。当社会公众将权力让渡给国家(政府),代表国家(政府)的教育行政管理部门就应为实现国家的教师教育目标而完全地履行国家赋予的职能;当国家(政府)进一步将教师教育职责委托给高校,高校则理应担负起全面实现教师教育目标的职责;以此类推,各级代理人都理应努力实现其委托人赋予的任务。

能够全面规定委托人与代理人的权利、义务以及未来可能出现情况的合约形式属于完全合约;但由于高等教育服务对象的特殊性,公众将教育资产委托给政府管理所形成的契约是不成文的;作为公共利益代表的国家(政府)与开展教师人才培养实践的高校之间建立的行政性契约关系也更多地表现为隐性的不完全契约;再加上民众的庞大、松散以及大学生(师范生)权力的有限,原初委托人的监督职能并不能得到有效行使,在教师人才培养和教师教育课程管理的整个链条中,实际活动的是形形色色的代理

第十章
教师教育课程改革的美德诉求:基于委托-代理理论的分析

人,而委托人的监督被虚置。即使位于代理链条中间环节的政府同时扮演委托人和代理人的双重角色,在民众不能有效行使原初委托人监督职责的情形下,理应全面履行委托人职能;但订立完全合约的成本非常高,国家(政府)与高校间、高校与二级学院间、二级学院与其属下的教学单位间、教学单位与教师间普遍存在不完全契约关系,因为要准确度量每位教师的教学付出及贡献都极其困难(比如教师的教学绩效无法简单以学生的考试成绩作为考核指标,否则教师就有可能简化考题、抬高分数;学生评教打分方式也难以准确评价教学质量;况且,教学绩效不仅依赖教师的教学态度与能力,而且依赖学生的学习态度与能力,教师的教学绩效不仅很难准确归因而且几乎无法在短时间内充分体现);各级代理人在履约过程中又无法避免信息不对称,从而导致代理人进行信息保密、隐瞒、扭曲、欺骗等策略行为或机会主义行为。

(二) 激励机制不合理导致代理人内驱力薄弱

高校组织由于自身的功能定位、价值取向和组织运作等社会公益性、教育性特点内生性地决定了难以对教师的教学工作建立有效的激励机制。例如,因难以准确衡量教学效果且难有公认的评价标准,高校对教师教学的显性激励(即公共部门以公职代理人的业绩为评价基础的正式报酬、货币性激励)便十分谨慎。而当教师"算计"教学、科研、育人、社会服务等各种任务的"投入-产出比"时,"本科教学最不值钱"(付出的时间多、精力大却难有相应回报)的心理体验便会影响甚至扭曲教师的教学认同和行为。又如,监督作为激励机制直接影响教师的教学表现,但在高校普遍采取的"学生评教"中,学生是否有能力对教师传授学术知识的质量进行独立评价?是否完全认识到学术知识的重要性?其作为"消费者"的个人偏好是否与社会利益一致?当学生的认识及能力还不足以客观、理性地评判课程教学质量时,若完全相信和单纯依赖其所做出的评价,则会诱发教师为避免"差评"而对学生采取让步或屈从行为,这并无益于课程质量的提升。

由于当前高校缺乏合理、有效的监督、评价机制,在激发教师投身本科教学的激励机制上又乏善可陈,教师教育课程与教学改革既缺少外在激励的吸引力,又无法激活教师自身的内在推动力,也就很难规避和防范"逆向选择"和"道德风险"现象的出现。

(三) 约束条件不满足导致代理结果不确定

在信息不对称条件下,积极有效的激励机制需满足两个条件:一是个人理性约束(又称参与约束,participation constraint),指代理人从接受合同、履行契约中得到的期望效用(收益)不能小于不接受合同时能得到的最大期望效用(不能低于其在同等成本条件下从其他委托人处获得的收益水平);二是激励相容约束(incentive compatibility constraint),指因在任何激励合同下代理人总是会选择使自己期望效用最大化的行动而委托人却无法观测到代理人的行动,因此,委托人希望的代理人行动只能通过代理人的效用最大化行为实现。

高校教师因承担教学、科研、育人、社会服务等多种性质工作而面临多个委托人(即多种工作的管理者),委托人之间是充分竞争的;高校教学管理者只有提供最有吸引力的契约,才可能使教师全身心地投入课程与教学改革、圆满履行代理人之责。但事实上,高校教学管理部门并非资源殷实者,与高校其他部门相比,很难向教师提供有吸引力的契约;教师作为代理人若总是出于"不得不"而被动承担课程工作的话,课程质量和效果难免差强人意。在高校(二级学院、教学单位)与教师之间的委托-代理关系中,委托人难以观测到教师的行动选择,又无法使用"强制合同"来迫使教师选择其所希望的行动,而只能通过激励合同诱使教师选择其所希望的行动。对高校而言,教师担负的教学、科研、育人、社会服务等各项工作都非常重要,高校必须兼顾教师从事各种任务的激励;但从多任务激励和能力筛选的角度出发,设计有差别的激励合同和薪酬制度并非易事。

总之,由于无法预料到的偶然事件的介入、在契约中订立相应解决之策的代价很高、对代理人的约束激励机制不完善以及受代理人努力程度等因素的影响,代理结果(即委托任务的完成质量等)往往不确定。各级代理人都可能采取抵制、反抗、拒绝、不合作、消极应付等态度和行为,在

第十章
教师教育课程改革的美德诉求：基于委托-代理理论的分析

教师教育课程与教学改革及相关政策的执行过程中出现政策敷衍、歪曲（"断章取义"）、附加（"土政策"）、抵制（"上有政策下有对策"）等偏差现象。

帕森斯曾说过，"在高度分化的社会中，组织的产生和发展，为我们实现那些仅凭个人力量根本不可能实现的目标，提供了重要的机制和手段"①；奥尔森在《集体行动的逻辑》一书中对"组织或社团的存在是为了增进其成员的利益"②这一经济学、政治学、社会学中的传统理论出发点（"传统集团理论"）提出了质疑和否定③；而在理性选择制度主义学派（通过引入制度因素来解释利他主义与集体行为的困境）看来，在没有任何制度规则存在的情况下，理性的个体基于个人利益最大化行为所导致的诸如"搭便车""逃避责任"等负面效应，往往会造成集体的无理性；因而，设计出一套制度规则，使得基于个人利益的行为能够产生集体的最优化结果，便是解决集体行动困境最现实的办法。这种制度的作用在于：为理性行动者提供一个交易的规则、一个协商的平台、一种控制的手段和一个博弈的均衡，通过创造相互的信息对称、建立重复博弈中的惩罚与激励机制，规范集体中每个成员的行为，使得个体能够从某一制度的成员关系中获益，并因此而愿意做出某种牺牲，以获得这些更为重要的利益，因而产生出某种结果的可预期性和规则性，促成有利于制度

---

① [美] W. 理查德·斯科特. 制度与组织——思想观念与物质利益 [M]. 姚伟，王黎芳，译. 北京：中国人民大学出版社，2010：中文版序言.

② [美] 曼瑟尔·奥尔森. 集体行动的逻辑 [M]. 陈郁，等译. 上海：上海三联书店，1995：5. 奥尔森提出的"集体行动逻辑"挑战了惯常的看法（人们组成利益集团或加入某一组织不过是出于一种自然而然的利益要求，即具有共同目标的个人组成利益集团或组建某一组织以实现他们共同的利益和价值），在奥尔森看来，除非存在强制或其他某些特殊手段促使个人按照他们的共同利益行事，有理性的、寻求自我利益的个人是不会采取行动以实现他们共同的或集团的利益。奥尔森的集体行动逻辑是基于理性"经济人"假设的前提而得出的研究结论，"个体都在关注个人利益的时候，公共利益又由谁来兼顾呢？"个人利益和公共利益之间的冲突问题便无法回避，按"经济人"原则行事的个体在面对公共利益时将陷入"囚徒困境"的尴尬境地。

③ 奥尔森认为，在个人谋求自身利益时，理性的社会结果并不会自动出现，个人理性并不必然导致集体理性，相反，往往带来集体无知与集体困境，在集体行动中，个人理性的结果往往会导致集体行动的失败。集体利益是一种公共物品，天生具有外部性和某种程度上的非竞争性与非排他性，集团中任何成员对此类物品的消费都不会影响其他成员的消费，"搭便车"现象必然会出现；而由于参与集体行动的成本由个人承担，必然导致个人收益和集体收益不一致，面对独自承担成本和全员分享收益的格局，理性的个人只会蚕食、瓜分集体利益，而不会去创造、增加集体利益。这便是"个人理性必然导致集体行动困境"。

内所有参与者的集体行动。这种制度模式的成功运行需要一套稳定且有效的服从机制,以确保所有的行动者都能够服从制度规则的要求、避免机会主义的背叛。事实上,制度实施中更为棘手的现实问题在于如何形成一个促成集体行动的内在机制,或者说,构建一种能够规避集体行动困境的制度规则何以可能。

三、基于委托-代理理论的教师教育课程治理对策

治理是利益相关者在出于各自利益诉求而展开沟通、博弈等决策与执行过程中的一种有共同目标支持的协调、管理机制,各方利益相关者借助这些机制满足各自诉求、实现各自目标。① 教师教育课程改革的关键在于既需要构建高效的课程治理机制、从制度上最大限度地保证和提高课程质量,又期待教师教育工作者个体及群体的美德。

(一) 优化激励机制,增进制度正义

社会公平、正义不是单纯停留在思想、理念的追求中,而是应该体现在维系社会正常运转的制度中。同样,体现时代精神的新教师教育公平理念、价值观也不能是外在于制度的"口号式宣称",而是应该通过规章、守则、规定、条例等实体化载体融入制度之中,将制度规范与行动者的个体生活、职业生活有机地融合起来。教师教育课程治理首先就需要通过优化激励机制而增进制度正义。

1. 各级委托人优化激励机制,增强代理人内驱力

设计合理的激励机制,有效规避信息不对称产生的逆向选择、道德风险等问题,激励代理人努力实现委托人的目标与最大利益(即最大化各级委托人的期望效用函数),增强改革行动者的内驱力,是教师教育课程治理的首要任务。

---

① [美]詹姆斯·N. 罗西瑙. 没有政府的治理 [M]. 张胜军,刘小林,等译. 南昌:江西人民出版社,2001:55.

第十章
教师教育课程改革的美德诉求：基于委托-代理理论的分析

首先，政府作为委托人，优化对高校教师教育的激励。

"国家大计，教育为本；教育大计，教师为本。"教师教育课程改革中，不仅需要国家（政府）作为代理人认真履行自己的职责，采取必要的措施，提高教师职业社会地位（比如实施教师绩效工资制度等）、确保教师教育的专业性和不可替代性（比如制定《教师专业标准》《教师教育课程标准》《教师教育机构资质认证标准》等一系列必要的国家标准），而且需要国家（政府）作为委托人，在师范院校综合化发展的追求愈益迫切、步伐愈益加快、程度愈益提高的背景下，采取有力措施，切实提高高校（特别是师范院校）对教师人才培养和教师教育课程质量的重视。这首先需要国家（政府）在为分配资源而对高校进行各种评估、评价和考评的活动中，优化对教师教育绩效的激励约束机制，提高教师教育在高等学校中的地位。

比如，在承担教师人才培养的高校中，教育行政主管部门在组织开展有关专业设置、学位点增设、学科建设等评价时，可增设"本科师范生培养质量"及"教师教育课程绩效"等指标，甚至可以加大这些指标的权重，以减少国家（政府）作为委托人面对谋求综合化发展的高师院校（代理人）时的"逆向选择"，增强高师院校作为代理人在下一级委托-代理关系中的主动性和优势，激励高等学校以国家利益为重，明确"培养人才，教师为本；培养教师，教师教育为本"的社会责任感，积极采取措施扭转教师教育被弱化和边缘化的现状，促使高校在资源配置和机会分配时至少能够同等对待教师教育学科专业，在教师人才培养及教师教育课程改革与建设上更加努力。

又如，各级政府在实施"卓越教师计划""精品课程"等项目中，不仅在项目评选环节要注重全面考察高校提供的申报信息，而且在立项后的建设中更要注重防范作为代理人的高校出现损害委托人利益的机会主义行为，加强项目建设过程的监控与管理，克服"重申报、轻建设""重评审、轻监督"等弊端，有效规避"逆向选择"和"道德风险"。例如，运用委托人与代理人都承认的、双方可共同观察到的指标，构建项目后评估指标体系，加强质量标准建设，根据项目性质和特点组织检查、验收，对国家（政府）投资项目的目标实现、过程管理、建设效果、社会影响力等进行评估，强化项目建设主体的责任意识，形成项目建设的长效机制，促进教师教育及教师教育课程改革取得实效。

其次，高校作为委托人，强化对二级学院教师教育的激励。

在高校与二级学院之间的委托-代理及博弈关系中，高校同样无法观测到二级学院的行动选择和外生变量。因此，在综合化发展程度较高、教师教育日渐边缘化的高师院校，更是需要通过强化学校层面对二级学院的激励约束机制，最大限度地调动和发挥高校内部教师教育机构（包括文理学院和教育/教师教育学院）在教师教育课程改革中的积极性和创造性。

教师教育课程改革不仅需要依托于高校进一步健全本科教学管理及激励机制、完善对二级学院的课程教学质量监控体系，而且随着高校内部学科综合化趋势的加强，对于天然具有"双学科专业性"的教师人才培养来说，深化改革更是需要打破教师教育课程涉及的高校内部文理学科专业学院（文学院、数学科学学院、外国语学院等）和教育学科专业学院（教育/教师教育学院、心理学院等）之间的壁垒，创建跨学科专业的综合性教师教育机制（或称"合作型教师教育管理体制"①），无论师范生的管理主体是文理学院还是教育专业学院，都需要建立有效激励机制，积极发挥各个学院的教师教育职能，强化各个学院高质量承担教师教育课程的自觉责任。为此，还需要在高校内部构建起一系列协调改革利益相关者利益关系的长效运作机制。比如，顺畅的多元利益表达机制，以保证课程改革各利益相关者的利益诉求能够得到及时、充分的表达、传递和整合；权责对等的权力制衡机制，以相互制约课程改革各利益相关者的权力，避免权力异化或引发更大冲突；程序规范的问责机制，以"为利益相关者的利益关系调谐提供一定的动力与保障"②；等等。

再次，校院两级委托人，完善对教师教学工作的激励。

西方学者研究指出③，高校激励教师进行教学活动的唯一方法是降低对科研活动的激励强度，高校在与教师之间达成"与科研绩效无关的固定工资合同"（这是一种"弱力合同"）的同时，向获得"终身教职（tenure）"的教师承诺，即便其科研绩效差也不会将其解雇，以防止教师为了保证自己教职的安全而仍然将主要精力投入于科研而非本科课程教学与人才培养。无论西方

---

① 刘建. 教师教育实体化改革的风险及其规避［J］. 教育发展研究，2015（24）.
② 钟勇为. 我国大学教学改革的利益冲突审视［J］. 江苏高教，2014（1）.
③ ［美］艾里克·拉斯穆森. 博弈与信息：博弈论概论［M］. 韩松，译. 北京：中国人民大学出版社，2009：251－271.

第十章
教师教育课程改革的美德诉求:基于委托-代理理论的分析

国家的大学终身教职制度是否适合中国,其作为一种有效激励教师投入课程教学之承诺机制的本质值得我们在完善本科课程与教学管理制度时学习、借鉴。高校在开展教师教育和教师教育课程改革中,可以从多任务激励和能力筛选的角度出发,设计有差别的激励合同,达到筛选不同能力教师和激励教师在教学、科研、社会服务等多任务上平衡分配等目标①;深刻认识和反思当前高校教师职务终身制、任职考核形式化、"重科研轻教学"的评价制度等已严重削弱教师投身本科课程教学改革积极性的严峻现实,深化薪酬分配制度改革,在教师业绩评价中引入和加大对教师本科课程教学业绩的检查、监督、奖励和惩罚。

除显性薪酬激励和监督评价激励外,教师激励中更重要的是有力的内在激励,即能使教师从课程教学工作中获得成就感、满足感、自豪感和快乐、幸福体验,进而会更加主动、积极地努力投身本科人才培养的激励。内在激励作用的大小主要与代理人自身的价值取向、工作信心、理想信念和职业伦理等因素有关。经验和研究都表明,工作界限越模糊、内在激励越重要;教师人才培养和教师教育课程教学工作就是具有边界模糊性的任务,更需要重视隐性内在激励对教师教学的巨大促进作用,因为内生性激励的效果不仅明显而且长久。"只有当国家颁布的命令、学校管理者制定的规章制度或者学生利益的改善,可以影响到教师的'个人利益'时,它们才可能激发教学革新的动机。"②因此,教师教育课程改革要警惕"刻板印象""污名化"等消极效应,防止教师成为"被改革者"而对教师产生强烈的情感伤害,同时注重高校教师教育文化建设,坚定树立"教师为本"理念,充分理解、尊重(而不是漠视乃至敌视)和尽可能优先满足教师作为"有限理性人"的合理利益诉求,鼓励和培养教师对教学工作的自我效能感和自豪感,积极引导教师勇于、乐于承担教师教育课程教学工作。否则,"一厢情愿"式的教师教育课程改革最终只能是陷入"内卷化"的"泡沫式改革"。

2. 公众借助社会力量,发挥监督与约束作用

社会力量包括报刊、广播、电视、互联网等媒介组织,关涉教师教育事

---

① 寇宗来,周敏.多任务激励与能力筛选:大学如何提供终身教职合同[J].世界经济,2010(6).
② 周彬.决策与执行:制度视野下的学校变革[M].北京:教育科学出版社,2005:8.

务的社会中介组织机构(如"教师教育指导委员会""教师教育研究会"等,尽管由于中国特色,这些组织与教育行政管理部门之间会存在不同程度的"藕断丝连"关系,并非严格意义上的独立社会中介机构)以及社会舆论等。教师教育课程改革中亦应充分加强社会力量的监督、管理、激励与约束作用。比如,鉴于信号显示(即代理人将信息传递给委托人)和信号甄别(即委托人诱使代理人披露其私人信息)是避免出现"柠檬市场"的两个重要机制,在教师教育课程治理中亦可建立、健全各级代理人的信息显示和信息甄别制度。在诸如"卓越教师计划""精品课程"等项目建设中,通过建立项目建设信息公布、项目实施反馈报告等制度,将项目建设全过程都置于同行、专家、专业组织以及社会公众等各方利益相关者的面前,接受非政府性教师教育质量(包括教师教育课程质量)评估机构的监督和评价。这不仅有利于确保教师教育课程教学及项目建设的质量,能够在项目建设结束时为评审专家提供更多有价值的信息,从而降低评审成本、提高评审效益;而且在政府作为民众代理人的层面上,发挥社会力量的监督、约束职能也有助于推动政府加快职能转变、加大高校自身的办学自主权,从而淡化政府与高校间的行政色彩,促进政府在教师教育治理中逐渐从集中控制模式走向公共治理模式。

总之,教师教育课程治理的关键,首先在于完善激励机制,切实采取遏制道德风险的制度性措施,并发挥社会力量的监督与约束职能,从而有效提高课程质量。

(二) 强化责任意识,提升个人美德

新制度主义视角的组织研究("关于组织的制度研究")拓展了对文化、规范因素如何影响组织运行的研究。这种制度视角有助于理解不同时空中组织过程的差异,但似乎又忽视了微观力量(比如,个人德性、个体间或群体间的利益冲突等)对于组织文化形成和变迁的作用。教育改革与治理的困境使得教育改革与发展似乎陷入了制度伦理与个人美德间类似"鸡与蛋"的困境中。然而,当人面对"制度压力"(控制和影响人们行为的深层次、结构性力量)时也并非无法成为"道德人",勇于担当责任、自觉增进德性是人性永恒的

第十章
教师教育课程改革的美德诉求:基于委托-代理理论的分析

内在追求。

在日常生活中,我们常常有这样的经验和体验:作为组织成员(或者政策客体、改革对象),我们总是"理所当然"地期待有英明的领导实施公平正义的制度;作为组织领导(或者政策制定者、改革发起者)和能够换位思考的组织成员,我们又总是期待"个人美德"和能够理解组织领导对组织成员"个人美德"的这种期待。教育改革与发展需要制度创新,但制度是人设计的、要靠人来施行,因此,提升包括制度设计者、改革决策者等在内的所有人的素质(包括德性、智性等)就尤为重要。"制度的设计者与决策者们是否应反躬自问,自己的观念转变了没有?"①要走出教育改革所遭遇的困境和"怪圈"②(如制度与人的观念、德性、能力、素质等所形成的"连环套"),还是必须从个人美德增进的环节开始"破冰"。在公民美德中,最重要的恐怕就是"责任意识",即所有人都切实担负起自己应负的责任,而不是想方设法"钻制度的漏洞"。唯此,公民个体才可能进一步以理性参与为价值导向,自觉地对制度实施过程以及制度实施者进行监督,从而使制度制约和制度保障更为有效。

当然,任何改变都需要成本,无论是改进教学内容,还是改善教学方式,抑或改变教学习惯;如果我们的教育改革所要求的这么多改变给教师带来的只是更多的辛苦、更大的压力、更少的成就感,那么,当改革处于打破旧平衡、建立新平衡的必经过程中,不可避免地会出现"真空"("失效期")时,在不可兼得的"鱼"和"熊掌"之间难以取舍时,恐怕还是需要个人美德"挺身而出"吧?所有社会约束系统功能的充分发挥最终都有赖于一个基本的主体条件,即作为社会公民的个体美德资源。因此,当越来越多的教育改革"面临十字

---

① 张海波,戴勇,周国斌.当前我国教育改革的三个理论问题[J].东北师大学报(哲学社会科学版),2015(6).
② 本质上教育改革、学校变革……是一个集体行动的过程,在这种集体行动中,各级委托人(政府、高校/学校、二级学院、教师)往往采取"经济人"行事原则,更关注个人(群体)利益,教育的公共利益往往被忽视和搁置,主体之间的利益冲突不可避免,这种集体行动逻辑可能导致组织(高校、二级学院、学校……)成为一个个四分五裂的"碎片",不仅组织变革绩效大打折扣,而且组织中个体的发展也无从谈起,这种结果对任何人都将不利,教育改革陷于"囚徒困境"("理性的悖论问题",即个人理性而集体非理性),最终结果则是"共同悲剧"。当然,我们也看到教育改革中的利益冲突对组织成长和发展具有建设性作用和教育改革中的一种正常现象(冲突是社会组织的一种常态和组织稳定必需的一种力量)。

路口的判断与选择"①甚至事实上陷入了"内卷化"②之中时,面对步履愈加维艰、进入"深水区"的教育改革,每一位行动者应该秉持的立场和态度是负责任地积极介入而不是袖手旁观,是躬身自省而不是表现出政治冷漠,是乐观地积极进取而不是悲观无望③、怨天尤人。诚如今天的大学人在谈及"大学本科教学改革为什么这么难?"时所感慨的,"教学是良心活";面对"利益回报最低""低到不能再低"的"良心活",终究还是只能"靠良心""凭良心",这其实就是对人性美德的诉求。人性的发展水平直接决定制度公正的实现程度,现代公共社会对公民美德的需求不仅仅是维护社会正义的良好秩序,公民美德本身就是良好的社会公共秩序的内在构成部分和实质性标志,更是建构社会公共秩序并确保社会公共生活得以良序发展的政治伦理资源。制度正义只有在公民美德的滋润下,才能更好地发挥其应有的效能;制度正义的实现要靠培养公民具有正义感、责任感和公共道德,需要公民美德的有力支持。只

---

① 吴康宁教授在分析教师教育改革的艰辛时指出:"我国教师教育处于十字路口的状态不会马上结束,而是有可能还要延续一段时间。 延续时间长短取决于社会大环境、各方利益博弈、政府决策以及教师教育系统自身建设等多种复杂因素。 事实上,社会转型期的一个普遍现象便是一些重要改革往往会频频面临十字路口的判断与选择。"参见吴康宁.地位与利益:教师教育改革的两大制约因素[J].当代教师教育,2009(3).

② 德国哲学家康德(Immanuel Kant)在《判断力批判》一书中谈及人类社会演化过程的相关问题时,最早提及"内卷"一词,明确地区分了"内卷(involution)"和"演化(evolution)"。随后,人类学家戈登威泽(Alexander Goldenweiser)在谈及文化模式时运用"内卷化"一词来描述某类文化模式达到某种最终形态后既没有办法稳定下来也无法使自己转到新的形态,只是不断地在内部变得更加复杂的情形。 其后,人类学家格尔茨(Clifford Geertz)在《农业的内卷化:印度尼西亚生态变迁的过程》一书中,用"农业内卷化"一词来概括由于缺乏资本、土地数量有限、存在行政性障碍而无法将农业向外延展,致使劳动力不断填充到有限的水稻生产中的一种农业经济过程。 再后,社会史学家杜赞奇(Prasenjit Duara)将"内卷化"概念运用于政治学领域,分析了赢利型国家经纪体制中出现的"政权内卷化"现象。 1992年华裔美国学者黄宗智在《长江三角洲的小农家庭与乡村发展》一书中,将内卷化概念用于分析中国乡村经济及社会变迁的研究,指出通过在有限的土地上投入大量的劳动力来获得增长的方式。 此后,"内卷化"理论被广泛运用于经济、政治、文化、教育、社会群体及社会关系等多个领域,特指事物发展到某种特定程度而出现原有方式无休止地内旋内缠、自我复制与勉强维持并伴有内耗加剧的自我锁定样态,事物在表面"花样翻新"掩盖下却并未产生实质性变化的虚假发展、低效发展抑或无效发展。 中国教育改革逐渐表现出的"人力财力投入多而产出甚少""绕了一圈又回到原地""劳民伤财""瞎折腾"等状况,不啻为"有外延扩展而无内涵发展""边际效益递减"的"内卷化"发展状况。

③ 例如,有研究者在分析研究教育改革的艰难时指出:"我国学位授权的复杂境况对委托代理制度设计提出了更高要求。 然而,国家学位制度并没有很好解决学位领域的'委托代理问题',而且由于制度设计本身存在无法克服的缺陷,甚至看不到问题解决的希望。"罗建国.我国学位授权改革目标与策略探究[J].高等教育研究,2014(8).

第十章
教师教育课程改革的美德诉求:基于委托-代理理论的分析

有培养和树立公民美德,才能更有效地实现制度正义,公民美德的培养也成为制度正义建设的重要资源。

教育管理者和教师,作为教育实践的道德主体,"必须以实现教育的终极价值为己任",而"教育的终极价值是帮助和促进人的精神的完满发展,促进心灵的丰盈和健全";教育工作者,作为知识分子,"必须具有教育良知,具有对教育终极目的的理解,具有对于好的教育的深刻认识与信念,不断追求教育的终极价值的实现";"教育良知使得教师形成自己的教育理想,形成对教育行动的清醒和敏感的反思,使教育工作与教育的终极价值相符合。有良知的教师是文明社会的促进者,是文化崇高精神的保护者,是优秀人性的培育者,是社会进步的推动者"①。金生鈜教授阐析的"教育良知"正是教师教育课程改革取得实质性成功最不可或缺的人性美德,"何为具有教育良知?就是具有教育目的感和对于教育终极目的的理解,具有对于好的教育的深刻认识与信念,就是不断追求教育的终极价值的实现";"教师的良知不仅表现了对于教育的责任感,也体现为社会责任感。当制度不正义的情况下,教师的教育实践的社会责任就是反思和批评,尽管有一定的风险,但是教师必须要坚持自己的理想和理性,以敏锐的判断力和理性方法以及希望对社会的改造提出自己的观点,帮助学生认识社会。当一个社会基本正义得以体现的时候,教师也有必要保证社会的理想与价值的连续性,保持基本的反思和批评,对于社会向更好的方向发展履行自己的责任"②。当然,个人美德的养成不是建立在对空洞的理想化说教基础之上,需要与一整套行之有效的制度安排相辅相成,很可能会是一个并不短暂的现实建构过程。

---

① 金生鈜.教育的终极价值与教师的良知[J].教师教育研究,2012(4).
② 金生鈜.教育的终极价值与教师的良知[J].教师教育研究,2012(4).

五

教师教育治理：认同·支持·公平重塑

第十一章
新教育公平视野：教师教育治理研究创新

教师教育治理即政府、大学、市场、社会及公民等多元主体共同参与、协作应对教师教育公共事务并承担相应责任的新型管理和服务模式。面对我国教师教育制度变迁中出现的现实问题，围绕我国教师教育治理结构与机制的优化、健全，开展深度研究，具有迫切的现实动因和重要的学理价值。未来研究需要纳入新教育公平的理论视野，拓展学科视角，并加强基于本土实践的实证研究，力争多侧面、全方位地揭示和剖析我国教师教育治理的基本问题，全面、理性、深刻地认识教师教育"善治"之道，为我国教师教育制度建设提供坚实的研究基础。

自《中共中央关于全面深化改革若干重大问题的决定》提出"完善和发展中国特色社会主义制度，推进国家治理体系和治理能力现代化"的改革深化总目标以来，作为国家治理体系重要组成部分的教育治理体系及治理能力现代化遂成为教育学界拓展、深化21世纪初即兴起的教育治理研究的新热点，有关各级各类教育治理的研究成果日渐丰富。本章在梳理国内已有研究成果的基础上，进一步阐析教师教育治理研究的动因与价值、问题与内容、取向与方法，希冀对推进和深化教师教育治理研究有所助益。

一、教师教育治理研究的动因与价值

当前我国教师教育实践面临的现实困境是深入探讨教师教育治理的重要原因，同时，教师教育治理研究亦有重要的学理价值。

（一）教师教育实践困境呼唤加强治理体系现代化建设

加强教师教育治理体系建设、规范教师教育治理主体的责权利、维护教师教育公共事务秩序、提供优质教师教育服务,已成为近年来深化教师教育改革的重心。教师教育机构内部治理方式、人才培养模式、课程与教学等改革探索不断深化。然而,教师教育大学化、开放化、专业化、一体化改革,因触及政府、大学及教职员工、学生与家长、中小学校乃至市场等众多主体的权力与利益分配,而引发冲突和新矛盾、新问题。依据国家治理体系现代化的衡量标准①,实现我国教师教育治理体系现代化依然任重道远。

事实上,中国教师教育自诞生之日起便经历着不同于西方国家的发展路径,社会文化的影响因素也迥异,20世纪90年代以来的教师教育治理主体、方式、过程等全方位转型也表现出不同于西方国家的现实特征。而"治理"一词源自西方语境,即便在西方国家,众多研究也已揭示"治理"本身不乏内在缺陷而并非万能。更重要的是,教师作为"复合型专业人才"的特点以及教师教育兼具国家公共性、社会公益性和个人私益性的特征,使得旨在培养、培训中小学教师的教师教育既与基础教育和高等教育紧密关联,又明显地具有不同于义务教育和高等教育的特性,自然也表现出不同的治理诉求。因此,教师教育治理的特点、特定困难、特别建设路径等一系列"特殊问题"应成为研究的首要问题,探寻具有中国特色的教师教育治理理念和契合国情的教师教育治理实践应成为研究的重要任务。唯此才能有助于切实推进我国教师教育内涵式可持续发展。

(二) 教育治理研究需要充实教师教育治理本土研究

相比于教育公共治理、高等教育治理研究,我国大陆教师教育治理研究起步较晚。2005年,朱旭东指出"后师范教育时代"我国教师教育面临制度重建和治理的紧迫任务,提醒在教师教育管理可能出现权力真空的改革背景下如何避免师范教育弱化"理应是当前教师教育管理研究中讨论的问题"②。陈正华指出政府控制型教师教育管理模式面临诸多新挑战,必须重新确立政府在专业化教师教育发展中的地位和作用,充分发挥教师专业组织的作用,正确引导教师教育朝着专业化、高质量方向发展。③ 2007年朱旭东提出"现

---

① 俞可平.推进国家治理体系和治理能力现代化[J].前线,2014(1).
② 朱旭东.论我国后师范教育时代的教师教育制度重建[J].教育学报,2005(2).
③ 陈正华.政府控制型教师教育管理模式面临的问题与挑战[J].教育发展研究,2005(4).

代教师教育制度是以教师资格证书制度为基础,以现代大学教师培养制度为主体,以教师专业化为核心,以教师专业标准、教师教育机构标准等为条件的教师教育应该遵守的一整套行为规则"①。2009年林樟杰在专著中虽未使用"治理"一词,但已触及"重建政府在教师教育体系中的主导地位""将师范大学内部培养教师的三股力量整合起来""建立教师协会""通过行业准入制度规范师范大学的办学"等治理议题②。

随着改革和研究的深入,研究者们又从"利益相关者""多主体参与"等理念出发,关注现代大学制度建设背景下的政府角色定位、职责等论题。2011年蒋亦华指出,政府应从被动行政、管理行政、非专业行政向主动行政、治理行政、专业行政过渡,逐渐实现由现实政府形态向理想政府形态的转变。③2013年李源田以重庆市学前教师教育为例分析了变革学前教师教育治理结构的可能路径,强调应遵循现代大学制度框架和专业教育范式,从大学化、专业化、标准化等方面推进学前教师教育治理结构的深度变革④;张志坤则对比分析了中国和瑞士的小学教师教育治理的差异⑤。2014年李森从目标、主体、课程、评价、机构等方面阐述了教师教育治理体系现代化的任务。⑥

这些研究开启和推进了国内教师教育治理研究,但研究成果在数量和影响力方面都较为有限,难以满足教师教育改革与发展的需求。我国教师教育治理研究需要进一步聚焦研究问题、充实研究内容并提升研究品质。

二、教师教育治理研究的问题与内容

"治理(governance)"作为超越"统治(government)"意涵的新概念,被全

---

① 朱旭东.我国现代教师教育制度构建[J].北京师范大学学报(社会科学版),2007(4).
② 林樟杰.教师教育体制机制问题研究[M].北京:中国人民大学出版社,2009.
③ 蒋亦华.变革转型期的中国教师教育——基于政府角色的定位及行为重构剖析[J].教育发展研究,2011(10).
④ 李源田.学前教师教育治理结构变革的趋势——以重庆学前教育为例[J].国家教育行政学院学报,2013(12).
⑤ 张志坤.中瑞小学教师教育治理方式及培养机制比较[J].当代教育科学,2013(23).
⑥ 李森.论教师教育治理体系现代化[J].西南大学学报(社会科学版),2014(5).

球治理委员会界定为"各种公共的或私人的个人和机构管理其共同事务的诸多方式的总和";"治理"的本质即公共产品和服务过程是由包括政府在内的公共机构、私人机构、公民团体以及公民个人等多元主体以多种形式协调相互间利益或冲突并采取联合行动的持续过程;能够使公共利益最大化的治理就是"善治(good governance)"①。基于此,"教师教育治理"即国家(政府)、大学(教师教育机构)、市场(个人及中小学校等教师教育消费者)、社会组织(教师及教师教育专业组织)、公民等多元主体共同参与、协作应对教师教育公共事务并承担相应责任的新型管理和服务模式;实现教师教育公共利益最大化既是教师教育治理的目标旨归也是达臻教师教育"善治"的根本表征。当前我国教师教育综合改革需从治理结构及其体制、机制源头取得根本突破,如何健全治理结构、优化治理机制便是教师教育治理研究要解决的关键问题,也是核心研究内容。

(一)西方发达国家教师教育治理及启示的比较研究

我国学界对西方发达国家教师教育治理政策演变、实践经验与教训、改革中的冲突与妥协等鲜有研究,西方研究则方法多样,整体性、关系性思维特征明显。富兰(Fullan M. G.)分析了加拿大安大略省、巴布亚新几内亚及英格兰、威尔士的教师教育治理实践;哈格里夫斯(Hargreaves A.)针对"教师人为合作文化"分析了教师教育治理的学校生活政治学;格瑞迈特(Grimmett P.)对比了苏格兰和加拿大英属哥伦比亚省的教师教育政策与实践,提出"集权取向"和"实践取向"两种不同治理结构并分析成因及影响;布瑞楠(Brennan M.)围绕教师教育政策焦点,对全球化背景下澳大利亚教师教育治理变革的特定文化、历史及政治情境进行个案剖析;扬(Young J.)运用文本分析和访谈法,以魁北克、曼尼托巴和英属哥伦比亚三省为例,分析了1980年代后加拿大教师教育改革中出现的三种不同治理模式(政治的、制度的和专业的);沃克(Walker J.)对加拿大教师教育政策的分析揭示了政府、大学、大学教授、教学专业组织等不同主体如何通过协商、合作,对教师教育价值理

---

① 俞可平.治理和善治引论[J].马克思主义与现实,1999(5).

第十一章
新教育公平视野：教师教育治理研究创新

念、利益诉求、培养模式等施加影响。①

通过比较研究西方发达国家教师教育治理实践，寻求对我国教师教育治理改革的有益启示和警醒，应成为重要研究内容。例如：从教师教育法律制度建设方面分析各级政府的治理角色及职责；从教师教育模式、课程、教学等方面分析大学及其内部教育学院和文理学院的责权利关系；从教师教育评价入手，分析教师专业组织、市场及公众的治理角色；通过案例分析总结西方国家在保持政府、大学、专业组织、市场及公众等不同主体间的有效制衡关系等方面的经验与启示；等等。其中，鉴于我国改革实践中，中央与地方政府之间以及综合化发展的师范大学和经"合并""升格"诞生的地方综合性院校内部的学科专业学院（如文理学院）与教师教育专业学院（如教师教育学院或人文学院、教育系）之间的权力、利益矛盾突显，相关国际比较研究可重点介绍发达国家各级政府、大学教育学院与文理学院、教师专业组织、社区、公众等如何共同参与教师教育治理，各方利益相关者的责权利及其分工、协作关系怎样，其治理实践有何经验、教训等，并进一步分析西方国家教师教育治理结构的特点、治理机制的利弊及其启示。

（二）中国教师教育治理结构与机制建构的本土研究

立足本土、探索适合国情的教师教育治理研究需要建基于科学的实证研究。比如，以宏观层面的国家教师专业标准、教师资格证书全国统一考试、地方性教师技能大赛，中观层面的大学内部教师教育专业学院改造，微观层面的课程与教学改革等为例，剖析改革中政府、大学及其内部亚环境、市场、社会组织与公众等不同主体间的力量博弈及其背后深层次的现行体制机制问题；通过厘清和阐释不同教师教育主体间的关系，提出旨在实现主体多元化、

---

① Grimmett, P. The Control of Teacher Education in British Columbia and Scotland: Two Cases and A Comment [J]. Journal of Education for Teaching, 1994 (1). Brennan, M. & Willis, S. Sites of Contestation over Teacher Education in Australia [J]. Teachers & Teaching, 2008 (4). Grimmett, P., Fleming, R., Trotter, L. Legitimacy and Identity in Teacher Education: A Micro-political Struggle Constrained by Macro-political Pressures [J]. Asia-Pacific Journal of Teacher Education, 2009 (1). Young, J. & Boyd, K. More than Servants of the State? The Governance of Initial Teacher Preparation in Canada in An Era of School Reform [J]. Alberta Journal of Educational Research, 2010 (1). Walker, J. & Bergmann, H. Teacher Education Policy in Canada: Beyond Professionalization and Deregulation [J]. Canadian Journal of Education, 2013 (4).

责任明晰化和权力制衡化的有效治理结构与机制的理论构想。

教师教育治理结构即指共同参与教师教育治理的多元主体在行使各自责权过程中形成的关系网络;治理结构的核心是主体间权力关系,即作为治理结构运行载体的治理主体及其为实现治理目标所担负的职责,集中表现为组织架构、责权分配和制度安排。随着我国教师教育多元化格局的形成,治理结构调整需明确规范不同治理主体的公共责任及其权责关系,规避责任界限模糊、逃逸等现象。为保障主体多元化、责任明晰化而构建科学、理性、有序的教师教育治理结构,需要重点研究以下内容:

第一,政府的教师教育治理角色与职责。教师教育作为教育事业的"工作母机",国家及各级政府不能"缺位""越位""错位",需加强对政府的教师教育公共事务(如建立教师教育标准体系,实施教师教育机构及教师资格认证,保障教师教育经费投入及资源配置,完善教师教育制度等)管理的角色、职责研究。

第二,教师教育机构及其内部"亚制度环境"的治理角色与职责。师范院校作为最主要的教师教育机构,在综合化发展进程中衍生出独特的"亚制度环境"。教师教育中长期存在的"学术性与师范性之争"这一"真实的假问题"及其新的表现形态,使得分析和阐释不同主体(职能管理部门、文理学院、专业学院、教师教育者及师范生等)的治理责任及权力尤显必要和迫切。

第三,教师专业组织、市场、公众等在我国教师教育治理中的角色定位及培育策略。当前我国社会组织参与高等教育治理虽然表现出积极态势,但只能说是刚刚起步,远未形成完整、规范的运行机制,教师教育治理中更是乏善可陈。在梳理西方国家教师专业组织(如教师教育质量认证机构)、市场、公众等在教师教育治理中的角色定位及作用发挥机制的基础上,分析和阐释在我国赋予上述主体治理参与权并培育其治理能力的可能策略,已是我国教师教育改革实践面临的"真问题"。

第四,平等、合作、制衡的教师教育治理机制。在主体多元化和责任明晰化的基础上,教师教育治理还必须形成良序、有效的运作方式才可能达至善治目标。教师教育治理机制指教师教育治理系统各要素彼此联系、相互作用的内在运作方式及发挥系统整体功能的工作机理。教师教育决策机制、质量评价及监督与问责机制、职前职后教师教育机构间的衔接合作机制、教师教育机构依法治校的工作机制以及市场、教师教育专业组织及社会公众参与机

制等,都是关键性的教师教育治理机制,需要创新性研究。

三、教师教育治理研究的取向与方法

针对我国教师教育制度变迁中的现实问题、谋求教师教育善治之道的深度研究有待加强,特别需要在新教育公平理论视野下,突出研究取向的本土性、研究视角的多学科性和研究方法的多样性。

(一)秉持公平立场,强化研究取向的本土性

教师教育的特殊性和复杂性使利益相关者共同参与教师教育治理在我国具有一定的适切性,但我国教师教育治理的现状是什么?怎样谋求"善治"之道?教师教育治理研究应秉持公平立场、强化本土性研究取向,努力探求研究问题的本土针对性、谋求研究发现的本土解释力、追求研究结论的本土建设性,进而负责任地为我国新公平取向的教师教育制度重建和治理体系现代化建设提出富有针对性、建设性和可行性的推进路径。

例如,我国教师教育治理体系现代化进程中究竟存在怎样的困境?在中国大学内部治理结构短期内难以发生根本变革以及教师教育在大学学术架构中长期处于弱势边缘地位的现实境况下,如何保障教师教育的公平、正义,切实提高教师教育质量?即在教师教育机构内部"亚制度环境"中,有关教师人才培养目标、模式、课程、教学与评价等的决策如何进行?如何协调并整合相关文理学院、(教师)教育学院及其他各方教师教育力量与资源?各方力量的职责范围、权限划分甚至隶属关系应该怎样?应该建立怎样的约束与激励机制、考核与评价机制、学术自由的保障与监督机制、教师教育课程决策与质量保证机制?应该如何践行新教育公平理想所凸显的"关系正义""承认正义"观念?

又如,基于我国的政治、经济、社会、文化传统和现行体制,应如何准确定位政府的角色、明晰政府的责任?包括:各级政府以哪些方式参与教师教育治理,如何保障教师教育办学经费?如何通过制定政策法规来保障公平有序

的办学环境及大学的办学自主权？是否需要，又如何可能对教师教育机构的教师人才培养活动进行调控和质量监督？如何进行教师教育质量评估与认证？

再如，基于我国特殊的职前、职后教师教育体系，应如何明确教师教育机构作为重要治理主体的角色、地位及责任？如何保障承担职前教师培养和在职教师培训工作的不同机构之间既职能明晰、分工明确又有机联系、相互合作？如何在培养目标、模式、课程、教学及评价等方面实现不同机构间的衔接与合作、约束与制衡？特别是针对中国城乡教师教育存在巨大差异的现实国情，如何有效地通过构建城乡教师教育一体化治理模式（如政府、高校、城乡中小学协作建立城乡教师培养一体化联盟等），改变当前教师教育"重城市""轻乡村"的现状，提高乡村教师教育实效性，增加乡村优质教师的培养供给，加强乡村教师队伍建设，提升乡村教师能力素质，缩小城乡教师队伍差距，促进城乡师资力量均衡化，践行新教育公平理念，为在职乡村教师提供更多元、更持续的专业发展机会，培育均衡、稳定、高质量的城乡师资，促进基础教育公平。

此外，目前研究鲜见从观照我国"市民社会"的现实角度探讨如何变革我国教师教育权力结构，而随着"公民社会"意义上的"第三领域"的出现及发展，社会力量如何有效参与教师教育治理（如何培育教师教育专业组织，尊重和支持其在职责范围内创造性地主动开展教师教育治理工作？如何有效建立合作伙伴网络、充分发挥各方对教师教育质量的监督和评价作用？）亦需深入研究。

（二）借鉴学科资源，凸显研究视角的多元性

目前国内教育治理研究视角日渐多元，经济学、政治学、社会学、管理学、法学等不同视角的研究丰富了研究成果[①]。教师教育治理研究的学科视角多样性还有待提升。

---

① 宗晓华.高等教育扩张过程中的结构演变及其与经济体系的调适[J].高等教育研究，2011(8).朱涵.社会参与：创新高校多中心治理模式[J].江苏高教，2012(3).祁占勇.现代大学制度基本特征的法律透视[J].国家教育行政学院学报，2011(4).郑鹏程.竞争视角下我国高等教育治理结构的立法完善[J].法学论坛，2013(4).

第十一章
新教育公平视野：教师教育治理研究创新

比如，政治学、社会学、文化学、心理学等视角的研究有益于加深对教师教育治理现实的理解。作为公共事务管理新方式，"治理"旨在通过公私部门之间以协商、对话、合作、伙伴关系、目标认同等互动方式，实现权力主体多元化、公共事务管理方式多样化和资源配置最优化等传统政府"统治（管理）"方式所无法实现的目标，最大限度地增进公共利益和满足公众需要。可见，"治理"也是一个文化、政治进程，"包括政治权威的制度基础、处理政治事务的方式和对公共资源的分配"，尤其关注"在一个持续不断的过程中，如何使各不相同甚至互为对立的利益彼此适应以及如何采取合作行动，才能使为保证人们服从建立的正式制度和体制发挥作用"①。教师教育治理具有利益主体多元、影响因素复杂、过程牵涉面广等特点，教师教育治理结构与机制的改革、完善需要坚守"教师教育是教育事业'工作母机'"的价值理念和公共性诉求，遵循教师教育内在规律并合理平衡各方利益需求、调动各利益主体参与治理的积极性，制度设计的各个环节都极其复杂，必然涉及权力、利益、文化、心理等众多层面。即便国际比较研究，也不能限于译介性经验介绍，而应加强对异域经验的社会、政治、经济、文化背景分析及学理阐释，将碎片化的经验放置到系统性的社会场域并提升到具有一定普遍意义的学理层面进行研讨。因此，依据研究问题、对象及目标等，选择适切的政治学、社会学、文化学或心理学视角开展实证研究，都将有利于提高教师教育治理研究的品质。

又如，加强教育学视角的教师教育治理研究亦很必要。高等教育、教师教育的治理都不仅涉及"民主分权""自主参与"等问题，更在教育学意义上涉及"人（教师）何以为人（教师）""教育（教师教育）何以为教育（教师教育）"的问题。从教育学的学科视角出发，超越技术化地构想和设计教师教育治理模式的具体实践路径、操作步骤等微观策略、技术研究，追问和探究教师教育治理的教育学意蕴及价值立场，构建适合中国文化传统及现实国情的教师教育治理价值体系并依据这一价值体系设计各项治理制度，是今后教师教育治理研究中值得深入挖掘的研究主题。

教师教育治理研究不能限于某种单一的学科视角，而应根据治理的现实

---

① 荀渊.治理的缘起与大学治理的历史逻辑[J].全球教育展望，2014（5）.

复杂性,拓展研究视角,汲取社会科学多学科领域的理论、方法,多侧面、全方位地揭示和剖析教师教育治理的基本问题,全面深刻、细致缜密地理性认识教师教育"善治"之道,进而为我国教师教育制度建设提供更坚实的学理基础和更有效的治理路径。

(三) 夯实方法素养,体现研究范式的丰富性

加强基于本土实践的实证研究和行动研究应成为研究范式拓展的重点。已有教育治理研究成果值得借鉴。比如,从公共教育治理理念、结构、方式以及政府职能定位、政府治理手段选择等多个维度,对特定地区教育局局长和学校校长进行问卷调查和深入访谈的实证研究,真实揭示了我国基础教育治理模式的总体特征和地方政府在教育治理中存在的问题[1];利用统计数据、运用计量分析方法,从高等教育投入、办学规模、布局、层次、专业结构、高层次人才培养等方面对山东高等教育发展状况进行的实证分析[2];通过比较广东与台湾的高等教育治理,分析区域高等教育治理的经验和问题,提出由管理走向治理的可能路径[3]等。采用个案分析和行动研究,深入剖析我国各地先后出现的典型教育治理模式改革实践的研究[4]也有借鉴意义。

总之,未来我国教师教育治理研究应基于本土实践,秉持多元学科视角,运用多种研究范式及方法,力争在理论思辨与实证分析相统一、宏观整体与微观具体相结合,注重整体性与关系性思维等方面,涌现更多优质研究成果,为创新富有中国特色、区域特点和院校特长的中国教师教育治理体系建言献策。

---

[1] 吴景松.我国基础教育治理模式的实证研究[J].中小学校长,2009(7).
[2] 滕爱玲.山东高等教育发展状况的理性审视[J].当代教育科学,2010(7).
[3] 刘晖.区域高等教育治理的思考[J].广州大学学报(社会科学版),2009(8).
[4] 李彦荣.浦东新区参与式公共教育治理模式研究[J].教育发展研究,2009(3).庄西真.权力的滞聚与流散:地方政府教育治理模式变革的研究[M].南京:南京师范大学出版社,2008.

第十二章
谁是教师教育者：自我认同与系统支持

在我国高师院校教师教育深化改革的实践过程中，伴随不平等边界的再生产，教师教育者身份建构与自我认同、教师教育改革共同体创生与凝聚，以及教师教育改革支持系统建设等问题逐渐突显；走出身份认同的内卷化困境、促进改革共同体的发展以及加强对教师教育改革的系统支持，需要规避标签效应、克服刻板印象和污名化倾向，重视自我认同的力量、支持进取性认同，缓减利益冲突、谋求合作共赢，以及消除"组织羞辱"、营造正义的教师教育文化，真正提高教师教育质量，实现教师教育新公平理想。

正义是任何社会实现良好秩序、增进社会福祉的必然诉求，是一个共同体成为良好有序的共同体的根本价值，是一个社会追求和谐、实现社会合作与团结的根本因素，也是每一个公民实现自我价值、获得个人福祉、贡献公共生活的必要条件，由此也成为每一个时代人们共同关心的公共议题。然而，作为历史范畴的"正义(justice)"，其内涵要义、价值标准等，在当代政治哲学中却众说纷纭、见仁见智。"正义的概念是指各不相让的要求之间的某种恰当的平衡，而正义观则是指识别关于决定这种平衡的各种考虑的一系列有关原则。"[①]对正义主体范围的强调促使"谁的正义"的重要问题被提出，时刻提醒人们"正义"是有其界限的，正如迈克尔·沃尔泽所说："正义理论对差别是警觉的，对边界是敏感的。"[②]

当全国范围内教师教育改革热潮迭起、如火如荼十多年后，美好的改革愿景依然没有如期而至时，我们对教师教育改革的复杂性与艰巨性或许能够有更深刻的体悟。"教育改革的每个实践者，在参与改革前的原有位置以及

---

① ［美］约翰·罗尔斯.正义论［M］.谢延光，译.上海：上海译文出版社，1991：10.
② ［美］迈克尔·沃尔泽.正义诸领域——为多元主义与平等一辩［M］.褚松燕，译.南京：译林出版社，2002：421.

来自于这一位置的利益诉求,决定着其对改革理念的理解到底有多深以及走的到底有多远。"①而"位置""边界""地位""利益"等与改革行动者的身份建构与自我认同息息相关,直接影响其对"正义"边界的理性认知与情感体验。这是新教育公平视野下的教师教育改革所无法回避的,从事教师教育实践工作的个人及群体的身份认同及其支持力量对教师教育改革成败影响至深。

一、不平等边界与教师教育者^②的身份认同

"物以类聚,人以群分",说明社会世界与自然世界一样存在着作为差异划分之界线的"边界",只不过社会世界的边界常常是隐性的虚拟样态而非显性的实体状态。教师教育领域,在不同教师教育者群体之间同样存在着对各自教育权益进行差异区分、形成封闭性人为区隔的社会边界(social boundaries),导致教师教育者权益的不对称。教育边界的产生与固化进一步导致优势群体与弱势群体间的彻底分离,使不同群体日益类别化、区分化。"类型一旦产生便会被赋予标记、名称以示归属和区分、包容与排斥"③,进而不同群体获得了不同的身份标记。"身份是社会成员在社会中的位置,其核心内容包括特定的权利、义务、责任、忠诚对象、认同和行事规则,还包括该权利、责任和忠诚存在的合法性理由"④;"认同说到底是对自我身份的寻找和确认"⑤。

---

① 贺晓星.聋教育改革与新教育公平的理论建构[J].教育发展研究,2017(2).
② 在当代教师教育研究语境中,教师教育课程教学及教师人才培养工作中的"教师"一般称"教师教育者"(teacher educator),指为职前与职后教师提供教育指导的教师,包括:大学的教师教育机构中负责教育、辅导准教师的指导教师、中小学中帮助指导实习教师的合作教师、辅助初任教师顺利度过入职阶段的指导教师以及为在职教师提供继续教育的教师。本文仅指高师院校参与和承担教师人才培养工作的教师。
③ 吕寿伟.边界、身份与持久的教育不平等[J].教育学报,2010(6).
④ 张静.身份认同研究:观念·态度·理据[M].上海:上海人民出版社,2006:4.
⑤ 贾英健.认同的哲学意蕴与价值认同的本质[J].山东师范大学学报(人文社会科学版),2006(1).

第十二章
谁是教师教育者:自我认同与系统支持

身份是教师生活和工作的组织原则,关涉其专业发展及应对改革的态度与能力。若一位担任教师教育之责的人对自我身份并未拥有归属感、稳定感和一致感,则难以认同和热爱教师教育,改革也很难真正成功,因为"身份认同具有政治上的重要性……任何社会运动如果想要蓬勃发展,就必须为其源源不断加入的个体提供某种共同的身份,唯有如此,人们才会一直参加下去"。① 严酷的现实是,"身份的产生不仅仅是符号的变更,而且导致边界两侧完全不具有对称性的教育共同体的形成,同时还意味着不平等基础的改变:教育不平等的基础从对教育权益占有的外在显性表现转向了以身份为标记内在的深层根源";"以名称、标记为特征的身份模式通过制度化的形式不断促进和加剧着教育不平等的当代际遇,这些标记通过把一部分群体或共同体构造成不太值得尊敬的群体而彰显出对另一部分群体更多的社会偏爱和社会重视"②。因此,审视改革背景下隐藏在"教师教育者"这一特殊群体日常言行背后却深刻影响其自我身份选择、认定与建构的场域特征及其所隐含的不平等边界,探讨教师教育者身份认同的内卷化困境及建构策略,或许能够为清醒认识改革阻抗、有效调整改革策略并推进教师教育改革与发展有所助益。

(一)边界体验与身份认同的内卷化困境

教师专业化教育改革中,师范院校从事师范生培养工作的教师队伍包括纯学科背景者(他们会自谦"我不懂教育")、纯教育背景者(他们会焦虑地表示"我没有学科")以及"既有学科又懂教育"者,他们遭遇的"边界"和身份认同危机及其表现各不相同。

1. "晕场":迷失于"新的边界"

师范院校中承担教育类课程教学的教师大多是"没有学科"的纯教育专业背景者(其中有些人也有某一学科专业的学习或中小学教学经历)。近年来教师教育课程改革强调的加强教育理论与中小学教学实践相结合对这些

---

① [美]迈克尔·W.阿普尔.被压迫者的声音[M].罗燕,钟南,等译.上海:华东师范大学出版社,2008:99.
② 吕寿伟.边界、身份与持久的教育不平等[J].教育学报,2010(6).

教师来说并非易事,"没有学科"的切肤之痛难以言表:"每当拷问我自己'你是合格的教师教育者吗?'之时,一种习得性无助感便将自己紧紧裹住,近乎窒息。""没有学科,真的很难受。""教教育学公共课这么多年了,再读一个本科也早读出来了。""有学科真让人羡慕!""要不是年龄大了,真想再去读一个学科。"而"纯学科者"进入教育场域后同样也会"晕场":"毕业时在选择专业还是选校之间,我选择了后者,一个重要原因是想摆脱长期以来对于导师的依赖,想在学术上独立起来,想走一条和师兄、师姐们不一样的路。但后来真正进入教育学院这个新的场域后,我开始'晕场',陌生感、边缘感、无力感和孤独感是情不自禁地,其实我根本没有准备好!"

由于教师教育自身的特殊性,特别是其"双学科专业性"[即不仅要懂"教什么"的"内容性知识(subject/content knowledge)",而且要懂"怎么教"的"教育性知识(pedagogy)"],"没有学科"的"教育专业"者(包括教育学、心理学等学科背景出身者)和"只有(纯)学科"者之间自然会产生边界。然而,边界本身并不会导致不平等,引发不平等的根本动因是边界两侧身份、地位的不对等。"边界的划分把社会成员构造为不同的群体类型,一边构造为主流的、高贵的,并被赋予更多的教育获得机会、优质的教育资源和更多的成功机会;而另一边被构造为低劣的、粗俗的,从而是边缘的和受排斥的,而阻碍后者作为平等的一员参与教育,相对于主流群体处于身份和地位的从属状态,被赋予相对较少的教育机会和相对低劣的教育质量。"①

在我国教师教育专业化改革热潮中,一部分师范大学先后成立了"教师教育学院",在进入教师教育学院承担教学、科研、人才培养、社会服务等诸多工作任务的教师教育者中,显然存在这两个群体。别有意味的是,由于在这些师范大学中,除了新成立的"教师教育学院"外,还同时存在着历史、文化、人员构成、发展实力等不尽相同的"教育科学学院"(或"教育学院"),因此,这里论及的"边界"便不仅仅表现在上述两个群体之间,教师教育专业化改革还生发了"教师教育学院"与"教育科学学院"的"没有学科"之"教育专业者"和"教师教育学院"与"文理学院"的"纯学科者"之间的边界。"晕场"的产生便和新边界的出现分不开;而且,随着"进场"时间的延

---

① 吕寿伟.边界、身份与持久的教育不平等[J].教育学报,2010(6).

长,两个群体的教师教育者更是会逐渐体验到由改革(某种意义上可以认为是人为的操作)带来的不公平感,随着边界的固化和边界两侧群体身份的定型化,这种不公平感进一步加剧。这显然极大程度地影响了个体的身份建构与自我认同。

2. "夹缝生存":固着于"既定边界"

教师职业及教师养成的双学科专业性使"教师教育"这一知识领域近乎天然地具有了学科与教育、理论与实践、科研与教研等二元制度特征。对"既有学科又懂教育"的学科教学论教师来说,身份认同即对"我究竟姓什么""我的价值是什么""我到底应该干什么"等问题的回答。在既有的多重二元结构中,"夹缝生存"可谓他们真实而形象的身份隐喻。

"我究竟姓什么":学科与教育的夹缝。学科教学论究竟姓什么? 这个"不是问题的问题"其实是一个学科归属问题:"在从事语文学科教学论教学的同时,我还从事语言学教学,有时还上中国文化概论公共课……系里面传统的做法是以学科的不同将全体教师划归若干教研室……而学科教学论只有两位教师……只好按照所教的另一门课程的性质将我们归入现代汉语教研室,有一度还分开……形式上团体归属是有了,可心理上总是别扭的很,毫无归属感。每每组织教研活动,五六位老师在热烈研讨汉语问题,我总不能不识时务地拿学科教学论插上一杠子吧。"①

"我的价值是什么":理论与实践的夹缝。高师学科教学论教师中,既有将学术兴趣和重心转到学科教学论的学科专业人员,也有长期致力于学科教学论研究并穿行于高校与基础教育之间的人,还有学科教学论专业方向的博士、硕士等教育科班人员②;其中,缺少学科专业背景和中小学教学经验的教育学科出身者总是"遭人诟病,被认为只会空谈理论,解决不了实际问题,脑门上贴的标签是'理想主义'或'乌托邦'"。③ 近年来教师教育改革重心下移的势头日趋明显,教育理论被归因为导致教师教育效能低下的重要根源,"实

---

① 史晖."我"将何去何从——高师院校学科教学论教师的生存困境[J].教师教育研究,2009(4).
② 杨启亮.反思与重构:学科教学论改造[J].高等教育研究,2000(5).
③ 史晖."我"将何去何从——高师院校学科教学论教师的生存困境[J].教师教育研究,2009(4).

践成师"的教师发展方式被无限抬高。① 不难想象,实践取向的改革对实践经验缺乏者的本体性安全构成重大威胁,但重视实践的改革也并不必然使具有基础教育实践经验的教学法老师"如鱼得水":"按道理讲,(我们)应该有优势,但好像也没有如鱼得水。关键还是在世俗眼里,没有人把教学法当作学问……这又要说到教育学在学术体系里面本来就地位比较低,所以,永远都不会有人承认你做的是学问。"即使令"没学科者"羡慕的由中小学学科教学一线教师华丽转身而成的高师学科教学论教师,依然"被先验性地贴上缺乏理论的'实践型'的标签而遭另眼相看";更何况那些缺少基础教育学科教学经验的教师。"进也难,退也难;理论不被看好,实践又觉得不上层次,直让人有无所适从之感。"②

"我应该干什么":科研与教研的夹缝。大学日益浓烈的科研导向又将学科教学论教师抛入更深的科研与教研夹缝之中,使其教学研究的特长难以彰显:"虽然学校也有许多申报教研课题的机会,但教研课题也不容易申请到,即使申报下来,要好好完成也很不容易,有这个精力和能力还不如直接申报科研课题!""我天生就是从事教学研究的,中学学科教学研究就是我的科研任务!所以,无论级别多高的科研课题,在旁人眼里永远只是教研,一点办法都没有!更何况我们也很难有高级别科研项目申报。""你问我如果学校决定在教科院之外再单独成立一个教师教育学院,将公共课老师一律调入教师教育学院,我会不会感觉自己受重视?这不好说。我就不愿意去!在人们印象中,公共课在理论层面上总归低于专业课。现在的大学老师不都更愿意搞科研而不愿意搞教研吗?所谓教学型老师,课上得好,人们欣赏但并不佩服;而研究型教师,课虽然上得不好,但人们照样很佩服他们!领导们更是了!欣赏和佩服还是不一样的!……并不是有了一个教师教育专业、教师教育学科,从事教研就提升了自己的学术品质和学术地位。像我这样两种身份都有,既教师范生公共课又在教科院教专业课,当然更倾向于专业了。"

---

① 龙宝新.对当前我国教师教育中存在的"钟摆"倾向的反省[J].教师教育研究,2009(1).

② 史晖."我"将何去何从——高师院校学科教学论教师的生存困境[J].教师教育研究,2009(4).

3. "被收编":游走于"新旧边界"

在大学学术架构中,学科教学论是一个特殊的知识领域和学术阶层。作为教师教育改革的重要主体力量,学科教学论教师应归属教育院系还是文理院系是师范院校教师教育改革的焦点。学者指出"这支队伍是教育学科的队伍,至少在学位点建设中,它的学术依托及环境应在教育科学学院或系或研究所而不宜散建于其他院、系"①。近年来不少师范院校也实施了整合举措(比如将其归入既有的教育院系或者新成立的教师教育专业学院),不同举措带来的边界感和身份感迥然不同。

采取将学科教学论师资队伍整体移入既存教育院系的整合举措,在很大程度上似乎并未能改变学科教学论教师在学科专业组织和教育专业组织的双重边缘处境。他们伴随身体转移的学术位置迁徙只是在新的学术部落内部复制原有二元体制,但仍然身陷于学科与教育、理论与实践、科研与教研的夹缝中,甚至"原先一堵墙,现在两堵墙"。这种学术地位底层凝固化与水平移动化形成的"没有发展的增长"使其身份认同呈现内卷化②困境。"教学法老师去了教育学院,还是没有归属感! 教育学院的人会认为'他是物理的''她是化学的',这里有一个很重要的文化融合的问题……会有一种编外的感觉,像个外来户被收编,自我就很不认同! 收编的主体也自觉不自觉地流露出这种思想。"某师大并入教育学院的学科教学论教师 2009 年又回到各文理学院,他们表示:"教学论老师是以某专业知识为基础,采用教育学、心理学原理来研究某专业学科教学规律的教师,在专业学院更有归属感。""专业教学与教学专业是有区别的,专业教学强调的是专业。""在教育学院边缘感更强烈一些,无法讨论专业知识问题,开展中学实验教学困难重重,学生实习(教育学院)也无法管理,不懂专业。""在教育学院边缘感更强,主要还是专业的问题,在教育学院要融入专业好像共同专业语言更少一些。""因为自己的教学对象是本专业而不是教育学院的学生,教育学院的本科、研究生教学都没

---

① 杨启亮.课程与教学论学位点建设中的学科教学论[J].学位与研究生教育,2002(5).
② "内卷化"指一种文化模式达到某种最终形态后,既无法稳定下来也无法转变到新的形态,即在外部扩张条件受到严格约束的条件下,内部不断精细化和复杂化而出现惰性、导致"没有发展的增长"。 参见[美]黄宗智.华北的小农经济与社会变迁[M].北京:中华书局,1986.黄宗智.长江三角洲小农家庭与乡村发展[M].北京:中华书局,1992.[美]杜赞奇.文化、权力与国家:1900—1942 年的华北农村[M].王福明,译.南京:江苏人民出版社,1996.

办法融入进去。"相比"学科教学论教师"和"教师教育者"的身份称谓,他们几乎众口一词表示更喜欢前者:"因为前者好歹还有一个圈子。而后者对于我们来说,如果不能成功转型的话,就真不知道自己的学术圈子在哪里了……""到教育学院后,感受比较复杂,我也是被动地又转向现在的研究领域……要用一个词描述在教育学院的感受,就是'打杂'。"

而对于采取将学科教学论师资队伍整体移入新成立的教师教育专业学院的整合举措来说,在教师教育学内部,由于"没学科者"和"纯学科者"毕竟是"小众",而十多个学科方向的学科教学论教师组成的新团队明显是"大众",而且由于具体学科领域(即语数英理化生政史地计算机等)之间几乎没有利益纷争,所以他们很容易就以压倒性优势位居教师教育专业学院的中心地位。但也正是由于在整个学校范围内,他们远离教育学科的资源平台,依然少有教育学术的发展机会,所以,在某种程度上,学科教学论教师在学科和教育两个"部落"中依然处于双重边缘处境。在教师教育专业学院的中心地位①和在学科与教育专业领域依存的双重边缘处境对其身份建构与自我认同的影响,显然更加复杂而微妙。

但无论如何,上述种种自我怀疑、焦虑、否定乃至恐惧等心理体验正是自我认同危机的表现。自我认同是个体在特定社会环境中通过与他人的互动和对自身经历的不断反思形成的自我认知,帮助个体清晰地了解自我生活经历、个性倾向、社会期待及人生理想等,实现自我要求与社会期望的整合;既具有结构性、确定性又充满建构性、权变性。面临认同危机的个体则在充满变迁的外部环境中缺乏自我连续感,因对可能风险的忧虑而丧失自我意义与价值感。教师教育者自我认同危机乃内在因素(如本体安全)与外部因素(如改革环境)共同作用的结果,"人们在日常沟通中,将微妙地、温和地从他人那里了解到哪种特定的身份是不恰当的",当在现实生活中逾越了约定俗成的身份边界时就会遭遇"惩罚"(如特定情境下消极而痛苦的情感体验),逐渐产

---

① 社会身份系统意味着权威资源的政治配置安排,社会身份系统的变化意味着政治权威资源的重新配置,然而,"人们是情景和利益导向的,而不是原则和信仰导向的","人们对于自己的权利、义务和责任认识没有确定的原则,他们在不同的情景和社会关系下,根据实际情况阐释不同的权利、责任和义务"。[参见张静.身份认同研究:观念·态度·理据[M].上海:上海人民出版社,2006:15.]学科教学论教师在教师教育专业学院获得的中心地位显然与其新增利益密切相关,至于利益的分配是否公平则必然是一个见仁见智的复杂话题。

生适宜的心理防御机制以尽可能最大限度地逃避这种痛苦"惩罚"。①"什么都不是"的心理情结恰恰构成了"教师教育者"防御性认同②的心理机制。

(二) 边界区隔与认同危机的深层次成因

教师教育者身份认同的内卷化困境源自高师院校综合化改革进程中日益凸显的学科文化等级、积重难返的大学学术惯习以及无可奈何的个人学术资本等因素,但追根溯源,恐怕恰恰在于边界区隔的形成及其固化甚至制度化。"教育边界一旦通过制度化安排和社会类别化影响获得生成,便不断地进行着自我强化,从而使对边界的逾越更为困难,甚至不再可能"③,这使得教师教育者面对身份认同的内卷化困境时常有一种深深的无力感和绝望感。

1. 日益凸显的学科文化差异

现代大学是以学科为基础组织而成的集合体,各学科专业都有自己特殊的知识体系、思维模式等,这种复杂的专业特性使大学场域中的学科衍生为学术部落,学科文化④的"啄食等级"⑤性与冲突性日益激烈。高师院校内部同样如此,曾几何时全校人员都从事教师培养,但随着综合化进程,学科群落日益多元,学科文化差异愈发凸显,高师院校内部学术格局逐渐定型。令人遗憾的是,教师教育缺一不可的文理学科专业与教育专业却日渐疏远,在学术社群部落化的学术格局中,教师教育的阶层地位并未得到提升,势单力薄的队伍愈益受到学科暴力的支配与控制。与文理学科相

---

① [美] 特纳·斯戴兹. 情感社会学 [M]. 孙俊才,文军,译. 上海:上海人民出版社,2007:96-99.

② 进取性认同是将自我投射到理想身份中,防御性认同则表现为个体在日常生活中会"过滤"掉那些危及自我完整性的威胁而建立保护带。参见 [英] 安东尼·吉登斯. 现代性与自我认同:现代晚期的自我与社会 [M]. 赵旭东,方文,译. 北京:读书·生活·新知三联书店,1998:59-60.

③ 吕寿伟. 边界、身份与持久的教育不平等 [J]. 教育学报,2010 (6).

④ 学科文化指特定学科成员在本学科特有的社会化空间中形成的、有别于其他学科成员的感知、思维、评价、行动模式及惯习等,是学科内部的制度化价值规范体系,对内有助于学科成员的自我认同、促成本学科学术共同体的均一性,对外则是本学科特性的自我展示。参见孙进. 德国的学科文化研究:概念分析与现象学描述 [J]. 比较教育研究,2007 (12).

⑤ [英] 托尼·比彻. 学术部落及其领地:知识探索与学科文化 [M]. 唐跃勤,等译. 北京:北京大学出版社,2008:86-87.

比，教育学科在现代性学科规训制度中越来越沦为"次等学科"，无法摆脱"别的学科殖民地"的尴尬命运；学科教学论的现实命运更加残酷，虽然教育硕士专业学位教育的兴起和课程与教学论学位点下学科教学论方向研究生（硕士、博士）教育的迅速发展为学科教学论提供了发展机遇，但历史形成的"学术层次偏低""理论内涵单薄"的工具性、技艺性学科定位已经成为人们头脑中根深蒂固的社会记忆。

文化是意义的共享，人是文化的塑造物。文理学科专业和教育专业间差异甚大的学科文化使教师教育者在日常生活中不自觉地意识到他人眼中的自我，更多地将自我定位于"弱势""边缘"而与他者存在程度不同的区隔。"在教育学院，至少在教师教育方面，还把我们当作半个人看待；而在学院，在教师教育方面，没有人把你当人看待。"

2. 积重难返的大学学术惯习

现代社会并非浑然一体的世界，而是由不同位置构成、彼此交织却又各自分化的场域组成，特定场域又塑造了特定惯习。"重研究轻教学""重科研轻教研""重学科轻教育""重理论轻实践"等大众无意识便是积淀在当今大学场域的独特惯习。然而，"教师教育"作为独特的知识领域，天然具有学科互涉性①；历史形成的制度结构使教师教育者长期形成的固有惯习与新的改革场域不相适应，原封不动地移植旧惯习便会出现各种"水土不服"，使其产生"被改革者"的焦虑感和无方向感。改革往往意味着需要改变已经成为惯习的某种信念、行为乃至既得利益，如果不能带来身份认同所需的精神归属感、本体安全感等幸福体验，便会使"边缘"和"他者"处境者对改革产生信心不足、畏惧、抵抗心理，害怕放弃自己熟悉的经验，甚至认为改革"得不偿失"。

3. 无可奈何的个人学术资本

大学是研究高深学问的场所，但学术世界也是争斗的场所，"学者们彼此争夺对学术世界和一般社会世界的真理的掌握权"②；文化和学术资本（如学历、

---

① ［美］朱丽·汤普森·克莱恩.跨越边界——知识·学科·学科互涉［M］.姜智芹，译.南京：南京大学出版社，2005.

② ［法］皮埃尔·布迪厄，［美］华康德.实践与反思——反思社会学导引［M］.李猛，李康，译.北京：中央编译出版社，1998：103.

第十二章
谁是教师教育者：自我认同与系统支持

职称、科研经费等）显然是较量和争夺的重要筹码，而且这些资本还会相互转换。整合教师教育资源的改革举措并不能天然地增加教师教育者所期待的学术资本，也难以自然地改变其学术场域位置。"如今在大学不是博士是什么滋味？我当然也想读（博士）！我们搞教学法的最对口的是课程与教学论；但要考上多难！全国就那么几个点……""我想考博深造，可是查来查去，我国学科教学论专业的博士点也就屈指可数的几个，竞争之激烈不亚于千军万马过独木桥的高考。无奈只能转投其他学科专业或者干脆选择放弃。"①"我们的职称也很难上去。上职称，最主要的是看科研成果，论文数量和级别。数量不说了，论文级别也就是期刊的等级也是我们心中最大的痛！""评职称时看文章，文科的教学法老师可能还好点，还有点共通之处，理科方向的反差就更大了，理科文章看的是SCI，物理、化学教学法的文章算什么呢？"课题申报更让学科教学论教师普遍感受"不公"："你数数看，各级各类教育科研项目中有多少属于学科教学论？像我们这样学历不是博士、职称不是教授的，能申报上几个呢？对这种马太效应，我们无可奈何！没有经费也很难外出参加学术会议……""我们要报课题，在两边都很难（指在学科专业和教育专业）。"

总之，由于不平等边界的存在，而边界在通过群体区分功能而形塑不同群体身份的同时，又凭借"改革"进一步制度化而导致身份和地位固化；行动者又在身份建构与自我认同中再生产边界，边界两侧群体之间通过再生产边界而进一步加剧彼此间的相互区隔与疏离。在宏观社会结构层面，教师教育者是处于多重二元结构夹缝中的一个特殊群体，在大学独特的学术科层制下不得不面对制度真空的尴尬；而在微观生存体验层面，由于众多历史和现实因素，教师教育者在学术文化资本和经济、社会资本方面都属于大学学术阶梯上的弱势群体。学科本位的大学教师专业身份传统既有历史积淀，也有现实制度基础；师范院校综合化步伐的加速对教师教育者的身份认同更犹如雪上加霜，边界与身份的相互生产与强化使不同教师教育者群体之间的藩篱更加难以铲除。

---

① 史晖. "我"将何去何从——高师院校学科教学论教师的生存困境[J]. 教师教育研究，2009（4）.

二、平等和合[①]与教师教育共同体[②]的创生

作为一个规范性概念,共同体是"一个基于共同目标和自主认同、能够让成员体验到归属感的人的群体"[③],不同于自然状况下存在的群体或组织;虽然共同体更多的只是一种"想象的存在"和需要努力才能达臻的理想境界,但是人必须过共同生活,共同体是维系人之存在的精神家园;虽然现代社会中,维系传统社会联系的纽带逐渐融解,传统意义上的共同体也逐渐消散,但重建共同体始终是现代社会的理想。教育改革是全方位、多元化的系统工程,需要教育行政部门及其官员、教育机构及其领导、教师、学生与家长以及社区人员、社会大众等各类教育改革的利益相关者在共享的改革愿景和价值观感召下,为提升教育品质,促进学校、教师和学生的发展,通过民主参与、体验共享、合作对话和实践反思等方式,积极建构教育改革共同体。处于深刻转型和变迁中的教师教育,尤为需要珍视和培育共同体精神。

迈克尔·桑德尔区分了工具性、情感性和构成性三种不同层次的共同体:完全出于个人利益需要而结成的只是工具性共同体;情感性共同体的成员对群体充满依恋,共同体部分地内在于主体之中;构成性共同体则因塑造

---

① 和合理念是中国文化的首要价值,也是中国文化的精髓。就词义本身而言,"和"指和谐、和平、祥和;"合"是结合、合作、融合;"和合"是实现"和谐"的途径,"和谐"是"和合"的理想实现,也是人类古往今来孜孜以求的自然、社会、人际、身心、文明中诸多元素之间的理想关系状态。这里借用表征中国传统文化精神的"和合"一词以表达教师教育共同体建设要达臻的包容、承认、共享、努力增大共同利益的至高境界。

② "我们能否共同生存?"是当下人类面临的紧迫问题。德国社会学家斐迪南·滕尼斯在1887年出版的《共同体与社会》一书中,最早将"共同体"作为一个主要以血缘、感情和伦理团结为纽带的、有机浑然生长在一起的整体而区别于"社会";社会是"一种机械的聚合和人工制品",是人为的、个人本位的、机械的,共同体则是自然形成的、整体本位的"一种生机勃勃的有机体"。参见[法]阿兰·图海纳.我们能否共同生存?——既彼此平等又互有差异[M].狄玉明,等译.北京:商务印书馆,2003:1.[德]斐迪南·滕尼斯.共同体与社会[M].林荣远,译,北京:商务印书馆,1999:54.

③ 张志旻,等.共同体的界定、内涵及其生成:共同体研究综述[J].科学学与科学技术管理,2010(10).

第十二章
谁是教师教育者:自我认同与系统支持

着人们的身份认同而体现出最深刻的共同感。① 依托教师教育改革这一特殊场域的特定形态及实践逻辑而形成的教师教育改革共同体,既有教育改革共同体的共性,又有其自身的独特性质;既是共享改革愿景的价值共同体,又是积极开拓教师教育学科发展的学科共同体、崇尚"教学学术"的学术共同体,亦是倾心合作的专业学习与发展共同体。教师教育改革共同体的凝聚和发展,既需要教师教育改革设计者的政治智慧,亦应成为每一位改革行动者的自觉追求。

(一) 共享改革愿景,凝聚价值共同体

共同体远非松散组织结构所自然形成,必须具有心理和情感上的联结感,个体成员对群体的归属感、信任感和安全感是共同体形成的重要标尺。行政系统下的院系、教研室(组)等都不必然成为共同体。人们虽然会遵守和执行改革指令,但若非出于对改革的认同和热情投入,而仅仅出于受约制而不得不为,那么,个体是很难因追求改革给自己带来的快乐和幸福而自由地加盟共同体,甚至会因失望、不满而游离于外,所谓"身在曹营心在汉"。改革行动者对改革的认同感、对承担改革之责的组织或群体的归属感会在很大程度上影响其改革行动的积极性和创造性,直接影响其是否能自觉地将个人的发展与组织、群体的发展以及改革的成功融为一体,正如萨乔万尼(Sergiovanni)所言:"共同体是个体的集合体,这些个体基于自己的意愿而紧密联合起来,共享一些观念与理想。这种联合会使一群个体的'我'(I's)转型为集体的'我们'(We)。在成为一个'我们'之后,每一个成员都是紧密编织的有意义关系网的元素之一,这一个'我们'通常处于一个共同的地方,维持一段时间,并分享共同的意义、情感与传统。"②在教师教育机构组织中,若个体各自为战,彼此孤立、疏离,甚至任由自生自灭,改革主体是难以对改革产生高度认同感,也难以将组织、群体视作彼此共同的"家",相互间只是相识的"同事",而非平等相待、互相信任、密切交往、真诚对话、乐于分享、友好协商、

---

① [美]迈克尔·桑德尔.自由主义与正义的局限[M].万俊人,等译.南京:译林出版社,2001:174-181.
② Sergiovanni, T. J. Building Community in Schools [M]. San Francisco, CA: Jossey-bass Publishers, 1994: xvi.

精诚合作、共同追求的"亲密伙伴"。

作为维系成员重要纽带的亲密感、归属感是建立在价值认同和愿景共享的基础上。现代社会的共同体不是建立在纯粹的地域基础上,凝聚现代共同体的方式只能是人为塑造的价值观。唯有依靠共同价值,才能塑造饱含情感依恋和身份认同的共同体。愿景是组织成员共同持有的意象或景象,能体现组织内大多数人的价值观,是基于个体成员广泛认同的信仰、理念并通过沟通、交流而达成的强大感召力,能够将成员的远大理想和共同追求融合在一起,从而使群体和组织产生源源不断的向心力和凝聚力。在共享愿景和价值观的引导下,个体对群体归属感、对目标的认同感才能不断增强,自觉地努力融入组织、群体和集体行动之中。

教师教育改革共同体应该是满怀教师教育理想的价值共同体。无论在组织还是群体意义上说,任何一项改革的发起者、参与者、行动者等都是由有着不同价值追求和精神需求的个人所组成,改革首先需要塑造"共享的规范和价值(shared norms and values)",即改革行动者对于教育、教师角色、学生、教师教育、学习教学等持有共同的假设,致力于维护组织和群体的利益,才能对不同行动者的改革理念、价值目的、行为方式等进行规范和整合,从而使个体在改革行动中拥有共同的价值追求和愿景。

(二) 投身学科建设,凝聚学科共同体

20 世纪 90 年代以来,在取消中师、改制与合并教育学院、综合性大学参与教师教育、高师院校积极谋求综合化发展等改革进程中,教师教育的大学化和专业化日益突显。然而,这并不意味着教师教育在现代大学学术框架下的学术地位天然地能够获得制度保障和情感认同。学术是大学的灵魂,学科是大学的基本元素,对集聚人才、引领人才培养具有定向与规范作用。虽然在近年来的教师教育改革与发展中,成立教师教育学院、设置教师教育专业、改革教师教育课程等为新型教师教育机构彰显教师教育学科在大学学科制度体系中的地位提供了有力佐证;也尽管许多学者从学科建设的视角对"教师教育"作为一门新学科进行了深入思考并提出很多颇具价值的观点,认为在我国教师教育走向大学化的现实语境下,"教师教育学科建设是一种必然

第十二章
谁是教师教育者：自我认同与系统支持

的选择"①；但无法回避的现实是，教师教育作为二级学科尚处于热情倡导和积极建设之中，尚未获得独立学科的合法身份，人们对教师教育能否构成一个学科知识体系及其学科性质、学术性学科的地位等问题还存在较大的认识分歧。

当前，奋战在教师教育改革实践前沿的行动者中，除学科教育研究与教学的师资外，教育学、心理学学科背景者，就其学术训练而言，几乎少有"教师教育专业"的科班出身，更多的是接受了教育学、心理学一级学科下不同二级学科的学术训练，如"教育学原理""发展与教育心理学""比较教育学""课程与教学论"等，对教师教育学科并不拥有天然的归属感。目前，一些高校的教师教育专业人才培养（特别是"教师教育方向"或"教师专业发展方向"的研究生学位点）仍然依附于教育学原理、课程与教学论、成人教育学等传统二级学科。要让来自不同学术背景的行动者能够对"教师教育"这个有着双重学科基础（即教师任教科目的学科基础和教育学科基础）的知识领域形成稳定、清晰的学科归属感和学术认同感，委实不易。比如，独立的知识体系是学科合法性的核心与基础，在教师教育专业人才培养方案的制定过程中，围绕课程设置所产生的意见分歧，即主要源于对教师教育作为独立学科，其自身应有的知识体系缺乏共识，由此衍生出的权力、利益之争亦不足为奇。

学科不仅指涉某一专门的知识领域，亦延伸为由专门化知识群体结成的学界或学术组织，"学科明显是一种联结化学家与化学家、心理学家与心理学家、历史学家与历史学家的专门化组织方式"②。托马斯·库恩认为，在由学有专长的实际工作者所组成的"科学共同体（scientific community）"中，其成员"由他们所受教育和训练中的共同因素结合在一起，他们自认为也被认为专门探索一些共同的目标，也包括培养自己的接班人"③。教师教育的学术地位首先取决于教师教育学科建设水平，教师教育改革需要凝聚对"教师教育"情有独钟、自觉为教师教育发展贡献才智的志同道合者，形成这种跨越时

---

① 朱旭东，周钧. 论我国教师教育学科制度建设——教师教育大学化的必然选择［J］. 教师教育研究，2007（1）.

② ［美］伯顿·R. 克拉克. 高等教育系统——学术组织的跨国研究［M］. 王承绪，等译. 杭州：杭州大学出版社，1994：34.

③ ［美］托马斯·S. 库恩. 必要的张力：科学的传统和变革论文选［M］. 纪树立，范岱年，罗慧生，等译. 福州：福建人民出版社，1981：292.

空的"理智共同体(intellectual community)"①,积极组建一支具有多学科背景、足以支撑教师教育学科建设与发展的专门研究人才梯队,推进多学科视角下全方位的教师教育研究。

(三)弘扬教学学术,凝聚学术共同体

大学是探索高深学问的学术共同体,"学术就像一个'场'抑或一种'域',学者一旦置入这种'场域',其思维转向、价值取向以及行为方式等诸多方面,都表现为以学术为轴心的生存逻辑,甚至学术成为其生活内容的全部"②。"从理想的层面而言,大学在本质上应该为学术而学术,为科学而科学,对真理的向往不会因为外在环境的变化而改变。"③

需要强调的是,大学主要以培养高级专门人才的方式致力于探索高深学问、发展学术事业;大学的学术不仅体现在发展知识、探索真理,更体现为人才培养,在育人过程中不断传承和创新学术。从这个意义上说,培养人是大学学术发展的逻辑起点和终极目标。欧内斯特·L.博耶(Ernest L. Boyer)将大学学术活动划分为"探究""整合""应用"和"传播"四种类型,区分了"发现的学术(scholarship of discovery)""综合的学术(scholarship of integration)""应用的学术(scholarship of application)"和"教学的学术(scholarship of teaching)",强调这四种学术活动相互联系,大学不仅应继续成为发现新知的中心,而且要重视整合知识、应用知识的学术,将已有知识置于更广阔背景下,促进学科交叉与融合,推动理论与实践紧密结合,特别应给予传授知识的"教学的学术"以尊严和地位。④ 博耶将"教学"从一项个人化的经验性工作提升为一种学者共同体内部需要共享、交流和探究的学术性活动,增进了人们对教学工作之学术价值的认识,也促使我们思考教师教育改革中"教育学术共同体"建设的重要性。

共同体绝非简单聚集在一起的一群人所天然形成,学术共同体亦非实体性

---

① 方文.社会心理学的演化:一种学科制度的视角[J].中国社会科学,2001(6).
② 陈慧青.学术:学者的理想与追求——感悟布鲁贝克学术话语的建构[J].江苏高教,2008(5).
③ 黄达人.大学是一个"学术共同体"[N].中国教育报,2009-03-23.
④ [美]欧内斯特·L.博耶.关于美国教育改革的演讲:1979—1995[M].涂艳国,方彤,译.北京:教育科学出版社,2002:75.

的社会机构,但犹如一只"无形的手",会深刻影响学术人才的成长和学术知识的发展。在教师教育大学化背景下言说的"教师教育机构",无论是作为独立法人的院校还是院校内部的院系,都应该向"教师教育学术共同体"的目标努力,积极营造一种尊重教学工作、崇尚"教学学术"、倡扬教学创新的良好氛围,激励和保障"以教学学术为志业"的价值追寻。教师教育改革行动者亦应在提升教学学术的理想召唤下,积极融入大学学术氛围,发自内心地热爱并自觉献身于"教学学术"。这种价值追求在大学组织架构与管理模式行政化倾向日趋严重的今天,尤为值得推崇;否则,纯粹量化和数字化的科研考评只会使人们以纯粹理性计算的态度对待学术发展,充其量造就一个与纯粹经济组织并无实质区别的、工具性的人群集合体,根本无以体现共同体所应当包含的共同目标、集体认同与情感忠诚。构筑超越纯粹工具考量、包含强烈情感依恋、确认成员身份认同的"教学学术共同体"应成为教师教育机构的追求目标。

(四) 倾心专业发展,凝聚学习共同体

进入 21 世纪以来,"教师专业发展思想的一个重要转向就是将关注的重心从'个人化的努力'(individual effort)转向'学习者的共同体'(communities of learners),在共同体中,教师通过参与合作性的实践来滋养自己的教学知识和实践智慧"①。当"共同体"成为描绘中小学教师专业发展美好愿景中频繁出现的概念时,作为"教师的教师",大学教师教育者有必要扪心自问:我们自身是否已经率先垂范地成为真正意义上的"学习共同体"(learning community)、"实践共同体"(community of practice)、"专业共同体"(professional community)抑或"对话共同体"(discourse community)呢?事实上,诸如"同备一节课""同上一节课""同听一节课""同评一节课"的"同课异构"形式的研讨课、公开课等在中小学教师专业发展中如火如荼开展的活动,在大学化的教师教育中却甚为鲜见,这对习惯于居高临下地"指导"中小学教育教学的大学教师教育来说,无疑是极为反讽的事实。

由于僵化的学科划分、竞争取向的评价制度以及"我的教室我做主"的工作

---

① Thomas, G., Wineburg, S., Grossman, P., Hyhre, O. & Woolworth, S. In the Company of Colleagues: An Interim Report of the Development of A Community Teacher Learners [J]. Teaching and Teacher Education, 1998, 14 (1).

场景,大学教师单兵作战、自我封闭的教学惯习远甚于中小学教师,同事间关系冷淡、情感疏离、缺乏互信甚至恶性竞争的情形并不鲜见。早在20世纪80年代,英国学者哈格里夫斯、美国学者沃勒尔、加拿大学者迈克·富兰等人都不约而同地指出,教师间缺乏合作的隔绝状态及其衍生的"教师马赛克文化"极其不利于学校和教师的发展,"在一个急剧变化的社会里,新观点、知识的创造、探究和分享对于解决学习问题至关重要","合作对于个人的学习非常重要……个人的力量在有效的合作中将变得更为强大"。① 学习是大学最基本的职能,学生和教师都在不断吸收新知识、新思想,这一点毋庸置疑和担心;但大学又因承担神圣的教育使命而不同于单纯的学术研究机构,大学的改革、创新不仅需要个体学习,更需要组织学习。为此,教师教育改革应着力于在共同体的脉络中,铸就团结、融洽的教师教育者专业学习与发展共同体,不仅建立教师学习组织,鼓励教师之间以互动、共享、协作和批判的精神加强交流、合作,而且倡导教师与学生共同学习,通过教师之间、师生之间、学生之间的意见交换、感受分享、观念刺激、沟通讨论等来真正实现全员性组织学习。

三、破除壁垒与教师教育改革的系统支持

要缓解和扭转不平等边界的固化,需要真诚地破除壁垒、消除错误的身份标签。虽然身份一旦产生便身不由己,但若不平等边界两侧的群体真诚交流,强势群体主动自觉地检视和防范对弱势群体的文化排斥(在教师教育改革中最明显的表现是对弱势教师教育者群体的学术排斥)和标签性话语所可能蕴含的羞辱。这是教师教育改革最需要的社会支持②的核心意蕴。当前

---

① [加]迈克·富兰.变革的力量——深度变革[M].加拿大多伦多国际学院,译.北京:教育科学出版社,2004:170.
② "社会支持(social support)"是心理学、医学、社会学、经济学、法学等众多学科关注的一个多维复杂概念,指来自个人之外的各种支持的总称,包括正式支持和非正式支持。[参见林顺利,孟亚男.国内弱势群体社会支持研究述评[J].甘肃社会科学,2010(1).] 也有研究者将其分为客观可见或实际的支持(包括物质的直接援助和社会网络、团体关系的存在和参与)以及与个体主观感受密切相关、可体验到的情感支持(如个体在社会中受到尊重、支持和理解的情感体验和满意程度等)两大类。 参见肖水源.社会支持评定量表·心理卫生评定量表手册(增订本)[M].北京:中国心理卫生杂志社,1999.

第十二章
谁是教师教育者：自我认同与系统支持

有关社会支持的大多数研究都是将"社会支持"的意涵理解为"为特定群体或个人提供精神和物质资源以帮助其摆脱生存或发展困境的社会行为总和"，支持对象多囿于主体行动者，关涉支持某项社会行动的研究相对欠缺。① 事实上，教育改革作为一项实践行动，面对正在或可能遭遇的种种阻抗，迫切需要思量和建构包括政策导向、体制建立、资源配置、文化生态、舆论营造等在内的整体意义上的社会支持系统。

（一）规避标签效应，克服污名化倾向

布迪厄曾经指出，"一种社会行动可以人为'制造一种区别，尽管实际上并不存在这种区别'，并且'社会魔术可以通过告诉人们他们是与众不同的从而改变他们'……换句话说，社会领域中充满了差异，仅仅因为人们有意制造了这些差异"；由此可见，"并非所有可能的分类都能够合理地成为一个人重要身份的基础"，"一种具体的分类能否恰当地构成一种身份，还取决于社会环境"，"给人划分类别几乎可以随意为之，但要做到身份认同就难了"，"有时某种分类很难在理论层面上得到支持，但由于社会安排，它仍然可能很重要"。②

伴随义务教育普及和高等教育发展，我国教师教育从"旧三级"走向"新三级"，以教育硕士专业学位研究生教育为主体的学士后教师教育（即专门的师资培养机构对已具有学士学位的学生进行教师养成教育）得到迅猛发展。在教师教育大学化的发展趋势下，加强学士后教师教育，即是致

---

① 虽然人们对"社会支持"和"社会支持系统"的界定、分类等认识多有不同，但因"社会支持"一语最早和个体的生理、心理、社会适应能力等相关联，故已有研究更多聚焦于相对意义上的弱势群体及个体（如城市外来流动人口、下岗女工、农村留守儿童、艾滋病患者、残疾人等），将社会支持系统看作个体应对压力时的社会资源，对个体身心有普遍的增益作用，能够通过个体内部认知系统屏蔽、缓冲或防止压力事件的消极影响，使个体在互惠的社会网络系统中通过信息、情感交流，相信自己被尊重、被关心、被爱、有价值，从而增强个体资源、提高应对压力的能力；教育研究中更多关注中小学教师及其专业发展的社会支持系统，如有研究者指出："对教师而言，教师的社会支持系统主要包括学校、家庭、社会三方面对教师的支持所构成的社会关系网络系统，包括：教师在学校内的领导关系、同事关系和学生关系等，在家庭里的夫妻关系、亲子关系、亲属关系等，以及和社会接触中的朋友关系、合作关系、咨询关系等。"李海燕.改善教师社会支持系统策略摭谈[J].辽宁行政学院学报，2008（6）.

② ［印］阿马蒂亚·森.身份与暴力——命运的幻象[M].李风华，陈昌升，袁德良，译.北京：中国人民大学出版社，2013：21-23.

力于提高教师的教育学术水平,推进教师专业发展。① 在学科专业与教育专业有机融合的基础上培养高素质的基础教育教师,重视、加强教育学术能力培养,使教学的专业性乃至教师教育的专业性真正得到社会的认同与尊重,是学士后教师教育的发展走向和责无旁贷的重任。21世纪以来,国内多所师范大学相继推出"4+2""4+1+2""3+3""4+3"等多种培养模式,纷纷在课程设置、实施、评价等环节着力彰显"教学是一项学术性事业"的改革理念,注重对研究生熏染"以教育学术为业"的专业追求,并切实提高研究生的教育科研素养和学术能力。然而,需要研究生在求学期间投入大量时间和精力磨炼、提高的教育学术素养,在求职中并没有明显的"用武之地"。比如,中小学校在招聘教师时大多并不重点考察应聘者的学位论文质量及其教育科研素质,虽然研究生学历越来越成为求职者必不可少的条件(特别是在教育发达地区和高水平学校),但更像一种"标签",求职者需要接受的严格考核仍然主要集中于学科知识(比如应聘者参加的考试中会出现大量的高考题);近年来分量越来越重、形式越来越灵活多样的教育理论知识及教育实践能力的考察,值得称道,但对应聘者教育学术能力的考察仍然明显不足,这不能不令人遗憾,因为评价的"指挥棒"会直接影响初衷良善的改革能否坚持到底。

　　西方国家开展的学士后教师教育一般都是授予教育硕士专业学位。我国继1997年面向在职教师开展教育硕士专业学位研究生教育后,又于2009年开始了面向应届本科师范毕业生的全日制教育硕士专业学位研究生教育。发展教育硕士专业学位研究生教育是一项符合教师人才需求和教师教育规律的改革举措,也是培养应用型、复合型高素质教师的重要渠道。"教育硕士"与"教育学硕士"是层次与质量相同,但规格与类型不同的两种学位类型,

---

① 长期以来,教师教育的双学科专业性使得本科师范教育在四年有限时间内,试图用综合大学相同的教学时间完成两种学科专业的培养目标,无论如何都是艰难的,很容易造成"学术性先天不足、师范性又后天失调""两败俱伤"的结果。 延长培养时间、拓展培养空间、加强学士后教师教育,显然有助于解决这一难题。 其实,学术性和师范性不是非此即彼的对立关系,教师作为专业人员所必须具有的、不可替代的专业素养既包括学科素养,也包括教育素养,二者缺一不可,核心则是二者自然融合后形成的教育学术素养。瑞士心理学家皮亚杰曾经提问:"对一个8岁孩子教授数学和教授大学生高等数学相比,谁难度更大?"讨论结果是"难度相当",两种教师需要的数学专业知识可能差别很大,但他们在教育教学方面的学问则是相同的,这种学问就是"教育学术"。 参见[瑞士]皮亚杰.皮亚杰教育论著选[M].卢睿选,译.北京:人民教育出版社,1990:211.

第十二章
谁是教师教育者：自我认同与系统支持

教育硕士专业学位侧重培养善于发现和解决教育实际问题、具有教育学术能力的应用型高层次专业教师。[①] 无论从西方发达国家经验还是我国基础教育发展对教师专业人才素质要求的实际来看，教育硕士专业学位教育理应成为我国教师教育改革的新路向。然而，大众由于对"专业学位"存有一种根深蒂固的刻板印象，会认为其"学术水平低"，这种储存在大众集体记忆中、难以改变的心理倾向被心理学家喻为"无法被激励和改变的懒汉"，对教育硕士专业学位研究生教育会产生"雪上加霜"般的负面影响。由于大众（甚至中小学校的领导和教师自身）对教师首应具备教育学术能力缺乏正确认识，在理解和考察"教师的学术水平"时往往会将其曲解为学科领域的学术水平，将专业人才培养中强烈的实践取向误解为"不重视学术能力培养"，进而又泛化地理解为"专业型人才的学术素养要弱于学术型人才"。全日制教育硕士专业学位研究生在毕业求职中的遭遇表明，尽管中小学校在招聘教师时很少对求职者的教育学术能力进行专门而细致的考察，但招聘者心目中仍会看重求职者的学术能力，只不过令人遗憾的是，对纯学科领域的学术能力的无意识倚重是通过一个被误解甚至扭曲了的学位性质来简单加以判定。事实上，我国近年来蓬勃开展的教育硕士专业学位教育，在本科师范教育基础上，进一步有针对性地制定培养方案、设计课程体系、确定教学内容、改进教学方法，重视教师知识养成的临床性、现场性和实践性，通过加强案例教学、模拟训练、顶岗实践等教学形式，重点培养和锻炼学生在运用教育专业知识、解决教育实践问题的过程中，提升教育学术水平，考核环节也是侧重评价学生的教育专业综合素养与实践能力，致力于提高毕业生的教育专业素养。这些在人才培养目标、课程体系设置等方面极力突显的实践性、专业性（职业性）等特点是非常符合中小学校对教师人才的素质要求的；但是，毕业研究生若在求职中因大众对"专业学位"的刻板印象而屡屡受挫的话，这种刻板印象不仅会进一步固化，而且将直接影响教育硕士专业学位研究生教育能否可持续发展，迫

---

① 专业学位（professional degree）不同于学术学位（academic degree）。国务院学位办 1996 年 5 月在《关于开展教育硕士专业学位试点工作的通知》中指出："教育硕士专业学位是具有特定教育职业背景的专业性学位，主要培养面向基础教育教学和管理工作需要的高层次人才，教育硕士与现行的教育学硕士在学位上处于同一层次，但规格不同，各有侧重。该学位获得者应具有良好的职业道德，既要掌握某门学科坚实的基础理论和系统的专业知识，又要懂得现代教育基本理论和学科教学或教育管理的理论及方法，具有运用所学理论和方法解决学科教学或教育管理实践中存在的实际问题的能力。"

切需要中小学校主动克服刻板印象、公平公正地招聘高素质教师，发挥对社会大众的示范作用。

此外，20世纪90年代以来，在深刻的历史背景及多种复杂因素的作用下，教师教育改革在酝酿、发起之初，对改革对象的认知伴有显示其不名誉特征（所谓"弊端""不足"）的污名化（stigmatization）①倾向。随着对现实状况的片面感知、标签固着以及对理想与现实差异的分类命名、话语建构，不平等的分类图式和结构进一步正当化，被纳入秩序建构与实践运作之中并逐渐内化为行动者的心智图式和性情倾向。比如，"师范教育"与"传统""封闭""非专业教育"等特点，"教育类课程"与"抽象""空洞""脱离实际"等特性，"教育理论研究者"与"远离中小学教育"等特质之间似乎"理所当然"的关联，便不啻为一种污名化倾向，致使相关的制度文化、组织机构、群体被连带上种种负性特征，原本客观中性的语词内涵则渐遭贬损、诋毁，进而固化为污名化的叙事和话语系统。又如，师范教育中"老三门课程"因教师个人德能差异而产生的质量问题被整体性放大，形成关涉"师范教育"及"教育类课程"的集体性负面形象，在改革意识形态背景下，这些存在不足与弊端的事物、机构、人群等便成为改革动议聚焦的对象，对改革对象的片面认知和标签化使得个体性不足被重新定义和阐释为集体性灾难，甚至转化为结构性的文化固着与偏见，呈现出明显的集体行动色彩。正如苏珊·桑塔格从癌症患者的亲身体验出发深刻指出的，疾病本身并不可怕，可怕的是人们看待疾病的方式；人们往往给疾病赋予了太多本不应当的隐喻、象征乃至污名。② 人在社会互动中需要对其自身和他人的社会位置和属性进行有效识别，社会行动者在区分"我物"与"他物"、"我群"与"他群"时获得的共识性概念及其呈现的差异便形成不平等的符号边界。教师教育改革语境下，围绕"谁是合格的教师教育者"而形成的"我群"与"他群"意识以及个体知识结构、学术重心等方面的差异逐渐演变

---

① 社会学家戈夫曼（E. Goffman）将"污名（stigma）"视为刻板印象的最初建构和社会歧视的起点，个体或群体因具有某种社会不期望或不名誉的特征（如为其所属文化不能接受的状况、属性、品质、特点或行为等）而被贴上贬损性标签，受到不公正待遇，进而产生羞愧、耻辱感。 污名化涉及贴标签、刻板印象、隔离、地位丧失和歧视等要素，是强势的实施污名者（stigmatizer）通过贴标签（labelling）而将被污名者（stigmatized person）的某些负性特征刻板印象化并加以维持的群体互动过程。 现实生活中对特定群体或个体（如身体缺陷者、特殊疾病患者、贫穷者、流动人口子女等）实施污名化的现象屡见不鲜。 其实，现代社会中被赋予污名的对象并不局限于群体或个体，事物、技术、组织、制度设置等都可能被污名。

② ［美］苏珊·桑塔格.疾病的隐喻［M］.程巍，译.上海：上海译文出版社，2003：161.

为成员的身份标识,对"没学科者"和"纯学科者"的污名化倾向便是这种社会分类的结果,成为教师教育秩序建构中的新隐喻。虽然这种日益凸显的身份污名不至于像性别、行业、种族、地域污名等那样会导致被污名者产生对社会的隔离感、敌意、不信任乃至反社会行为,但就教师教育改革本身而言,这种污名化倾向的蔓延会使被污名的组织、群体受到正面形象的损害,蒙受强烈的无助感、无能感乃至羞耻感,在改革的利益调整中也难以获得尊重和权益保障,更容易受到某种程度的制度性排斥。这种排斥和剥夺会随着改革的深入进一步合法化,旧秩序中相关事物的某些功能障碍即逐渐演变为制度性的隔离与排斥,乃至形成新的压迫性力量,固化进教师教育文化记忆中"存档",最终阻碍改革取得预期成效。

总之,当"标签效应""刻板印象""污名化倾向"出现时,人们势必会寻找有力的社会支持来加以应对。为此,教师教育改革中不同程度的"标签效应""刻板印象""污名化倾向"等都亟待有意识地扭转,宽容改革的暂时缺失,坚持公平公正、一视同仁的正义原则,切实、有效地减少因遭遇疏远、对立或排斥而不能顺利扮演改革要求之新角色的边缘群体对改革的阻抗,真正提高教师教育质量、推进整个教育事业的良性运行与和谐发展。

(二)重视认同力量,支持进取性认同

自我是不断发展的,与其说是一个实体还不如说是一个过程,"完整的'自我'的统一性和结构反映了一个整体的社会过程所具有的统一性和结构"①,在充满流动性和不确定性的现代社会尤其如此。个人并不只是"发现"自己的身份,"事实上,我们都在不断地就我们所拥有的不同社会归属与联系以及它们的优先次序做出决定,即使有时是下意识地这样做。在很多情况下,这种选择是非常明确和经过认真思考后做出的"②。因此,促进教师教育者积极建构清晰、明确、稳定的身份感是教师教育改革取得实质性突破的关键。而身份认同又是受事件驱动(event-driven),正是事件激活了处于休眠状态的社会边界,使潜在身份有可能转化为清晰的身份认同。作为改革话

---

① [美]米德.心灵、自我与社会[M].霍桂桓,译.北京:华夏出版社,1999:156.
② [印]阿马蒂亚·森.身份与暴力——命运的幻象[M].李风华,陈昌升,袁德良,译.北京:中国人民大学出版社,2013:24.

语的"教师教育者"如果只是被视为具有共同职业和学术使命的人群集合体和"想象的共同体",那只是"纸上的群体(group-on-paper)"而非"现实的群体(group-in-reality)",很难使成员产生深刻的心理认同,即使会出于功利需要而共同行动。制度变迁的力量远没有行动者内心进取性认同(而不仅仅是防御性认同)的力量来得强大。

在教师专业化教育改革中,教师教育者的专业素养是教师教育活动能否达致专业水准的最重要条件,也是制约教师教育改革成败的决定性因素。而教师教育者的自我身份认同又是专业素养中最本源的核心要素,"认同可以由支配的制度产生,但是只有在行动者将之内化,且将他们的意义环绕着这内化过程建构时,它才会成为认同"①。以新的支配性制度改变和规范个体的身体定位并非难事,但改变价值观念和意识形态并使其产生认同的力量却相当复杂。遗憾的是,教育改革似乎总是"被一种或许可以称作'管理主义的焦点'的东西所驱动……认为教育的核心问题可以通过改变教育系统的组织和管理,从而使之与一整套放之四海而皆准的理论原则相一致的办法来加以解决"②;作为影响改革成败重大因素的认同的力量却被严重遮蔽。制度安排充其量只提供一种外在的结构性事实,而这种外在结构如何经由个体日常生活实践被内化从而铭刻在身体和行为之中、构成自我认同和改造现实建构的主体性力量,需要引起改革制度设计者们的重视和深思。如果致力于建构教师教育专业团队的改革却由于信息缺失等原因而使教师个体对未来充满不确定性、没有安定感、看不到自身存在的价值与意义,那么,这种改革甚至更使其在自我意识建构中加剧身份认知与话语结构的焦虑、不安和紧张。这将直接影响其对教师教育改革的投入与付出。

自我身份认同是在社会分类基础上或话语框架中通过回答"我是谁""我想成为谁""我应该成为谁""我从哪里来,我要到哪里去""我曾经是谁,我现在不是谁"等问题来进行自我主体身份建构而实现的。个体在回答这些问题并主动确认自我身份时,既通过某种个人独有的特征将自我与他人区别开来,形成强调个体差异的个体自我,又通过某种群体共享的特征将

---

① [美]曼纽尔·卡斯特.认同的力量[M].夏铸九,黄丽玲,译.北京:社会科学文献出版社,2003:6.

② [加]莱文.教育改革——从启动到成果[M].项贤明,洪成文,译.北京:教育科学出版社,2004:18-19.

自我与他人联系在一起,形成强调具有相同特征的集体自我(社会自我)。①

主体意识直接决定人们对新身份的认同程度;只有从内心深处真正接纳和认定自我职业价值在于努力培养优秀教师,教师教育者身份认同才能真正实现。前述进入教育学院后"晕场"的教师在紧张忙碌地工作四年后选择去教育学博士后流动站师从我国知名课程与教学论学者开展博士后研究工作。"在教育学院最初几年,更多时间花在了备课、上课以及繁杂的事务性工作。我默默对自己说要努力,很少去反抗和反思某些异质化的东西,只是焦灼:不看书、不思考、听不见自己的声音。我陷入迷茫:我到底要怎样的一种生活?……人是需要有点精神的,当你在克服自己内心的懈怠、恐惧和忧虑的过程中才会形成这些精神。进入教育学院第三年,我才真正开始让自己内心平静下来阅读,教育学、心理学很有意思!我开始尝试在这方面有所突破,开始了解这一学科不同杂志的风格,根据现在的热点问题和自己的教学困惑去写一些东西,不管能否发表,至少比较充实……学校体制的改革让我觉得自己必须有一个专业,于是在导师鼓励下向学院申请去做课程与教学论的博士后,如果这算是一种认同的话……"虽然在这位文学博士看来,自己的行动选择仍然带有被动性和权宜性,但与防御性认同相比,显然更具进取性认同的特征。"即使至关重要的事实被挖掘出来,更重要的还是做出选择。生活不仅仅是命运。"②进取性认同的力量可见一斑。

(三) 缓减利益冲突,谋求合作与共赢

利益是人和社会发展的驱动力量之一,人们奋斗的一切都与他们的利益有关。③ 任何改革在本质上都是利益的分化、调整和重新整合、分配,改革的动力归根到底也来自于各方利益相关者对改革预期收益和成本的权衡,改革的进程则是各方利益相关者根据自身对改革即期和预期收益以及自己与他人之间损益关系的判断而进行的博弈过程,改革的成效则取决于各方利益平

---

① 李茂森.教师的身份认同研究及其启示[J].全球教育展望,2009(3).
② [印]阿马蒂亚·森.身份与暴力——命运的幻象[M].李风华,陈昌升,袁德良,译.北京:中国人民大学出版社,2013:32.
③ 中央马恩列斯著作编译局.马克思恩格斯选集:第1卷[M].北京:人民出版社,1995:82.

衡和协调的程度和水平。

近年来教师教育改革中对原有组织结构和运行机制的调整必然导致既有利益格局的重塑；即使改革理念能够得到广泛赞同，但若缺乏真正在机制调整中加以体现的利益支撑，理念仍然难以产生实践效应。任何利益关系的形成与博弈都离不开利益相关者及其维护利益的行为活动；作为集体行动者的院校（师范院校及其内部机构和中小学校）和作为个体行动者的教师（师范院校和中小学校的教师），面对层出不穷的教师教育改革举措，也会首先考虑自身的改革成本与收益，也同样期待自身收益最大化、成本最小化的人性需求能够得到满足。比如，近年来教师教育课程改革此起彼伏、如火如荼，其中，实践性课程（含教育见习、实习）的改革更是重中之重。各级各类师范院校在教育实践课程的目标、形式、内容、资源、实施、评价等方面，积极探索与中小学校建立合作伙伴关系，在加强师范生教育实践能力培养上取得一定成效，但始终难以规避不同程度的利益冲突。

高师院校希望师范生通过教育实践能进一步增强对教育事业的热爱和教书育人的责任感，全面了解教师职业生活，锻炼和提高独立从事基础教育工作的能力，甚至还希望师范生通过开展教育调查、行动研究等方式，受到教育研究意识、方法和能力的熏染和锻炼，为成长为新时代要求的研究型教师奠定基础。然而，当走进教育现场时，师范生会在心理、角色和行为等方面遭遇激烈的冲突，需要指导教师在角色转换、人际关系、学科教学、班主任工作等方面给予及时、适恰的指导；实践中遇到的问题又往往没有现成的答案，需要指导教师充分利用多学科理论知识及实际工作积累的缄默知识，通过问题框定、行动示范等进行言传身教。这不仅对中小学指导教师的指导热情、理论素养等构成严峻挑战，而且由于长期以来，我国大学与中小学校的管理体制不同，关系相对疏远，缺乏互惠互利的合作基础和协同意识，大学也几乎没有资格对中小学指导教师选拔工作提出期望和要求，报酬微薄的指导工作事实上是增加了中小学校领导和教师的负担。

虽然高师院校积极谋求改善与中小学校的关系，但更多仍是立足自身而非基础教育的需要，中小学校则因在参与师范生教育实践中没有实质性收益却承受着影响教学秩序和质量、对师范生人身安全负责等风险，即使碍于校友等各种情面不便拒绝，也大多出于被动应付。特别是一些师范院校学习欧美国家经验，在教育实践课程实施中采取"螺旋式上升"形式，帮助师范生在

第十二章
谁是教师教育者：自我认同与系统支持

从实地观察（观察中小学生特点，了解学校、班级的正常运作）到协助开展日常教学再到导师指导下独立开展教学的过程中，依序经历教师专业角色认知、体验和实践演练等阶段，循序渐进积累教育现场经验。然而，这种环节更分散、形式更灵活的贯通式教育实践课程虽然符合教师专业发展规律，也有利于促进未来教师成长，但"理论与实践互嵌"的课程组织形式需要将实践嵌入理论学习的全过程（比如，在教育学、心理学、学科课程与教学论等课程中组织中小学课堂观摩等实践活动），频繁地加强与基础教育实践的联系，才能确保专业体验的连贯性、实现理论与实践的融会贯通。原先连续 6—8 周的教育实习尚且不易，改革期望"四年不断线"的实践课程目标实现之艰难更可想而知。

为此，提升师范院校和中小学校对教师教育改革的共同支持，不仅需要加强高师院校与中小学校合作制度建设，更需要为双方合作伙伴关系的生长培植适宜的文化土壤。双方深层次的文化冲突是阻碍深度合作、共同发展并制约教育实践课程规范运行的巨大"瓶颈"。大学追求深厚的理论积淀和前沿的学术研究，理论性和研究性是其核心文化因子；中小学则以丰富的日常经验和实践智慧为优势，实践性和日常性是其根深蒂固的文化血脉。两种文化常常发生冲突。吴康宁教授在分析了三种 U-S 合作类型（利益联合型、智慧补合型、文化融合型）后指出，大学与中小学经过文化碰撞、交流，相互影响，最终创生出能够高效率推动双方合作、高质量促进双方发展的新文化，才能保证双方在相互依存和尊重的基础上共同探索、创新和发展；达致文化融合境界的大学与中小学是谁也离不开谁的共生性"依伴"[1]。为此，打破教育实践课程管理的单一模式，在教育行政部门积极介入下，营造互惠互利的联合机制，构建全方位的合作伙伴制度；并借助这种制度保障，进一步推进高师院校与中小学校走向深度合作和文化融合，是更为重要且持久的改革任务。唯此，教育实践课程质量才能真正得到保障，也才能收获师范生、高师院校与中小学及其教师共同可持续发展的"多赢"硕果。

---

[1] 吴康宁.从利益联合到文化融合：走向大学与中小学的深度合作[J].南京师大学报（社会科学版），2010（3）.

(四)消除组织羞辱,营造新公平文化

个体因具有共同的目标、信念和理想而集结于群体或组织中,自觉地认同和遵守群体或组织的行为规范、行动准则,从而沉淀和凝练具有普遍约束力和影响力的组织文化,彰显与升华组织理想,不断形成与调适组织价值,促进组织目标的阶段达成与最终实现。建立一种新型的教师教育专业组织体系并不意味着传统制度运作模式导致的矛盾与弊端将自然消解。在基于学科的大学组织中,各种林立的学科和专业都拥有各自的历史传统、思想体系、研究方式等,大学知识被分裂为众多专门领域,大学内部"隔行如隔山"的"学术部落"现象日益严重,学术生命扎根于各学科、专业发展之中的学人们对学科和专业的忠诚远远超过对所在大学院系的忠诚。就处于范式转型和利益调整之中的教师教育改革来说,组建专业学院组织只是"万里长征第一步",建构独立的教师教育学科亦意义深远,但这些都谈何容易呢?要打破"重学科轻教育""重理论轻实践""重研究轻教学""重科研轻教研"等等大学场域中积重难返的惯习,更绝非易事。教师教育改革迫切需要通过制度建设,消减人为设置的边界和"组织羞辱"①,营造互相信任、彼此关心、民主平等、鼓励合作、和谐融通的教师教育文化,并坚守教师教育文化操守,在不断反思中追求并引领教师教育改革走向卓越。

首先,设定合理的改革目标,构筑合作型同事关系,发展亲密感。共同体如"家"一般温馨而安全,成员间相互了解、信任,彼此依靠、宽容,由此滋生的亲密感令人向往。共同体中的亲密感不是某几个成员间的私己性亲密,而是建立在私己性亲密之上的"团体亲密"。对教师教育改革而言,只有设定合理的改革目标,才能赢得行动者的理解、拥护和支持。对一个具体的教师教育机构而言,为了建设更充分的亲密关系,还需要尽可能多地发现、承受和发展

---

① 以色列耶路撒冷希伯来大学哲学教授马加利特(Avishai Margalit)认为,当代社会发展与进步的当务之急并非建立"正义社会(just society)",而是建立"正派社会(decent society,又译为'体面社会')";"文明社会是一种其成员之间相互不羞辱的社会,而体面社会则是一种社会组织不羞辱人民的社会"。"羞辱是任何一种使人有充足的理由感到自己的自尊受到伤害的行为或条件","一个社会如果其组织的运作方式不会使其公民有充分理由认为他们被羞辱,它便是体面社会"。参见[以色列]阿维沙伊·马加利特.体面社会[M].黄胜强,许铭原,译.北京:中国社会科学出版社,2015:1-12.

第十二章
谁是教师教育者:自我认同与系统支持

孕育其中的关系,维持和保障各种关系的平等性,因为不平等的关系是绝不可能诞生亲密感的,不平等的关系也绝不可能产生共同体意义上的合作;需要将教师彼此间孤立、冷漠、猜忌和疏离的个体主义竞争文化或人为合作文化转型为关怀、对话、信任和分享的教师合作文化,将"同事关系"升级为"伙伴关系",积极营造共同体氛围,切实推动共同体建设和教师教育改革的实质性发展。

其次,革新教师评价及管理方式,加强制度建设,发挥制度对共同价值的塑造作用。过分强调个体竞争的管理模式必然衍生出基于竞争的同事关系,相互闭锁,导致知识、信息、优质资源、创新思想等都难以在群体中流动。在教师教育课程教学中"集体备课"难以坚持、流于形式的根本原因在于单纯注重教师个人业绩表现的评优奖惩机制在根本上无助于教师文化的整体改进,甚至会助长对改革的阻抗。教师教育改革若不在变革教师评价及管理方式上寻求突破和创新,共同体建设亦极有可能不了了之。新的评价系统应该更强调教师的自我评价与学生评价,尽量减少横向的评比。组织对个体的评价亦应侧重其对组织共同体建构的贡献率,而不仅仅是其个人学术水准。新的评价系统还需要相应制度给予保障,如集体备课制度、集体教研制度、集体评课制度等,通过制度来有效规范和约束教师的教育教学行为。其实,亲密感的萌发需要时间,较长期的合作是发展亲密感的必要条件,制度化的合作活动形式能够确保个体成员间基本的接触时间和成效,从而有助于共同体的生成。

再次,深入挖掘教师教育文化内涵,弘扬师范院校优秀传统。共同体建设是一个漫长的过程,最终决定其成熟并有效运行的,乃是在共同体形成过程中逐渐产生的文化传统。师范院校综合化发展进程中逐渐衰微的"师范精神"正是今日教师教育改革中亟须挖掘和存留的宝贵精神财富。比如,摒弃教师各自为战,充分尊重和发挥集体智慧,相互协作、联合开展教学研究,实现资源共享、优势互补的"教研文化"应是教师教育文化内涵的题中要义,当下的大学化教师教育改革实践亟须弘扬和扶持这种以同质促进、异质互补的原则建立起来的合作教研模式,创建融学习、学术、学科共同体为一体的"教研共同体",根据教师教育的学科融合特色、实践取向特色,形成资源共享、相互借鉴、协同研究、共同发展的良好机制。教研共同体应该成为教师教育者最日常、最具研讨性和操作性的学习和学术共同体,成为教师教育者专业发展的主阵地,通过开展形式多样的同伴互助教研活动、构建跨学科的教研网络、建立综合性教研共同体,促进教师们分享研究体验与困惑,积极探讨教师教育实践中的真问题,探索有效的教师教育实践模式与方法,从而实现课程内容的有机整合,教师教育理念、方法的融会贯通,以及教师个性、能力上的优势互补,最大化地发挥个体和集体的潜质与功能,凝练优质教师教育文化,切实地将教师教育理论、理念转化为教师教育行动、策略。

总之,教师教育改革极其复杂,"一些微小事件的结果以及机会环境能决定结局,并且,结局一旦出现,便会产生一条特定的路径"①。强大的制度惯性及各种群体的利益博弈共同制约着改革。破除壁垒、重建平等和合的教师教育改革共同体绝非教师、院系或大学本身的事情,亦非单靠几项变革政策就可自上而下、由外而内地取得成功。个人和集体都是在其占据的位置上采取行动,行动往往又并非有意识选择的结果,而是受制于学术场域的结构、边界、位置及相关利益等,是处于不同边界两侧、不同位置的行动者基于场域及其惯习特征采取行动的动力结果。当自上而下的改革使教师教育场域发生结构性变化时,无论谁都会带着原有惯习的烙印在新的场域、面对新的边界进行挣扎、选择、排斥、抗争或逃避,只是程度不同而已。"共同体"并非简单聚集在一起的一群人②,要使"教师教育者"真正成为从事教师人才培养的教育工作者发自内心的自我身份认同而非"想象的共同体",走出身份认同的内卷化困境,不可能单纯依靠个体的内在力量,消除"组织羞辱"是最重要的外部支持③。"只有敏感于个体的生命体验、生活感受以及意义赋予,学会平等换位的思考,新教育公平的理论建构才有可能。"④"今天,'共同体'成了失去

---

① [美]道格拉斯·C.诺斯.制度、制度变迁与经济绩效[M].杭行,译.上海:格致出版社,2008:129-130.

② 诚如涂尔干指出的,建立在相似性基础上的共同体只是"机械团结",建立在差异性基础上的共同体才是"有机团结"。参见[法]埃米尔·涂尔干.社会分工论[M].渠东,译.北京:生活·读书·新知三联书店,2000:33-92.

③ 高师院校内部组织架构的改革仅仅实现了"机械团结";只有当人们在差异基础上凭借共同理念、志趣而实现协商合作、和谐统一的"有机团结"时,才能在理性认知与情感归属层面而实现有机关联,具有同一性、归属感和意义感的自我认同才能真正建构。从这个意义上讲,教师教育改革最核心的任务便是通过制度变革与建构,营造教师教育文化氛围,充分尊重差异,发挥每一位师范生培养工作参与者的主体性,努力使共同体成员在"师范"理想召唤下分工合作、共同成长,促进教师教育者自我专业身份的选择、调适与建构。

④ 贺晓星.聋教育改革与新教育公平的理论建构[J].教育发展研究,2017(2).

第十二章
谁是教师教育者:自我认同与系统支持

的天堂——但它又是一个我们热切希望重归其中的天堂,因而我们在狂热地寻求着可以把我们带到那一天堂的道路——的别名。"[1]尽管如此,我们仍然憧憬着"共同体(community)"这个词带给人们的美好感觉——温馨、安全感、友爱、理解、没有嫉恨、相互信任、彼此依赖等,依然坚信教师教育改革共同体的建构值得期待和努力,即使只能作为一种理想去追求,也仍然对教师教育改革以及教师教育者的生存与发展不可或缺。无论师范院校的综合化发展程度如何,以独特、厚重而且正义的教师教育文化引领教育对真善美、公平正义及卓越的不懈向往与持续追求都是弥足珍贵的。

---

[1] [英]齐格蒙特·鲍曼.共同体[M].欧阳景根,译.南京:江苏人民出版社,2003:序言.

第十三章
重塑组织合法性:教师教育新公平转型

作为组织生存与发展重要前提的合法性不仅仅来自组织证明自身存在正当性的价值判断,更是这种价值正当性赢得承认的文化-认知过程。在当前我国教师教育改革中,由于合法化资源供给缺失,具有一定形式合法性和价值正当性的独立设置教师教育专业学院在文化-认知意涵的实质合法性上却遭遇危机而陷入发展困境。重塑组织合法性、实现教师教育新公平转型,既需要培育组织理性、彰显组织管理的公共正义,也需要倡扬担当精神、保障组织管理的行为正义,这将成为我国教师教育"二次转型"成功的关键。

早在2007年即有学者对综合化发展进程中的师范大学在组织结构层面成立教师(教育)学院进行了价值阐述,指出"大学成立教师(教育)学院是其实现现代大学战略转型的标志,为处在十字路口的中国教师教育探索创新道路提供典范"①。十年来我国多所师范大学先后成立了名称不一的教师教育专业学院;作为我国教师教育制度变迁中的新生事物,教师教育专业学院的生存与发展状况并非如理论逻辑所推演的那样"理所当然",特别是独立建制、与教育(科学)学院同时并存的教师教育专业学院,甚至发生独立建制仅存数年终被撤销的现象。教师教育专业学院陷入发展困境,导致"现象与价值分离"情形的根本原因何在?"合法性(legitimacy)"②概念不啻为一个有价值的分析工具。

---

① 朱旭东.六所师范生免费教育的大学成立教师(教育)学院的价值研究——教师教育大学化的组织结构选择[J].大学(研究与评价),2008(9).

② "合法性"概念有广义和狭义之分。狭义的"合法性"即"政治合法性",常被用于理解国家的统治类型(如韦伯)或政治秩序(如哈贝马斯);广义的"合法性"则被用于讨论与权力安排相关的制度和组织的秩序或规范系统而非仅限于政治系统。

第十三章
重塑组织合法性：教师教育新公平转型

一、实质合法性：教师教育专业学院的存在之基

凡有权力运作的系统或领域都存在合法性（即特定权力系统或组织系统赖以存在的正当性基础）问题。美国社会学家帕森斯解释组织制度结构趋同现象时最早将"合法性"纳入组织社会学研究。组织合法性即组织存在的正当性基础，对组织（无论是公司、企业等经济组织，还是大学等教育组织，抑或社会民间、非政府组织等）的生存与发展具有重要影响。

无论是某种政治秩序、某一政府（或政党）统治权力（或公共权力），还是某种制度、组织，其合法性和正当性的基础及实质乃是权力客体的同意（consent）和承认（recognition），即权力主体只有在其意识形态、存在历史、国家象征、政府绩效、政治文明程度、制度或组织效能等方面的表现满足权力客体（如民众或组织成员）的预期，权力客体才会接纳和自愿服从权力主体；只有被权力客体所承认的政治或组织权力才是合法和正当的。组织社会学研究发现，对应于不同的组织环境及利益相关者，组织合法性具有不同的表现维度，如：法律合法性（指组织的存在符合法律规定）、政府合法性（指组织的存在得到政府及其部门的承认）和社会合法性（指组织的成长得到普通民众的承认）；外部合法性（指外部社会对组织的承认）和内部合法性（指组织内部成员对组织的承认）；形式合法性（即组织的存在符合法律规定或者得到政府部门的承认）和实质合法性（即组织的存在符合人们的价值准则或期待而为人们所自愿服从）。

高校作为一种社会组织和国家政治、社会管理的一个子系统，也是一个需要赢得合法性承认的复杂权力场域，其组织合法性也具有多种生成机制，如在道德规范、法律规章、文化认知等不同机制作用下分别产生的"规范合法性""管制合法性"和"认知合法性"，对高校组织发展的影响不尽相同。作为新时期教师教育改革特殊产物的教师教育专业学院，其能够成为大学内部一个独立建制的二级学院，是大学遵循"党委领导下的校长负责制"原则，经过一系列规范程序、最终由大学最高权力机构做出决定而正式成立的，具有一定的形式合法性。然而，组织合法性并非静止不变的"给定之物（given）"，而是变动不居、社会建构的结果,利益相关者的感知和评价具有举足轻重的作用,源于利益相关者群体对组织及其行为的肯定性评价与承认是组织合法性的核心。教师教育专业学院在文化-认知意涵上的实质合法性关涉组织外部社会(包括大学以外的社会,特别是与教师教育实践紧密联系的中小学校以及大学内部其他组织机构及其成员)和组织内部成员对其作为大学内部独立建制机构的承认和服从,这是教师教育专业学院生存与发展的重要前提。

二、实质合法性危机:教师教育专业学院的发展之困

合法性的获得不仅仅是组织证明自身存在正当性的价值判断过程,更是这种价值正当性赢得承认的文化-认知过程。教师教育专业学院遭遇的正是这种源自文化-认知力量的合法性质疑,主要来自大学内部其他组织机构及其成员和教师教育专业学院自身内部成员等利益相关者;而合法化资源供给的缺失或不足是导致合法性承认危机的重要原因。

(一)知识合法性资源乏力

作为一个历史悠久的组织,大学在不同历史时期能够获得承认的合法性内容是不同的,而知识合法性始终是大学获得承认的最稳定的合法性,更是大学在现代社会最受认可的合法性。对知识合法性的承认是作为专业学院(professional school)的最重要的组织合法性来源。"一个专业既是一种高度复杂和熟练的工作,又是一种根植于知识的职业行为。而这些知识是在学院、大学、实验室和图书馆里产生、测试、丰富、被否定、转化并重建起来的。把某些事情称为专业即表示这些事情有一个在学府里被广泛运用的知识基础。"① 专业知识是一项职业(occupation)成为专业(profession)的根基所在,是专业人员(professional)区别于非专业人员的根本特征,也是专业实践工作者形成和发展专业能力的前提。然而,由于教师知识(教师从事教育实践活

---

① [美]李·S.舒尔曼.理论、实践与教育的专业化[J].比较教育研究,1999(3).

动所具备的专业知识、职业技能等的总称)极具特殊性,学术界虽然对教师知识及其构成要素、习得与发展方式等已取得丰富、细致的研究成果,但对"最核心的教师专业知识究竟是什么"依然充满争议。即使在学理上人们早已认识到,教师知识并非"学科内容知识+教育原理知识","学科教学法知识"(Pedagogical Content Knowledge,简称PCK)才是教师所特有的真正的专业知识基础,但由于掌握学科内容知识与教育原理知识是习得PCK的前提,而如何帮助和促进准教师养成和提升PCK却堪称"世纪难题"。传统"文理学院模式"和新型"教师教育专业学院模式"都未能根本破解这一难题。

独立建制教师教育专业学院的组织合法性危机首先来自这种对知识合法性的不承认。比如,某师大的"教师教育学院实体化改革"初衷是为了打破隔阂(如师范生培养中的学科专业隔阂)、实现从注重教育知识获得转向注重提升教育实践能力等;但在师范大学内部,教师教育学院外部组织及其成员正是出于对知识合法性的不信任而始终对其独立建制的合法性充满质疑("学生在你那和在我这有什么区别?""如果没有区别——学生在我这也可以'共同培养、双向强化'——那为什么要改?"),改革阻抗由此而生。

(二) 效能合法性证据不足

哈贝马斯在分析合法性的条件时指出①,一种制度(或体制)只有具备"有效性"和"事实性"才是合的;其中,"有效性"是指制度被信任是出于它值得信任而非由于外在因素而不得不去信任(即满足客观性的价值标准)。我国学者对教师教育专业学院独立存在必要性的分析即在"有效性"向度上,认为我国师范大学成立教师教育专业学院的"首要价值在于其战略转型所具有的重要标志性作用"②。然而,不同于"有效性","事实性"(即只有能够显明实际政治、社会效果的制度才能够被信任)也是一个重要的合法性条件,仅仅具备"有效性"并非理所当然地赢得合法性承认。大学的存在和维系与其社会效能密切相连,具备社会效能是大学合法性的坚实基础。考量大学效能合法性的标准(如学术自由、追求科学、人文关怀、批判反思、求真务实等大学

---

① 李佃来.合法性:哈贝马斯政治哲学的焦点[J].人文杂志,2010(5).
② 朱旭东.六所师范生免费教育的大学成立教师(教育)学院的价值研究——教师教育大学化的组织结构选择[J].大学(研究与评价),2008(9).

精神)同样适用于大学内部二级学院。简言之,人才培养、科学研究、社会服务是现代大学的重要职能,是否(甚至是否以"最少投入、最大产出"的工具理性原则)实现这三大职能是人们评价大学内部组织合法性的重要依据。

美国学者在反思美国大学教育学院合法性危机时指出,美国名牌大学的教育学院(教育研究生院)并非以培养中小学教师为主业而是致力于教育学术研究,结果就是教育学院只研究教师却不培养教师;[①]近年来我国一些师范大学专门成立独立建制教师教育专业学院也是为了解决在我国同样存在的这一"最具有讽刺意味"的问题。比如,某师大鉴于该校教育科学学院的教育学术研究实力强大而决定将面向本科师范生的教育类课程(即教育学、心理学等所谓"公共课")及其师资队伍的建设任务移入教师教育学院,并在二者的发展目标与定位上做出"顶天/立地"的"划界";教师教育学院因此担负"立地"之责,其独立建制的合法性从逻辑推理上似能获得确证(其实不易),但事实上,师范大学内部众多利益相关者依然是从其在人才培养、科学研究及社会服务等方面的社会效能来评价其独立存在的合法性。

首先,人才培养质量。教育性(教书育人)是大学的根本属性,也是大学最本质的正当性基础。课程教学质量是人才培养质量的重要保证。某师大教师教育学院成立伊始即大力推进面向本科师范生的教育类课程改革并开始重建教师队伍,按照学校教务处关于修订本科人才培养方案的相关要求,多次修订本科师范生培养方案中的教师教育课程,课程门类、体系、目标、内容、实施及评价等都发生重大变革,而且从集体备课、教学研讨、丰富课程实施中的实践环节、采取多元化学习评价等方面推进课程与教学改革。然而,或是由于教师个体能力所限,抑或因授课任务重而阻碍教师的能力提升,甚或受制于高等教育大众化背景下本科师范生对教育类课程学习投入有限,真诚的改革并不必然取得预期成效。事实上,课程学习质量的影响因素极其复杂,由教师的"教"文化(学术性文化)、学生的"学"文化(日常性文化)和教学领导的"管"文化(行政文化)所构成的大学教学文化存在明显冲突,不同文化各有其运行逻辑和适用领域,彼此间的文化阻隔与冲突不可避免;[②]教育改

---

① 张济洲,苏春景.美国大学教育学院:教师教育大学化实践困境及改革[J].教育学报,2010(6).

② 钟勇为,高宇.大学教学文化冲突:征象与应对——亚文化的视角[J].教师教育研究,2015(1).

革理想与现实间存在的巨大反差使得教育改革普遍陷入困境,"改革缘起于问题并致力于问题的解决,但问题却越改越多,不仅既有的问题未能得到很好解决,而且还引发许多新问题"①。然而,当这些教育改革司空见惯的客观事实出现在教师教育专业学院的课程与教学改革中时,学院外部(即大学内部其他组织及成员)便首先质疑其组织合法性。某师大在改革中将原先设在各文理学院的"课程与教学论(学科方向)"(学术型学位)和全日制教育硕士、在职教育硕士(专业型学位)的硕士研究生学位点移入教师教育学院。虽然从事学科教育研究与教学的师资队伍也同时归入,但面对研究生扩招的基本态势,师资力量明显捉襟见肘,为此亦会邀请文理学院从事纯学科研究的教师担任研究生导师,但正因此(即仍是由纯学科背景者担任教育学硕士或教育硕士研究生导师),教师教育专业学院的合法性进一步遭遇质疑,"研究生在你那和在我这,究竟有什么区别呢?"

其次,科学研究水平。追求真理、探究高深学问是大学的永恒价值,也是大学合法性的重要来源,发展学术亦是大学区别于其他社会组织的关键特征。作为大学内部组织之一,新成立的独立建制的教师教育专业学院在完成众多改革任务的同时难以在短时间内取得大量高水平教育学术研究成果便成为质疑其合法性的又一依据,西方大学教育学院及其教师所遭遇的"高等教育的二等公民"命运(即教育学院在大学学术架构中地位低下)被转嫁给教师教育专业学院及其成员。虽然教师个体在承担大量教学任务的同时并没有放弃科研追求和努力,也不乏高水平科研成果,但在当今大学"科研至上"的文化导向及资源配置方式下,教师教育在大学学术架构中的"双重边缘+底层"的地位已积重难返,由此进一步加剧外部成员的质疑。此外,独立建制教师教育专业学院是否赢得了组织内部重要成员——教师——的承认亦需考量;暂且不论教师的教学任务之重,也不追究"重科研轻教学"的制度缺憾,仅就缺少科研平台和学术滋养而言,将教学和科研业绩不尽如人意仅仅归因于教师个体因素时,"承认"谈何容易? 其实,即使拥有高水平教育学术成就,也并不足以支撑教师教育专业学院独立存在的合法性。美国大学教育学院遭遇的信任危机②无疑具有警示价值。事实上,教育(科学)学院和教师教育

---

① 郝德永.教育改革的合理性追问与警示[J].高等教育研究,2015(11).
② 张济洲,苏春景.美国大学教育学院:教师教育大学化实践困境及改革[J].教育学报,2010(6).

学院都本应属于专业学院(professional school),其性质和发展定位本应与医学院、法学院、商学院相似,与文理学院等学术性学院不同;但教师教育的特殊性使其陷入非常尴尬的境地:一方面,由于不具备诸如医学院、法学院的专业知识特质而处于专业学院的底层;另一方面,由于教师教育的实践取向又受到文理学院的学术排斥和贬损而处于学术架构的底层。在当前中国大学现实生存环境及文化场景中,面临学术性和专业性双重挑战的教育(科学)学院既要取得学术成就与地位,又要获得专业学院的社会效能,最终赢得合法性承认,并非易事。与"教育(科学)学院"同时并存、独立建制的教师教育专业学院则更是举步维艰。如何准确认识教师教育的学术性(不同于"师范性与学术性之争"一语中的"学术性")与专业性(也不完全等同于"师范性与学术性之争"一语中的"师范性"),缓解和消除在从事教育学术研究与取得教师教育实践效能之间存在的紧张关系,实现教师教育专业性与学术性的真正融合,是当前我国教师教育改革面临的最大难题。

再次,社会服务品质。服务社会是大学作为知识殿堂、学术圣地的终极价值体现。大学不仅通过培养人才间接推动社会发展,而且通过学术研究实现文明传播,通过科技创新推动社会进步。当代社会,"产学研合作"成为大学普遍追求;但是,在"服务社会"的旗帜下,大学充斥商业气息、热衷创收活动等现象的蔓延亦成为大学合法性危机所在。同样,如果独立建制教师教育专业学院的"社会服务"依然和改革之前一样,仅仅是"举办在职教师培训班"(而且"办班"的根本目的是"创收")的话,那么,因制度变迁必然导致利益格局变化而使得教师教育专业学院遭遇强烈的合法性质疑,便不难想象。

(三) 程序合法性保障脆弱

"任何一种良性制度的最终生成,不仅依赖于居上者的远见卓识与见微知著,同样需要其他群体(尤其是当事者)的积极参与和理性对话。"①我国教育改革在很大程度上具有"内输入"(即改革政策往往起始于权力精英的认识,由权力精英将其认定的社会最广大人民的政治要求输入到公共政策中去,属于"系统内部自上而下的输入")和"以理想为导向"(理想来自掌握政策

---

① 叶隽.以精神底气审视制度问题[J].读书,2008(10).

决定权的各级政府组织和院校领导层对教育发展的认识和追求)等特征①;当前我国教师教育改革决策也多为这种"精英模式",改革决策系统相对封闭,大多数利益相关者缺乏必要的参与渠道和机会。某师大文理学院的一位院领导曾表示"哪里是请我们来商议(比如,研究生学位点的归属问题)?分明是喊我们来(开会)然后通知我们"。教师教育改革所需要的程序合法性如果不能得到充分保障、公共理性的达成受到阻碍,甚至出现改革决策偏离公共利益、向特殊利益群体倾斜的情形,那么,独立建制的教师教育专业学院的实质合法性必然会受到严重削弱,其价值合理性亦将无从"落地生根"。

三、组织合法性重塑:教师教育专业学院的治理之策

虽然为提高教师人才培养质量而成立教师教育专业学院的改革初衷良善,具有一定的价值合理性,但由于我国大学的实体性专业建制及其资源配置模式根深蒂固,教师教育专业学院创新模式又遭遇了知识合法性资源乏力、效能合法性证据不足及程序合法性保障脆弱等多重困局,由此引发的合法性质疑已严重制约教师教育改革与发展。虽然"综合大学+教师专业学院"的教师教育模式不应该在意识形态上"成为教师教育改革的唯一指导思想",但也不能认为教师教育专业化改革"从一开始就选择了一个错误的方向"②,问题的关键在于教师教育专业学院是否具备坚实的组织合法性。进一步地,"善制内在地要求善治"③,重塑组织合法性,最大限度赢得广大利益相关者的价值认同、理智承认和情感接纳,不仅需要新教育公平的理念,更需要公平、正义的教师教育行动。这是当前我国深化教师教育改革、探索教师教育治理体系现代化的重要任务,也是教师教育"二次转型"④成功的关键。

---

① 胡伟.政府过程[M].杭州:浙江人民出版社,1998:283.陈学飞.理想导向型的政策制定[J].北京大学教育评论,2006(1).
② 刘小强,蒋喜锋.教师教育改革走向何方[J].高等教育研究,2015(1).
③ 吕寿伟.论教育正义的"善制"与"善治"[J].湖南师范大学教育科学学报,2017(4).
④ 朱旭东,李琼.论我国教师教育的二次转型[J].教育学报,2014(5).

(一) 培育和张扬组织理性,彰显组织管理的公共正义

在组织社会学看来,组织理性对制度变革和新制度建立具有重大意义,无论是自主建构的还是"被建立"的组织中,组织理性都会通过影响组织合法性而影响组织的生存与发展。"只有在至少形成了某些组织理性的成分后,组织的制度才能真正建立和正常运转起来";组织合法性生成的根本标志即"组织权威的尊严性的确立,即组织权威结构得到承认、支持与服从"。① 对组织及其行为的文化-认知层面的承认是组织存在与发展的最重要的逻辑基础,在组织合法性形成及自我确证的过程中,很大程度上比价值判断更重要。教师教育专业学院作为事实存在的大学内部组织,其遭遇激烈的合法性质疑主要在于没有赢得文化-认知意义上的合法性(cultural-cognitive legitimacy),文本阐释的教师教育专业学院的价值有效性远未成为广大利益相关者的共识。和教育行政一样,"公共正义"也是教育组织管理的核心价值,旨在避免在追求管理效率和工具理性中迷失价值理性。凝聚广大利益相关者的改革共识,就必须积极培育组织理性、彰显组织管理的公共正义;否则,当薄弱的合法化资源耗竭时,孱弱的组织权威结构很可能彻底坍塌。

首先,秉持科学理性,深入研究教师教育规律,为教师教育专业学院治理夯实知识合法性基石。只有对"何谓教师职业的专业性""如何培养和提升教师的专业性"等问题进行深入、细致的研究,揭示并遵循教师教育规律,包括治理结构与机制、人才培养模式与课程体系等在内的教师教育综合改革与探索才可能走出因知识合法性资源乏力而陷入的现实困境。比如,如何根本改变"文理学科专业教育"与"教师养成教育"相剥离的教师人才培养模式?如何从组织机构、课程内容、教学方式等方面加强文理学科知识与教育专业知识的融合?特别是在与非师范专业修业年限相等的有限学时内,如何对师范生修读的文理学科专业课程进行必需的精简和优化?根本解决这些问题是教师教育专业学院赢得实质合法性的前提,也是提高教师教育质量的关键。

---

① 赵孟营.组织合法性:在组织理性与事实的社会组织之间[J].北京师范大学学报(社科版),2005(2).

第十三章
重塑组织合法性：教师教育新公平转型

其次,培育公共理性,加强民主决策制度建设,为教师教育专业学院治理提供程序合法性保障。公共理性是公民对公共伦理原则即普遍有效规则的意识、把握和运用,是公民社会中各行为主体本着基于契约的公共精神、围绕涉及共同体存在与发展和关乎所有主体之公共论题而在批判、博弈及"普遍而广泛的反思平衡"①中形成的、关注"公共善"的道德理性②。教师教育"二次转型"涉及教师教育院校性质、专业逻辑、组织体系与结构、教育学科定位、师资、课程设置与实施等众多方面,不仅是学术问题,更是关乎众多利益相关者的利益结构调整与资源重新配置的实践问题;涉及存量调整的改革更是一项必须慎之又慎的道德领导事业。鉴于利益相关者参与能力及改革决策成本等因素,全员参与改革决策并不现实,但作为我国大学改革决策主流的"精英模式"必须保证程序正义,才能既提高利益相关各方对改革决策的接受与支持,也由此提高对新型组织机构合法性的认同。教师教育"二次转型"需要充分尊重多元主体的利益诉求,加强民主决策制度建设,建立、健全教职工代表大会、教授委员会、教师工会、学生代表大会等组织机构,保障各方利益相关者享有充分的利益表达和参与决策的机会,并且严格按照规范程序和要求制定和执行改革决策;需要大学内部的教师教育各方利益相关者形成一种公共理性,能够从公共善和社会正义出发,以师范生发展为本,共同致力于大学教师教育事业的发展;需要积极谋求各方利益相关者间的相互理解、协商、妥协及合理平衡,兼顾各方利益(特别是弱势群体的利益),避免改革决策成为

---

① [美]约翰·罗尔斯.政治自由主义[M].万俊人,译.南京:译林出版社,2000:152-153,407.

② 在罗尔斯看来,现代民主社会中存在一种"理性多元论",即各方拥有一套独属于自己的宗教、哲学和道德学说,在这些互不相融但又合乎理性的诸多学说中,任何一个都无法得到全体公民的共同认可,将来也不可能出现某一种能够为所有公民一致认同的完备性学说;由此产生的重大问题便是:"一个自由而平等的公民——他们因各种合乎理性的宗教学说、哲学学说和道德学说而产生了深刻的分化——所组成的稳定而公正的社会之长治久安如何可能?"只有公共理性才可能解决这一问题,"公共理性是一个民主国家的基本特征。它是公民的理性,是那些共享平等公民身份的人的理性。他们的理性目标是公共善。"进一步而言,"公共理性就是指各种政治主体(包括公民、各类社团和政府组织等)以公正的理念、自由而平等的身份,在政治社会这样一个持久存在的合作体系之中,以公共事务进行充分合作,以产生公共的、可以预期的共治效果的能力"。参见[美]约翰·罗尔斯.政治自由主义[M].万俊人,译.南京:译林出版社,2000:13,196.[美]约翰·罗尔斯.公共理性观念再探[M]//哈佛燕京学社,三联书店主编.公共理性与现代学术.北京:生活·读书·新知三联书店,2000:1-72.

在改革意识形态驱动下充满镜像色彩的象征表达和"幻化民主"①。

（二）涵育和倡扬担当精神，保障组织管理的行为正义

任何美好的价值和完善的制度付诸现实时只能依靠人（主体、行动者）。委实说，在世人所痛心疾首的当今大学文化生态（如教风衰微、学风日下、评价扭曲等）中，教师人才培养工作已完全成为"良心活"，教师教育改革已是一项相当艰巨的系统工程，改革目标的实现在根本上需要依靠各方利益相关者真诚地投入自己的心智、真心地奉献自己的才华、真正地担负自己的责任；否则，"泡沫式改革"或"折腾式改革"不会消失。有研究者专门研究了教育行政的行为正义，指出："要使教育正义真正转化为现实就必须借助于具体的行动"，"教育行政的行为正义所要完成的便是教育行政的最后环节，即执行环节的正义问题"，并特别提出"裁量的正义"是教育行政正义的决定性环节②。这提醒我们，在教师教育专业学院的治理改革中，保障组织管理的行为正义亦不容忽视，关键则在于涵育和倡扬担当精神，每一位教师教育相关者都能够自觉地负责任、有担当。

首先，提高对改革价值合理性的认知，理解和支持合理的改革。教师教育专业学院治理触及的利益相关者大都是高级知识分子群体，其理智认知水平理应高于普通大众，但面对改革可能带来的利益调整，也会出于情绪情感而在信息不对称状况下曲解改革的价值合理性；而教师教育"善治"源于教师教育行动者对教师教育核心价值的认同。面对极具复杂性、异质性特征的大学内部诸多教师教育亚群体，决策过程中产生分歧和冲突必不可免；这就需要谋求综合化发展的师范院校必须切实采取多种方式，在全校范围内加强对教师教育改革意义与价值、目的与内容、手段与方法等的宣传、引导，使教师教育利益相关者都能够充分而准确地理解改革，能够从"公共善"出发进行对

---

① 皮武.大学的课程决策陷阱：基于镜像政治视角的分析［J］.现代大学教育，2014（1）.

② "裁量之所以必要，是因为制度和法律无法预测混乱繁杂、变幻万千的现象，而且既有的法规也往往具有滞后性，难以考虑到现实的变化和发展，更不可能事先设定好所有的并且是恰当的行为反应模式和相应规范。 在这种情况下就必须委托教育行政官员根据个案的实际情况，根据长期以来积累的行政知识和经验，根据所追求的政策目标，甚至根据对处理可能后果进行判断，来权衡、选择恰当的行为模式。 也只有如此，才能实现个体性的教育正义。"参见吕寿伟.论教育正义的"善制"与"善治"［J］.湖南师范大学教育科学学报，2017（4）.

第十三章
重塑组织合法性:教师教育新公平转型

话、协商,经过深思熟虑达成妥协或共识,建立起教师教育的核心价值认同;进而从核心价值认同出发,增强包容、摒弃敌对或冷漠,在相互尊重、信任和妥协的基础上,积极地寻求问题解决的可行方案,而不是渗入个人恩怨、情绪意气等个体因素。当然,教育改革并不天然具备绝对、客观的真理性法则与标准,其合理性品质具有一定的主观性、人为性及局限性[1];教师教育改革亦然。这就要求改革动议的发起者、改革政策的制定者、改革计划的执行者和改革行动的参与者都能够对改革的潜在局限性及利益纠葛保持清晰的自省,对改革的合理性进行深刻而充分的论证。

其次,葆有对改革成效有限性的宽容,勇于担当和投身改革。教育场域的复杂性使得教育改革作为调节各方利益相关者之间利益博弈的手段,不可能使所有各方都绝对满意,总会有利益受损或相对受损方。作为一项"以善致善"的道德行动,教师教育"二次转型"的成功既需要改革推进者自觉摒弃"改革具有绝对正当性"的意识形态观念和以"改革的傲慢"姿态处理问题的改革方式,更需要每一位教师教育行动者勇于担当,自觉地将"教师教育"视作自己义不容辞的责任——因为每一位站在未来教师(师范生)课堂的教师,甚至每一位站在大学教师面前的人(领导、督导等)都是教师教育者。唯此,才可能真正实现"举全校之力兴教师教育"的美好愿景,而不是"将教师教育的所有任务打包给教师专业学院,使得教师专业教育和学科教育的联系被彻底斩断"[2]。同时,充分了解和认识教师教育改革的艰巨性、复杂性(否则,"学术性与师范性之争"就不会成为百年师范教育发展中始终挥之不去的"真实的假问题"),不可简单认为"只要发起改革、发生改变了,就意味着发展了、变好了",也不能单纯期望甚至要求必须以最快速度、在最短时间内实现改革目标,更不必期待通过改革一劳永逸地解决所有问题,因为"当代教育生态异常复杂多变、脆弱无序","内部纷争愈演愈烈","外部批评与否定之音也越发强烈"[3],需要理解和宽容改革成效的有限性,高度警惕改革可能带来的风险和付出的代价,并采取有力措施加以防范。

再次,建立平等信任的人际关系,彰显社会正义。人及人际关系是大学善治的关键,各方利益相关者之间拥有一种平等信任的人际关系是实现智慧

---

[1] 郝德永.教育改革的合理性追问与警示[J].高等教育研究,2015(11).
[2] 刘小强,蒋喜锋.教师教育改革走向何方[J].高等教育研究,2015(1).
[3] 郝德永.教育改革的合理性追问与警示[J].高等教育研究,2015(11).

共享、思想共融的重要条件。正处于转型之中的教师教育改革本质上是制度的重构和利益的重新分配，均衡不同教师教育利益群体的权利与责任，彰显公平与正义，就显得十分关键。在教师教育改革决策过程中，如果校长、职能部门的处长、文理学院和（教师）教育学院的院长，以及普通教师（教师教育者）、学生（师范生），能够坐在同一张圆桌上，以平等的身份、自由的心态参与决策、畅所欲言，这样一种真诚友好、彼此信任的关系必然能够促进教师教育改革取得善治的成效。

一是要创造自由宽松的文化氛围，提升个体参与决策的理性能力。在大学内部的整体环境中，积极培育教师教育利益相关者包括民主意识、主体意识、法律意识、责任意识等在内的"公民文化"，增强其公民意识、提高其参与公共生活的能力。

二是要培养向善的道德生活能力，彰显社会正义。正义作为社会制度的首要价值，也是大学制度蕴含的核心伦理价值，是大学制度建设与创新的最高价值追求。正义彰显的前提条件是拥有正义感和追求善的道德生活能力。诚如罗尔斯所指出的，公共理性的实现至少要具备三个条件："社会上的每一个人都接受和了解所有他人接受和认可的完全相同的正义原则；社会的基本结构，即主要政治制度和社会制度以及他们如何结合成为一个合作体系，能为人们所公开了解，人们有充分理由相信它可以满足正义原则；公民具有正常有效的正义感，能够理解和运用正义原则，并在多数情况下能按照正义原则来行动。"①换言之，公共理性的实现离不开人们对正义原则的接受、信任和运用。因此，在改革决策中是否建立起平等的协商机制，各方利益相关者能否就某项具体事务展开充分的沟通和交流，大学各项工作（特别是资源配置中）是否仍然存在被允许的、公开的"制度性羞辱"等不公正行为，正是检验大学自身的正气、士气和公共理性水平的重要标尺。

三是要加强组织行政管理人员的吏德建设，保障裁量的教育正义。"只有在规则制约的同时加强吏德建设，才能形成完善的权力制约机制"，因为"法律、制度和规则在任何时代都存在不可避免的缺陷和不足"，"而行政人员的美德和良知则是对这些缺陷和不足的最好弥补"；②因此，组织行

---

① ［美］约翰·罗尔斯.政治自由主义［M］.万俊人，译.南京：译林出版社，2000：214.
② 吕寿伟.论教育正义的"善制"与"善治"［J］.湖南师范大学教育科学学报，2017（4）.

第十三章
重塑组织合法性:教师教育新公平转型

政管理人员的美德精神和吏德建设亦是实现教育公平理想、维护教育正义的重要保障。

总之,作为教师教育制度变迁特殊产物的独立建制教师教育专业学院在实际运行中面临的发展困境和改革阻抗,根本上源自其文化-认知意涵的实质合法性所遭遇的质疑和危机;重塑教师教育专业学院的组织合法性将成为我国教师教育"二次转型"成功的关键。这将会是一个长期的过程,对新型教师教育组织机构的合法性认同也必然是一个不断互动的过程,各方利益相关者的积极担当、真情投入和理性认同弥足珍贵。

结语

保卫教师教育的公共性:迈向公平、正义的教师教育

教师教育的复杂性使得教师教育的公共性具有多重意蕴,而保卫教师教育的公共性要求教师教育改革必须从公平、正义的价值诉求出发,坚守政府责任、积极转变政府职能,树立多元正义观、增进群体间信任,积极谋求正当而有效的制度变革、重构与创新。

当代教育改革呈现一派繁荣景象,教师教育改革亦同样精彩纷呈,然而,"复杂与艰难或许乃为改革的一种常态,而这一常态的改变又是一个极为漫长的过程。也正因为漫长,比之于对改革立竿见影效果的天真乐观的期待,在过程中学会思考'残疾'的痛苦无奈并从中发掘出积极意义,进而更有深度地展开对于新教育公平理论建构的问题讨论,就更具有现实性"①。同样,对于教师教育改革而言,如何使"繁荣"不只是体现为量的扩张与形式的翻新,而是体现为人性的卓越、意义世界的丰富以及公平、正义的彰显?这注定是一场艰苦卓绝的战斗,与其乐观地期待改革立竿见影,不如理性地思考②如何迈向公平、正义的教师教育。

---

① 贺晓星.聋教育改革与新教育公平的理论建构[J].教育发展研究,2017(2).
② 张维迎指出"用理性的态度思考中国改革",包含四层意涵:第一,"必须考虑政策的可行性,否则,最终损害的将是小到一所院校大到国家的教师教育事业,对教师教育事业充满信任的每一位师生及其家庭,以及忠诚于自己供职院校和国家教师教育事业的每一位教师教育者。而不能把现实中根本不可行的理想目标作为反对一项政策的理由";第二,"必须尽量超脱于自身的地位、身份、利益,必须讲公共理性,学会换位思考";第三,"必须摆事实,讲道理,实证数据和逻辑分析相结合,而不能以感觉代替事实,用直觉判断代替逻辑推理";第四,"必须本着'向前看'的精神",即"在给定的历史条件下,调动大家的积极性,把蛋糕做大,实现多赢,使全体民众和整个社会受益,而不是向后看,纠缠于历史旧账"。[参见张维迎.理性思考中国改革[J].新金融,2013(8).]这为我们思考和认识教师教育改革提示了警醒。诚如罗尔斯正义思想所特别强调的,必须透过"无知之幕"而不能只从自己的利益出发去考虑、理解和评判制度,否则,不仅无公正可言,而且民主政治也会演变为多数人的暴政。教师教育改革中出现的很多问题非常特殊甚至都是"有故事的",但无论有着怎样的历史恩怨,都不能为了求得情感的安堵而纠缠过去;否则,最终损害的将是小到一所院校、大到国家的教师教育事业,对教师教育事业充满信任的每一位师范生及其家庭,以及忠诚于自己供职院校和国家教师教育事业的每一位教师教育者。

一、教师教育的公共性

"公共性"首先是一种精神和观念①。就公共性的价值而言,教育改革要关注和致力于实现教育乃至社会的公平和正义;基于公共性的教育改革不仅要关注公共利益的实现,更要关注少数族群和弱势群体的利益。对教师教育而言,至少可以从以下三个方面来理解"教师教育公共性"的复杂意涵②。

首先,为基础教育培养师资的教师教育,从其产品的社会价值看,具有鲜明的国家公共性,是公共教育属性的延伸;教师教育制度作为公共教育发展的产物,在现代国家致力于建立、发展公共教育体系的历史进程中,始终具有强烈的国家属性,成为国家教育体系不可分割的重要组成部分;为此,有学者认为"师范教育投入是义务教育投入的一部分"③,我国 2007 年起在部属师范大学恢复师范生公费教育正是体现了教师教育的国家公共性。

其次,与私人利益相关的教育私益性亦是教育公共性的题中要义,教

---

① 卢梭在《社会契约论》中鲜明地指出,公共性实际上就是一种"公意",这种"公意"不等于"众意",社会的"公共利益"不等于某局部组织或团体的"共同利益";他认为,判断一个政府的统治是否具有合法性,最根本的就是看其统治的立场和出发点是否有利于促进公共利益的发展。卢梭所说的"公共利益"不仅仅指物质利益,还包括人民的基本权利、自由等价值成分。在卢梭看来,公共性并不是具体的法律条文和公共制度,而是一种理念与精神诉求。卢梭思想的继承者们都认为,行政人在做出公共政策决定时,应该符合约翰·罗尔斯所主张的公平正义原则,应该考虑来自各方面的意见,考虑利益表达机制中"缺席者"(弱势群体)的利益,而不应该仅仅局限于自我、家人、朋友、宗族(或部族)、部门或单位的利益。

② 学者们认为,与现代国家及义务教育性质密切关联的教师教育具有公共性、公平性、国家性、专业性等基本属性,并从法理、私人与公共领域、行业背景等方面分析了以义务教育公益性为前提的教师教育公益性,强调市场经济条件下由于义务教育阶段的市场不完全性,政府必须承担教师教育职责,不可忽略教师教育的公共性。[郑新蓉.社会转型时期师范教育的属性探讨[J].高等师范教育研究,1999(6).朱旭东.试论教师教育的公益性——政府在教师教育中的作用[J].教育理论与实践,2002(1).]这些研究开拓性地提出"教师教育公共性"问题,但主要在"国家公共性""社会公益性"的意涵上进行探讨,未将教师教育的个人私益性及教师教育应致力于培养未来教师的公民品质等意涵纳入思考视野。

③ 成有信.教师养成方式的演变和 21 世纪我国师范教育发展的宏观走向[J].教育研究,2000(1).

育公共性强调在谋求社会公平和公共利益的基础上促进社会和个人的发展;作为高等教育重要组成部分的教师教育同样具有相当程度的私益性,个人利益谋求是包括法人和自然人在内的广义"私人"接受教师教育的重要动机;现代教师教育私益性的利益主体包括出于职业发展或自我完善、实现个人价值等需要的个人和作为教师教育产品消费者(用人单位)的中小学校。①

再次,现代教育既是国家公共事业,也是与公众利益密切相关、具有很强社会公益性的事业;高等教育的社会公益性体现在文明与文化的发展和对社会进步的贡献(如大学的社会监督、批判、精神灯塔等作用)②;毫无疑问,教师教育尤应通过教师人才培养彰显和辐射其强烈的社会公益性。

"教师教育公共性"是具有上述三层意涵的综合性概念。然而,20世纪90年代以来,以大学化、开放化、专业化、一体化、市场化为主旋律的我国教师教育改革取得显著成效,也产生诸多意外后果,不乏对西方模式的简单模仿、头痛医头式的权宜之计甚至疲于应付的"改革"。过分强调竞争与效率的市场化思想也强烈冲击着教师教育,很多地区为迅速增加教师数量而面向市场推行的改革却弱化了教师的文化养成与精神陶铸,"教师教育已陷入了技术理性的困境,迫切需要找回黯然失色的人文情怀";否则,"教师的精神和谐将难以在基础教育的园地中彰显,学生、家长和社会对教师的专业肯定也将

---

① 毋庸置疑,为基础教育培养师资的教师教育具有一定程度的国家公共性;然而,虽然教师教育因其毕业生有可能进入具有显著公共属性的基础教育领域,成为中小学教师而不同于其他类型的高等教育,但在市场经济和高等教育改革背景下,教师教育专业的毕业生也只是有可能而非一定会成为基础教育教师。 为此,不得不关注和思考教师教育的个人私益性及由此带来的市场性。 其实,在不同类型、层级的教师教育中,国家公共性与个人私益性的关系颇为复杂。 比如,师范生公费教育旨在通过公共财政干预机制保障教师教育的优先性,从而体现教师教育的国家公共性;但在市场经济时代,通过公共财政干预机制是否一定能实现政府对教师供需关系的有效协调和平衡? 事实上,教师的供需关系既难以完全由政府也无法完全由市场决定;那么,在教师教育发展中如何有效规避"政府失灵"和"市场失灵",同时又能够保障教师教育在公益与私益双重层面的公共性并最终促进基础教育的均衡发展与公平? 此外,由于我国教育管理的中央-地方两级结构,国家直属师范大学以中央政府的公共财政来支付、实现师范生免费教育,但地方公共财政是否有能力和意愿支付地方师范院校若欲开展的师范生免费教育等问题,都需要深入研究。

② 戚业国.现代大学制度重构:公共性、公益性、私益性的冲突与整合[J].教育发展研究,2011(19).

愈现低迷。教师也将沦为如布迪厄等所说的人力资源的'物品',而不是有思想、有主体、有生命的教育者"①。加强深厚人文素养与师德的养成而非单纯偏重技术理性,亦是教师教育公共性的旨归。

现代大学生产四类社会产品:生产、应用、传播公共知识(非排他的公共产品)与私人知识(具排他性的私益性社会产品),监督、批判、引领社会(属于公众的公益性社会产品)以及教育教学服务(排他性、私益性与公益性相结合的社会产品)。② 日益成为高等教育重要组成部分的、走向大学化的我国教师教育同样生产这四类产品,也同样面临公共性、公益性与私益性的变化与冲突。上述不同社会产品成本补偿机制的实现途径不同,不同高校因生产的社会产品比例结构不同,其成本补偿机制也不同,由此形成的不同运行机制要求不同的内部组织模式,需要与不同知识类型属性相适应的多元制度和政策保障。公共性的增强提升了教师教育的地位和影响力,也挑战着以师范院校为主体的教师教育机构的大学精神;公益性的增进使教师教育公平问题日益受到关注;私益性的增多则使教师教育的成本分担日趋复杂。

总之,不同类型、层级教师教育的复杂性使教师教育既难以完全由政府包揽,也不应单纯成为自由市场一部分,纯粹的政府或市场逻辑都无法解决教师教育领域政府干预或市场配置所引发的失灵问题。在迅速变迁的知识社会和中国教育体制改革处于十字路口的关键时期,现代大学的历史使命召唤正进入"深水区"的我国教师教育改革能够从公平、正义的价值诉求出发,实现能够经受历史检验的教师教育制度重构与体制创新。

二、保卫教师教育的公共性

保卫教师教育的公共性,迈向公平、正义的教师教育,要靠正当而有效的

---

① 庞丽娟,姜勇,洪秀敏.迈向和谐的教师教育:问题与展望[J].北京大学教育评论,2011(1).

② 戚业国.现代大学制度重构:公共性、公益性、私益性的冲突与整合[J].教育发展研究,2011(19).

制度变革①。"理性的制度建构不仅要考虑社会环境与效益的问题,还必须考虑到制度构成中的价值问题。因为任何具体的社会制度,都是对特定人群的行为及其相互关系的调整和规定,规则的创设、习惯的沿袭,都表达了对特定的互动关系的维持……是人们地位、角色及利益关系的一种较为清楚的界定,这种权益关系的地位秩序的安排,体现了社会整体的普遍价值。每一个具体的社会制度都是通过自身的价值取向来引导社会成员做出符合社会运行总目标的行为选择的。制度建构就是在某个具体的理性价值原则引导下而进行的。"②制度的产生和发展是人们运用理性能力和知识经验来进行规划和设计的过程,社会制度的建构实际上体现了人们对社会进行理念创设、规则安排和价值选择。如果说任何制度实际上都是由工具理性和价值理性③共同构成、具有双重价值取向的话,那么,现代社会的制度建构不仅应具有工具理性而且必须具有价值理性,而公平、正义则是任何制度建构都必须秉持的价值理性的题中要义。

在新制度主义理论视野中,外部制度环境的挑战是令旧制陷于合法性危机、新制需求得以产生的外生变量,而内部制度结构的失衡与张力则是推动制度破立进程的关键。某一社会制度总是产生于一定的社会制度结构之中。这个结构是由同一情境中的若干彼此关联、相互影响的制度构成的。当这些相互影响的制度的发展呈现非均衡的态势时,即现行的制度安排处于一种结构失衡的状态,导致新制取代旧制的内生变量就产生了。就我国 20 世纪 90 年代以来的教师教育制度变迁来说,其所处的制度环境最

---

① 制度是一个社会的游戏规则,是为决定人们的相互关系而人为设定的一些制约。这些人类共同生活所需要的约束个体和组织行为的规则,是人类共同生活质量的保证,也是维护社会良性运行和有序发展的重要的社会资源。任何制度都是嵌入在一定的社会结构之中的,或者说,任何制度建构都是人为设计的,是在特定历史条件、社会结构和文化传统中,行动主体以理想的价值目标为取向而进行的理性规划和设计。

② 文军.制度建构的理性构成及其困境[J].社会科学,2010(4).

③ 韦伯(M. Weber)在严格区分了"价值"与"事实"、"目的"与"手段"、"实体系统"与"形式系统"后,又将"理性"区分为"价值理性(实质理性)"和"工具理性(形式理性)"。价值理性是一种主观合理性,是关于不同价值之间逻辑关系的认识和判断,在社会行动上的表现即行动者的行动由纯粹信仰所决定;工具理性则是一种客观合理性,是关于不同事实之间因果关系的判断,在社会行动上的表现则是行动者只考虑手段对达成目的的可能性。

集中的表现恐怕就是传统师范院校的综合化发展①,任何单一的教师教育制度改革(无论是国家层面的师范专业认证制度,还是院校层面的"教师教育学院实体化改革")都与整体制度结构之间存在一种张力,这种张力意味着任何制度建构都必然会撼动整个既有制度(无论是国家层面的既有教师教育制度体系,还是院校层面的二级学院关系网络),这不仅需要从工具理性出发寻求教师教育制度变革的合理性与效益性,更需要从价值理性出发,从公平、正义、合法性的立场,汲取教师教育制度变革的深层力量。当前,我国教师教育改革所处的制度环境中,一方面,市场和大学自治的力量都渐趋强大,师范院校及其内部的二级学院都不可避免地渴望更多的资源配置自主权,以追求利益的最大化;另一方面,尚不成熟的市场,需要政府运用多种手段来实现科学的规范和引导,在有效运用市场的资源配置力量的同时,制定市场运行规则,严格市场的准入条件,控制教师教育的基本方向和整体质量。显然在这样的制度环境中,保卫教师教育的公共性,既需要坚守政府责任,也需要树立多元正义观。

(一)坚守政府责任,积极转变政府职能

改革开放 40 年来,我国教师教育的变革、发展都是在国家重视、支持和

---

① 世界著名比较教育学者许美德教授曾经在对世界教师教育发展的历史进行比较研究时指出:"师范院校的建立是现代国家建设的重要组成部分,并且与大学有着不同的价值理念";"如果我们采纳植根于欧洲历史上对大学的定义,接受大学自治和学术自由的核心价值观,就可能会说'师范大学'这个术语是自相矛盾的";事实上,"法国巴黎高等师范学校和地方师范学校的出现为全世界的师资培养树立了一个全新的模式,其所倡导的教育理念和知识结构与欧洲的传统大学有很大不同。 美、日、英诸国为提升教师教育质量也在不断创新教师教育模式。 中国创造出了与美、日、英、法不同的教师教育模式,为世界教师教育发展做出了贡献"。 如今,"师范大学必须面对融合了两种体系的价值观的挑战。 这两种价值观根植于不同的历史时期,并且二者截然相反。 也可以被视为创造大学新模式的一个机会。 相对于 20 世纪占主导的大学模式而言,这一模式涵盖面更加宽广,而且有能力接受更大范围的价值观。 这也可能是一个重要的突破口,尤其是对东亚国家而言,因为主导西方大学的一些价值观和东亚的学术传统价值观之间是相互对立的。 文化冲突奠定了 20 世纪中国和日本的当代大学在发展过程中关于高等教育政策的某些政治斗争的基础……师范大学的理念有可能把西方和东亚的学术文化融合为一体,从而架起沟通西方和东亚知识方式差异的桥梁……我们真正需要的是更加兼容并包的大学模式。 它能够融合并协调位于两端的价值体系,使其成为一种全新的全球化的大学模式。 在这个过程中,师范大学应该以其独特的能力担当起领导者的重任"。 参见许美德,李军.世界教师教育发展的历史比较[J].教育研究,2009(6).

政策指导下进行的,今后仍需如此;特别是政府要坚定"教师教育是国家事业"的基本认识,积极转变职能,坚守自身责任,推进和加大"管办评"分离的力度。

1. 政府切实履行"立法者"角色

《教师法》规定:"各级人民政府和有关部门应当办好师范教育,并采取措施,鼓励优秀青年进入各级师范学校学习。"政府在教师教育治理中理应发挥好"立法者"的职能。

首先,加强教师教育政策、法规的制定和执行。鉴于教师教育的重要性和教师职业的特殊性,政府应着重履行完善教师教育政策与制度体系(如教师资格制度、聘任制度、继续教育制度、教师教育问责制度等),建立富有实践意义并具有操作性的教师标准,保障教师教育的物质条件以及通过专业化评估对教师教育机构进行甄别和行为引导等职责。特别是需要采取强制性变迁路径来确定教师教育质量保证的法律框架,建立教师教育管理的制度化运作机制,将政府、教师教育机构与市场的关系规限在政府主导下的法律框架内,以保证教师教育的基本方向和整体质量。只有在法律法规层面自上而下地明确制度建构思路,制定市场规则、划分政府和学校的管理权限、确定教师教育认证评鉴实践的合法性地位,使其具有普遍的法律约束和强制执行的效力,整个制度的建构和变迁才可能沿着健康有序的方向发展。比如,政府要通过完善相关法律、法规,及时出台有关配套政策,来提高教师教育专业组织的社会化程度,保障专业组织的独立性,尽量减少干涉。具体来说,政府要转变对教师教育的管理方式①,要"切实转变职能,由对学校的行政管理,转变为运用规划、信息服务、政策指导和必要的行政手段,对教师教育机构进行宏观管理;明确高等学校的权利和义务,使高等学校真正成为面向社会依法自

---

① 高等教育管理体制指高等教育系统内部的领导分工、机构设置、隶属关系、管理权限和管理内容以及与之相适应的各种制度、法规等的构成状态及作用方式。我国现有的教师教育管理体制是中央和省(直辖市、自治区)两级管理体制,中央一级为教育部教师工作司(原师范司)代表中央政府对部属师范院校和地方教育行政部门的有关管理机构实施管理;地方教育行政部门的师资处(或改称为教师工作处)代表地方政府对本省所属师范院校和承担教师教育的非师范院校实施管理。这种管理体制在新世纪以来教师教育由定向、封闭向多元、开放转型的过程中,虽仍然必不可少,但随着教师教育呈现出多元、开放的态势后,现行的教师教育体制必须进行调整或重新构建。

主办学的法人实体"①。政府的职能是"掌舵",而不是"划桨",政府通过规划、评估、拨款等手段进行宏观调控,为教师教育治理营造适宜的社会政策支持环境。

其次,提供捍卫教育公平的制度架构。教育行政主管部门应负责提供一种政府、市场、社会、公民等共同参与教师教育治理并兼顾各种价值的制度架构,既保持基本教师教育资源供给、捍卫教育公平,又实现公民参与、培养公民精神、维护公共利益,并保障个人选择自由、满足个人对优质教师教育资源及个人私益的需求,维护公平与效率、个人权利与共同善的张力。比如,政府要主动有意识地引导高师院校开展与教师教育质量相关的社会评估和管理服务,推动教师教育市场发育和专业组织发展。当然,在培育教师教育专业组织方面,本身就需要政府加强法制和资质标准建设、强化年检和质量公报制度。国家应抓紧出台教师教育专业组织的相关实施办法或细则,加强对其资格合法性和行为合法性的认定,从法律上明确教师教育专业组织的性质、宗旨、服务对象及成立的法定程序等。同时,还要出台其他相关法规,如《教师教育第三方评估机构管理条例》,规范教师教育专业组织的服务标准和行业规则,对其性质、地位、权利与义务、开办条件、行为规范等加以规范,使其发展真正做到"有法可依""有法必依"。加强资质标准建设指对教师教育专业组织相关执业资格进行规范,使之成为真正的市场主体;制定并出台其设置资质标准、人员准入标准等,强化专业水平、提高准入门槛。此外,政府要强化对教师教育专业组织的专业水准、服务质量进行年检,实施质量公报制度;教师教育专业组织及其人员在首次取得资格后,需要定期接受资格审查和考核,考核结果要向社会公布,即执行质量公报制度,定期向社会公开,以提高教师教育专业组织的社会公信度和行业认可,促进其专业服务质量的自觉提升。

2. 政府积极扮演"保障者"角色

"教师教育是国家的事业,政府是第一责任人"并不意味着教师教育完全由国家直接控制和干预,需要我国各级教育行政部门依循市场化、分权化、社会化等基本价值取向,创设现代政府治理环境,在自身职能内容和行为上,实现由全能政府向有限政府、由人治政府向法治政府、由封

---

① 薛天祥,张金福.多元、开放的教师教育体系管理体制的构建[J].高等师范教育研究,2002(2).

闭政府向透明政府、由管制政府向服务政府、由低效政府向高效政府转变。①

首先,各级政府加强政策调控与市场引导。教育部对全国教师教育实施宏观管理,主要负责方针、政策的制定,发展规模的调整,学科建设的指导,培养质量的监控,培养经验的推广;地方由省(直辖市、自治区)教育部门统筹管理,负责本地区教师教育发展规划,审核和批准教师教育机构设置,指导教师教育机构工作及质量检查,负责领导本地区教师资格的授予工作和检查工作。

其次,各级政府积极引导和鼓励更多利益相关者参与教师教育质量保障体系建设。在制度、政策自上而下的推行和落实过程中,只有当不同利益群体都有机会在制度建构过程中表达其对教师教育质量的诉求时,改革才可能赢得最广泛的社会认同和支持。为此,政府应积极建立和大学相关利益主体的合作伙伴网络,充分发挥社会企事业单位、学生家长、大学校友等在大学教师教育治理中的作用,使各方在大学利益上有序博弈,促进大学职能有效发挥,进而实现自下而上的诱致性变迁与自上而下的强制性变迁的有机结合。②

再次,政府积极扶植大学自治以及教师教育专业组织。政府为大学自治和教师教育专业组织的独立生存与发展给予必要的政策支持,依法分化自身的大学治理权,尊重和支持教师教育机构和教师教育专业组织在各自的职责范围内,为保障和监控教师教育质量而主动地、创造性地开展工作,以减少政

---

① 我国的教育决策长期由政府单方面做出,教育决策的利益相关者经常处于"缺席"状态。这种决策模式是一种单向度的决策模式,缺乏对话与交流,缺少协商和妥协,决策者与利益相关者处于一种相对"隔离"状态。随着政治体制变革日趋民主化、社会大众知情权意识觉醒、信息传播技术日渐发达等,公民要求政府信息公开的愿望越来越强烈,各级政府越来越注重政务公开工作,政务公开形式、手段、内容也日趋多样、丰富。

② 在制度变革中,决策者对制度建构的路径做出科学的选择是制度有效运作的关键。在新制度主义看来,现代社会的制度建构既可以走自上而下的强制性变迁路径,也可以走自下而上的诱致性变迁路径。强制性变迁即采取一种政府行为或法律行为的制度变革策略,自上而下地推动制度的建构和变迁,具有鲜明的强制服从性和快速反应性;诱致性变迁则指个人和群体为追求自身利益而自发倡导的制度变迁,具有自发性和渐进性特征,是一种自下而上的制度变革策略。路径本身没有对错好坏之分,但既符合现实制度环境又符合制度建构逻辑的制度变迁路径,其变迁成本较低、效益较高。

府教育行政的自由裁量权和权力寻租空间。①

总之,当前在深化教师教育体制改革中,政府要始终发挥重要的指导和推动作用,克服想放权又不敢放、怕一放就乱的顾虑,加大力度推进政府职能转变和"管办评"分离;积极引入竞争机制,通过市场引导和政策调控,建立统一、开放、竞争、有序的教师教育市场体系。政府承担有限责任,实行政府、市场、高校、教师教育专业组织协同共治将是我国教师教育治理改革的发展趋势。这当然是一个如何建立现代大学制度的敏感性问题,也是如何在文化认知层面真正建立起制度合法性②的要害性问题。

(二) 树立多元正义观,增进群体间信任

群体的差异是现代社会难以消解的客观存在;然而,客观存在的群体间差异又是怎样被主观建构出来的呢? 艾利斯·马瑞恩·扬(Iris Marion Young)的"差异的公民资格"及"差异政治"思想,德国哲学家、法兰克福学派第三代传人霍耐特(Axel Honneth)的"承认理论",美国著名女权主义理论家、社会批判理论家弗蕾泽(Nancy Fraser)的"复合正义观"等理论主张,将目光从物质资源如何分配的视域转向关注各个有差异的群体关系状况等更多涉及文化、身份、尊严、资格等不可分配的问题,从而扩大了正义讨论的范围③。这些思想对思考教师教育新公平改革极具启发性,至少在师范院校内

---

① 蒋亦华.变革转型期的中国教师教育——基于政府角色的定位及行为重构剖析[J].教育发展研究,2011(10).

② 在新制度主义看来,社会制度通过强迫机制、社会规范机制和模仿机制这三种合法性机制对组织行为产生影响。在社会制度的三大构成要素中,法令规章主要通过强迫机制来建立制度权威;规范即通过社会规范机制来引导组织行为;文化认知则主要通过长期的积累形成共享认知框架和思维方式,令组织在面临不确定环境时能自觉遵循模仿机制。制度建构不仅包括确定制度合法性的法令规章,也包括规范制度执行的规范章程和原则,以及促成这两者产生、保障其约束和引导效力的社会文化认同。如本书所分析指出的,当前我国教师教育制度变革,无论是国家、政府层面的师范专业认证制度改革,还是师范院校层面的教师教育专业学院组织制度建设,在文化认知层面,都只能采取诱致性的制度变迁路径,强制性变迁很可能引发更大的改革阻抗。

③ 这些"后罗尔斯时代"的政治哲学思想是在整合马克思主义、多元文化主义、女性主义、文化批判主义等思想基础上,从政治、哲学、伦理等不同层面重新解析正义的理念与实践,相比于罗尔斯的正义思想更具深层的颠覆性。

部的教师教育改革①中,关系正义、承认正义、复合正义等多元正义观应是必须秉持和坚守的基本价值立场。

1. 消除组织性羞辱

正义不仅包括物质利益、资源的分配,还包括成员资格、平等身份、文化认同、免遭排斥和羞辱、参与公共事务、发表公共意见、参与决策讨论等不同方面。不同于分配正义重在物质利益、权利与义务、机会和荣誉等的合理配置,关系正义、承认正义等则强调群体间的相互承认与尊重,强调消除各种压迫、支配、弱势群体被边缘化、决策参与权利被剥夺等。关系正义、承认正义思想的核心主张就是消除业已存在的各种关系中的歧视、羞辱、不尊重、无权、压迫和支配等,这些现象不仅存在于基础教育和高等教育中,同样也存在于教师教育中,尽管很可能某些"压迫和支配"并非具体某个人或组织的刻意为之,但难以否认的是客观存在的真实体验。

一是关注承认、避免教育微观层面的被羞辱和歧视。对于师范院校内部的教师教育改革来说,在师范院校综合化发展、国家实行"双一流学科建设"等诸多高等教育发展战略的背景下,"保持师范特色""做优做强教师教育"显然已不是仅仅凭借众人常识意义上的分配正义观,以"最不利者"身份谋求资源倾斜;而是需要在坚持权利和机会平等的基础上,减少和消除各种意义上的对最不利者的歧视、羞辱、边缘化、贬低、排斥等"新压迫"现象,使每一位师范生、每一位教师教育者、每一个教师教育专业(师范专业)都能够实现基于自身实际和需要的最佳发展,走向公平、正义的教师教育。

---

① 任何改革都会受到权力结构和知识的约束。[参见张维迎.理性思考中国改革[J].新金融,2013(8).]一方面,权力结构会严重影响改革进程,特别是分割型权力结构使得不同层级有着不同的权力范围,高校内部几乎每个部门、院系都握有是否及如何执行改革政策的权力。改革成效不仅取决于决策高层的领导力,而且需要大学内部环环相套的行政职能部门、文理学院、教育院系等真诚合作、积极行动。当然,现实中由于利益相关各方的利益诉求多元,很难有让人人都高度满意的改革方案,改革方案最终一定是妥协的产物,但无论如何,在兼顾各方利益的同时,必须警惕特殊群体利用手中的权力操纵改革,以"稳定压倒一切""改革需谨慎小心"等名义,使改革沿着"将错就错"的路径最终变得不了了事甚至半途而废。另一方面,科学知识是制定改革规划的必要条件(但不是充分条件,即改革的知识约束),但改革更是一个行动的过程,几乎每一个环节都可谓"牵一发动全身",而各个环节的相互依赖性则只可能陆续地显现,却无法完全预料改革最终带来的所有后果。目前国内师范院校中各种各样的教师教育改革方案和组织架构就充分体现了改革所具有的这种"摸着石头过河"的实验性。每一项改革政策动议时,处在特定位置上的每个人都会因变革将触及自己的切身利益而很难做到完全超脱,但也正因为如此,才必须强调理性思考的重要性,不能因各种约束而对进一步深化改革采取等待观望的态度。

二是关注教师教育不同利益相关者群体之间的关系正义。多元正义观指出,在学校教育中,不同性别、阶层、族群、民族、亚文化群体等之间往往存在难以同一化的诸多差异,诸如性别差异、阶层差异、民族差异、地缘差异、贫富差异、人格差异、品质差异、偏好差异等,但不能因差异而造就"支配"和"压迫"。同样,公平、正义的教师教育的实现不是某种单一分配原则能够完成的,而必须考虑实践中多种相互冲突的选择的复杂性,尽可能消除既有的、针对各种被边缘化弱势群体的种种制度,消除文化认知上的负性"标签",改变可能已经广泛存在的"刻板印象"和"等级评价思维",赋予弱势群体真正行使其意愿表达权的公平参与机会,确保教师教育中每个群体(特别是处境不利群体)在相关政策制定或组织变革中都有发声、论辩、质证等的权利和机会,尊重其利益和尊严诉求。特别是要对教师教育决策制定中既有的外部排斥和内部排斥保持警醒,对现实中哪些弱势群体事实上遭受了外部排斥和内部排斥的双重挤压、受到不同程度的歧视性对待、在改革话语构建的日常生活中经受着集体边缘化的无奈与无力等,葆有基本的人道关怀;通过充分持续的协商,尽最大可能抵制各种形式的排斥与隔离,减少已经存在的不正义并且确保不引发新的不正义,从而激发每一个教师教育群体的内生发展动力,促进其能够基于自身实际积极谋求向善的良性发展。"教育正义之实现必须转向以人为中心,以人的发展为中心"[①],以此为标准,某种行动或举措是否符合正义,并非很难判断。最要警惕的是以"专业化"为借口实则不乏"排斥""压迫""剥夺话语权"之意蕴的各种非正义教师教育改革行动,若其自我宣称是正义而正派的,则恐怕很难令人信服。由此,最高决策层站在谁的立场、代表谁的诉求便是考量教师教育正义性的核心与关键。当然,由于每个群体的正义观迥异,公平、正义的实现从来都不是轻而易举的,教师教育改革也无法幸免。

2. 增进群体间信任

由于教师教育的特殊性,无论是宏观层面的政府、大学与市场之间,还是中观层面的师范院校内部多方教师教育利益相关者之间,还是微观层面的教师教育课程与教学中的不同主体(管理者、教育者、学习者等)之间,相互信任

---

① 高伟.从追求绝对正义到反对非正义——教育正义论的范式转换[J].教育研究,2016(8).

至关重要。①

　　信任就是"相信人们有诚心做好事情和尊重人们做出的贡献的信念",既是人类的一种基本需求,更是个人和组织的潜在资源。信任是"公正、有凝聚力的社团和繁荣、动态发展的经济的基础","信任凝聚和支撑着协作的标准——沟通,相互分享、共同目标和彼此的尊重。随着信任关系的发展,它能消除警惕",也"加强了我们承担有明确意图的风险的能力,不再拘泥于已经固化的方式或转变传统的看法,以便更加高效地实现共同目标"。② 然而,信任也是一种"脆弱而且珍贵的东西,信任的获得是通过行动而不是言语"③。共同的价值观、共同的任务或者目标、坦诚而且可信的领导、非强迫性的融洽的氛围、享受工作的感觉、轻松愉快的氛围、学习的愿望而不是责备、真诚可信的沟通等是信任文化的重要特征,信任文化就是"大家都能自愿地做事"④。创建信任文化的关键在于"不论是在个人对个人的关系中,还是在整个组织内,你都必须首先表示信任……信任关系要通过信任本身得到加强。如果我们相信别人,那么我们不仅能让这种信任得到证实,而且常能发现更多证明我们的信任正确的原因。另外,被信任能在心理上产生愉悦感,这样,就更愿意做更多的事情来增加你对他们的信任,这是一个良性循环。它与不信任的作用方式一样:我们越不信任,发现不值得信任的证据就越多"。而"冷嘲热讽"和"'精明的'沟通(或叫周旋)"则是最致命的不信任态度,"冷嘲热讽其实就是在拒绝信任,它甚至封锁了信任的可能性……消耗人们的精力、使他们丧失信心,甚至根本对这事不关心","'精明的'沟通"则"表明人们

---

① 郑也夫教授曾经分析指出,除单位之外的一切社会组织,均注重内部的精诚团结,共同致力于同外部群体的竞争;但是,单位不同。"单位制策划者的初衷就是消除社会上群体间的'盲目竞争'。单位的宗旨就是贯彻上级的计划,它只对上级负责,它没有参与外部竞争以求发展自身的目标,甚至它连外部横向的自主合作都没有,'单位像蜂窝一样,彼此间互不沟通'(V. Shue)。""单位之外的一切组织中的成员的生存策略都是近交远攻、内交外攻,单位中的成员却是远交近攻、外交内攻。他不热爱本单位,不去捍卫本单位的利益,相反,他可以将单位的利益出让给单位外的人,那个人也同样出让自己单位的利益,与他交换。"[参见郑也夫.信任论[M].北京:中信出版社,2015:242.]这似乎有些言过其实,但值得我们警惕,尤其在教师教育存量改革中。
② [英]萨利·毕培,[英]杰里米·克迪.信任:企业和个人成功的基础[M].周海琴,译.北京:经济管理出版社,2011:94.
③ [英]萨利·毕培,[英]杰里米·克迪.信任:企业和个人成功的基础[M].周海琴,译.北京:经济管理出版社,2011:7.
④ [英]萨利·毕培,[英]杰里米·克迪.信任:企业和个人成功的基础[M].周海琴,译.北京:经济管理出版社,2011:129.

之间是没有坦诚和透明度","当信息都被人非常小心地'处理'时,人们就会对发生的一切充满怀疑"。①

建立信任的过程非常漫长,而破坏只需一瞬间;信任的建立是很脆弱的,需要小心对待,需要有勇气去做有价值的事,尤其在面对逆境时有能力坚定不移,需要无私的行为,因为"生活不是一个简单的有胜利者和失败者的零和博弈",不能自私地以优势(或者强势)群体的最大利益为改革行动的出发点,由狭隘的自我利益所驱动的改革,终将无法赢得支持和信任,公平、正义更是无从谈起。最后,这里借用张维迎教授的话,再一次强调本书写作的出发点,那就是"学会理性思考":"学术"的使命首先是"求真"("把问题搞清楚、说透彻"),"不同的学者可能提出不同的学术观点,不同的学术观点可以通过学术争论辨明真伪(也可能永远不能辨明真伪),但学术观点的正确与否不能用投票来决定";而"政策是可以投票的,因为政策的制定是科学与政治过程的结合……是利益博弈的结果",而且"无论制定政策的政治过程如何,几乎没有任何政策可以满足所有利益相关者的偏好,所以任何政策都会有人不满意",但"并非多数人的选择一定就有利于多数人的长远利益"。为了防止出现"多数人的暴政",我们必须学会理性思考!②

---

① [英]萨利·毕培,[英]杰里米·克迪.信任:企业和个人成功的基础[M].周海琴,译.北京:经济管理出版社,2011:131-133.
② 张维迎.理性思考中国改革[J].新金融,2013(8).

参考文献

一、学术专著

1. 郑也夫.代价论:一个社会学的新视角[M].北京:生活·读书·新知三联书店,1995.
2. 康永久.教育制度的生成与变革——新制度教育学论纲[M].北京:教育科学出版社,2003.
3. 吴康宁.课程社会学研究[M].南京:江苏教育出版社,2004.
4. 张维迎.大学的逻辑[M].北京:北京大学出版社,2004.
5. 张静.身份认同研究[M].上海:上海人民出版社,2006.
6. 周淑卿.课程发展与教师专业[M].北京:九州出版社,2006.
7. 金生鈜.教育:思想与对话(第2辑)[M].北京:教育科学出版社,2007.
8. 张永宏.组织社会学的新制度主义学派[M].上海:上海人民出版社,2007.
9. 林樟杰.教师教育体制机制问题研究[M].北京:中国人民大学出版社,2009.
10. 应奇.当代政治哲学名著导读[M].南京:江苏人民出版社,2010.
11. 郑也夫.信任论[M].北京:中信出版社,2015.
12. [挪]波尔·达林.教育改革的限度[M].刘承辉,译.重庆:重庆出版社,1991.
13. [美]伯顿·克拉克.高等教育系统——学术组织的跨国研究[M].王承诸,等译.杭州:杭州大学出版社,1994.
14. [美]曼瑟尔·奥尔森.集体行动的逻辑[M].陈郁,郭宇峰,李崇新,译.上海:上海人民出版社,1995.

15. [英]安东尼·吉登斯.现代性与自我认同:现代晚期的自我与社会[M].赵旭东,方文,译.北京:读书·生活·新知三联书店,1998.

16. [美]华勒斯坦,等.学科·知识·权力[M].刘健芝,等编译.北京:生活·读书·新知三联书店,1999.

17. [法]埃米尔·涂尔干.社会分工论[M].渠东,译.北京:生活·读书·新知三联书店,2000.

18. [美]约翰·罗尔斯.政治自由主义[M].万俊人,译.南京:译林出版社,2000.

19. [英]麦克·F.D.扬.知识与控制——教育社会学新探[M].谢维和,朱旭东,译.上海:华东师范大学出版社,2002.

20. [印]阿玛蒂亚·森.以自由看待发展[M].任赜,于真,译.北京:中国人民大学出版社,2002.

21. [法]皮埃尔·布迪厄.实践感[M].蒋梓骅,译.南京:译林出版社,2003.

22. [美]苏珊·桑塔格.疾病的隐喻[M].程巍,译.上海:上海译文出版社,2003.

23. [英]齐格蒙特·鲍曼.共同体[M].欧阳景根,译.南京:江苏人民出版社,2003.

24. [美]迈克尔·富兰.教育变革新意义[M].赵中建,陈霞,李敏,译.北京:教育科学出版社,2005.

25. [美]朱丽·汤普森·克莱恩.跨越边界——知识 学科 学科互涉[M].姜智芹,译.南京:南京大学出版社,2005.

26. [美]唐纳德·A.舍恩.反映的实践者:专业工作者如何在行动中思考[M].夏林清,译.北京:教育科学出版社,2007.

27. [美]乔纳森·特纳,[美]简·斯戴兹.情感社会学[M].孙俊才,文军,译.上海:上海人民出版社,2007.

28. [美]迈克尔·W.阿普尔.被压迫者的声音[M].罗燕,钟南,等译.上海:华东师范大学出版社,2008.

29. [英]托尼·比彻.学术部落及其领地:知识探索与学科文化[M].唐跃勤,等译.北京:北京大学出版社,2008.

30. [美]尼古拉斯·M.米凯利,[美]戴维·李·凯泽.为了民主和社会

公正的教师教育[M].任友群,朱旭东,译.上海:华东师范大学出版社,2009.

31. [美]约翰·罗尔斯.正义论[M].何怀宏,何包钢,廖申白,译.北京:中国社会科学出版社,2009.

32. [英]罗博·麦克布莱德.教师教育政策:来自研究和实践的反思[M].洪成文,等译.北京:北京师范大学出版社,2009.

33. [美]W.理查德·斯科特.制度与组织——思想观念与物质利益[M].姚伟,王黎芳,译.3版.北京:中国人民大学出版社,2010.

34. [加]J.P.法雷利.教育政策与规划[M].刘复兴,等译.重庆:西南师范大学出版社,2011.

35. [英]萨利·毕培,[英]杰里米·克迪.信任:企业和个人成功的基础[M].周海琴,译.北京:经济管理出版社,2011.

36. [印]阿马蒂亚·森.身份与暴力——命运的幻象[M].李风华,陈昌升,袁德良,译.北京:中国人民大学出版社,2013.

37. [以色列]阿维沙伊·马加利特.体面社会[M].黄胜强,许铭原,译.北京:中国社会科学出版社,2015.

38. [英]巴兹尔·伯恩斯坦.教育、符号控制与认同[M].王小凤,王聪聪,等译.北京:中国人民大学出版社,2016.

二、学术论文

1. 甘藏春.怎样保证改革的合法性:从依靠政策改革到依法改革[J].法学研究,1991(6).

2. 陈桂生.中国师范教育:1981—1996[J].华东师范大学学报(教育科学版),1996(3).

3. 俞可平.治理和善治引论[J].马克思主义与现实,1999(5).

4. 郑新蓉.社会转型时期师范教育的属性探讨[J].高等师范教育研究,1999(6).

5. 赵康.专业、专业属性及判断成熟专业的六条标准——一个社会学角度的分析[J].社会学研究,2000(5).

6. 卢晓东,陈孝戴.高等学校"专业"内涵研究[J].教育研究,2002(7).

7. 孙立平.实践社会学与市场转型过程分析[J].中国社会科学,2002(5).

8. 朱旭东.试论教师教育的公益性——政府在教师教育中的作用[J].教育理论与实践,2002(1).

9. 戴双翔.试析教育改革伦理规范的意义[J].辽宁师范大学学报(社会科学版),2003(5).

10. 李学农.教师教育组织的重构[J].教育评论,2004(2).

11. 王全林.高等教育的制度创新代价论略[J].清华大学教育研究,2004(5).

12. 陈正华,刘复兴.政府控制型教师教育管理模式面临的问题与挑战[J].教育发展研究,2005(7).

13. 劳凯声.公共教育体制改革中的伦理问题[J].教育研究,2005(2).

14. 刘世清.市场背景下教育改革的伦理困境与政策选择[J].华东师范大学学报(教育科学版),2005(4).

15. 徐贲.正派社会和不羞辱[J].读书,2005(1).

16. 赵孟营.组织合法性:在组织理性与事实的社会组织之间[J].北京师范大学学报(社会科学版),2005(2).

17. 朱旭东.论我国后师范教育时代的教师教育制度重建[J].教育学报,2005(2).

18. 顾明远.我国教师教育改革的反思[J].教师教育研究,2006(6).

19. 朱旭东.我国现代教师教育制度构建[J].北京师范大学学报(社会科学版),2007(4).

20. 顾明远.谈谈我国教师教育的改革和走向[J].求是,2008(7).

21. 马晓燕.群体差异的公民资格与政治正义的实现:I. M. 杨的社会正义研究[J].哲学动态,2008(7).

22. 管培俊.我国教师教育改革开放三十年的历程、成就与基本经验[J].中国高教研究,2009(2).

23. 刘世清.教育政策伦理问题研究[J].教育学术月刊,2009(6).

24. 吴康宁.地位与利益:教师教育改革的两大制约因素[J].当代教师教育,2009(3).

25. 许美德,李军.世界教师教育发展的历史比较[J].教育研究,2009(6).

26. 钟景迅,曾荣光.从分配正义到关系正义:西方教育公平探讨的新视角[J].清华大学教育研究,2009(5).

27. 蔡春.分配正义与教育公正[J].教育研究,2010(10).

28. 陆树程,刘萍.关于公平、公正、正义三个概念的哲学反思[J].浙江学刊,2010(2).

29. 吕寿伟.边界、身份与持久的教育不平等[J].教育学报,2010(6).

30. 吴康宁.从利益联合到文化融合:走向大学与中小学的深度合作[J].南京师大学报(社会科学版),2010(3).

31. 劳凯声.教育体制改革与改革伦理问题[J].首都师范大学学报(社会科学版),2011(4).

32. 金生鈜.教育的终极价值与教师的良知[J].教师教育研究,2012(4).

33. 吴康宁.教育改革成功的基础[J].教育研究,2012(1).

34. 唐小俊.教育改革路径的反思与超越:基于社会行动伦理的思考[J].教育发展研究,2013(9).

35. 张维迎.理性思考中国改革[J].新金融,2013(8).

36. 吕寿伟.分配,还是承认——一种复合的教育正义观[J].教育学报,2014(2).

37. 吴康宁.教育改革需要什么样的国家智库[J].中国高等教育,2014(6).

38. 荀渊.治理的缘起与大学治理的历史逻辑[J].全球教育展望,2014(5).

39. 俞可平.推进国家治理体系和治理能力现代化[J].前线,2014(1).

40. 郝德永.教育改革的合理性追问与警示[J].高等教育研究,2015(11).

41. 刘小强,蒋喜锋.教师教育改革走向何方[J].高等教育研究,2015(1).

42. 石中英.教育公平政策终极价值指向反思[J].探索与争鸣,2015(5).

43. 高伟.从追求绝对正义到反对非正义——教育正义论的范式转换[J].教育研究,2016(8).

44. 王建华.教育公平的两种概念[J].教育研究与实验,2016(6).

45. 程天君.新教育公平引论——基于我国教育公平模式变迁的思考[J].教育发展研究,2017(2).

46. 戴伟芬,等.面向教育现代化2030的教师教育发展趋势与政策选择[J].河北师范大学学报(教育科学版),2017(5).

47. 贺晓星.聋教育改革与新教育公平的理论建构[J].教育发展研究,2017(2).

48. 李金刚.多元教育公平观:新教育公平的题中之义——基于涂尔干社会团结思想的分析[J].教育发展研究,2017(2).

49. 吕寿伟.论教育正义的"善制"与"善治"[J].湖南师范大学教育科学学报,2017(4).

50. 王建华.新教育公平的旨趣[J].教育发展研究,2017(2).